U0871869

特大型城市国有建设用地价格体系理论与实践

岑福康　主编

同濟大學出版社
TONGJI UNIVERSITY PRESS

内 容 简 介

本书首创国有建设用地"三价格一指数"地价体系，将基准地价、区片地价、标定地价以及地价指数等成果统一在一个框架内，并以计算机软件为工作平台，通过"逐级推进、滚动更新"实现了各类地价的动态更新。本书理念先进、内容完备、资料详实、结构清晰、语句通顺、图表丰富。

本书适用于从事土地评估与管理、房地产评估与开发、城市规划与管理及其相关领域的机构、企业从业人员及高等院校研究人员和师生阅读。

图书在版编目(CIP)数据

特大型城市国有建设用地价格体系理论与实践/岑福康主编. —上海：同济大学出版社，2014.6

ISBN 978-7-5608-5478-6

Ⅰ.①特… Ⅱ.①岑… Ⅲ.①特大城市—国有土地—价格体系—研究—中国 Ⅳ.①F299.232

中国版本图书馆 CIP 数据核字(2014)第 074377 号

特大型城市国有建设用地价格体系理论与实践

岑福康 主编

出 品 人 支文军

策划编辑 赵泽毓 责任编辑 王有文 助理编辑 熊磊丽 责任校对 徐春莲 装帧设计 潘向蓁

出版发行 同济大学出版社 www.tongjipress.com.cn

(地址：上海市四平路 1239 号 邮编：200092 电话：021-65985622)

经 销 全国各地新华书店

印 刷 上海中华商务联合印刷有限公司

开 本 889mm×1194mm 1/16

印 张 15.25

字 数 488 000

版 次 2014 年 6 月第 1 版 2014 年 6 月第 1 次印刷

书 号 ISBN 978-7-5608-5478-6

定 价 188.00 元

《特大型城市国有建设用地价格体系理论与实践》

编 委 会

前 言

土地价格是土地价值和权益的具体表现，是灵敏反映土地供求关系的“晴雨表”，是调节土地利用方式的重要手段。通过充分发挥地价的调控和引导作用，使土地资源向最高效率和质量的利用方式方向转变，促进土地节约集约利用水平的不断提高。地价在市场配置土地资源中的杠杆作用十分明显。地价管理作为国土资源管理的重要组成部分和一项重要职责，是国土资源参与宏观调控的重要内容和手段。

我国的地价管理是伴随着土地使用制度改革而产生的。我国城镇国有土地使用制度改革的核心是土地的有偿使用，通过土地使用权的出让、租赁、作价入股等有偿方式，使土地这一最基本的生产要素进入市场。地价管理工作推进了土地有偿使用制度的发展进程，为土地市场发育和完善奠定了基础。同时，通过建立以市场机制形成土地价格的制度体系，有效地促进了土地资源的优化配置，调控了土地供求关系。地价还为协调不同权利主体之间的利益关系提供了依据，保障了不同权利主体间的土地收益分配，使土地资产的价值得到显化，保证了国有土地收益不流失。

从土地使用制度改革至今二十多年来，我国地价管理在法制、机制和制度建设方面均取得了重大进展，形成了一整套适合我国国情的土地估价理论、方法和技术标准，建立了具有中国特色的以基准地价、标定地价为核心的地价体系，并通过城市地价动态监测工作，及时掌握土地市场和地价发展趋势。上海作为我国特大型城市，土地资源紧缺，市场化配置程度较高，土地市场活跃。在上海土地市场发展过程中，地价管理工作不断完善和提高。1998 年上海首次开展了土地定级和基准地价评估工作，通过综合定级方法对全市城镇规划区范围内的土地进行了级别划分。1999 年开始组织开展上海城市地价动态监测工作，在中心城范围内建立了地价动态监测样点，每季度评估地价变化情况，及时掌握土地市场发展趋势。

为进一步完善上海国有建设用地价格体系和更新机制，在加强城市地价动态监测工作基础上，2009 年上海市规划和国土资源管理局组织开展了基准地价成果更新工作，并根据上海土地市场特点和土地管理要求，启动了区段地价和标定地价理论研究和编制工作。课题组经过近 2 年的工作，于 2010 年 10 月形成了《上海市 2010 年基准地价更新成果》，制定了住宅、商业、办公和工业等用途地价级别范围和基准地价。

由于基准地价级别范围内基础设施、生态环境、历史文化等因素的差别，使同一地价级别范围内的地价变化幅度较大，无法满足地价管理精细化的要求。因此，课题组从最基本的城市街坊入手，在全面分析全市基本居住、商务办公、轨道交通等规划基础上，详细调查每个街坊单元内的学校、医疗、公园等基础设施现状，收集了房地产市场交易信息，研究了基准地价级别范围内精细化的地价均质单元——“地价区段”的划分尺度和方法，以及区段地价的评价技术方法。2011 年 10 月，按住宅、商业、办公和工业用途划分了全市 1717 个区段单元，分别进行地价评估，形成了 2011 年上海市区段地价成果。2012 年国土资源部启动了标定地价试点研究，上海作为试点城市，分别从均质区域划定、标准宗地设立、修正体系、成果应用等方面进行了试点研究，上海完成了 600 个标准宗地调查（其中住宅 360 宗、商业 170 宗、办公 70 宗）、地价评估工作。

在城市地价动态监测基础上，上海基本形成了以基准地价、区段地价、标定地价和地价指数为核心，相互衔接、各有侧重的国有建设用地地价成果体系和更新机制。基准地价是地价成果体系的基础，在基准地价划定的住宅、商业、办公、工业用途地价级别基础上，根据城市规划、基础配套设施和房地产市场发育等情况，以街坊为基本空间单位构建了逐级归并的均质区域体系，形成了“标准宗地—街坊—地价区段—地价级别”的地价监测与评价单元体系，通过层层择优的标准宗地体系，将区段样点中符合条件的优选为地价监测点或标定地价宗地。

上海城市地价动态监测和地价指数编制，是国有建设用地地价成果更新机制的基础，依托每季度城市地价动态监测和地价指数发布，结合房地产交易案例，每年以 1 月 1 日为时点开展区段地价、标定地价年度更新工作。在区段地价、标定地价年度更新基础上，每 3 年按相关技术规程进行基准地价成果更新和发布。2014 年 1 月，上海发布了 2013 年基准地价和区段地价更新成果。

随着上海产业结构调整和新型业态的不断出现，尝试建立适合上海“规土合一”的土地价格分类体系，增设了研发总部类用地，提出了工业用地 20 年弹性出让年期和基准地价，研究了“综合因素—土地价格”复合定级和最短路径插值的计算方法，建立了“地价指数+检验样点”的交互式地价成果更新机制，实现“区段地价—基准地价”联动更新。同时，为进一步夯实地价管理工作基础，研究建立了“上海城市地价动态监测和地价管理信息平台”，以子单元数据库、地价样点数据库、土地交易信息数据库为基础，实现了基准地价级别与价格计算、区段地价单元范围与价格计算、标定地价计算、地价指数计算等系统模块功能。目前，全市15家主要土地估价机构、近68名资深估价师，依托地价信息平台参与区段地价、标定地价更新年度工作，更新时间缩短至3个月内，增强了地价更新成果的现势性。上海国有建设用地地价成果(基准地价、区段地价、标定地价以及地价指数)已成为本市地价管理工作的重要依据，广泛应用于经营性用地入市研判，世博、虹桥机场等重要地区规划实施决策评估和土地资产管理等工作领域。

上海经济社会发展面临着土地资源紧约束的瓶颈，上海建设用地总规模已接近“天花板”，布局和结构也不尽合理，尤其是工业用地的利用效率和质量需要进一步提高。近期，上海市政府发布了《关于进一步提高本市土地节约集约利用水平的若干意见》(沪府发[2014]14号)和《关于本市盘活存量工业用地的实施办法》(沪府办[2014]25号)、《关于加强本市工业用地出让管理的若干规定》(沪府办[2014]26号)等文件，明确了土地利用“总量锁定、增量递减、存量优化、流量增效、质量提高”的基本策略。盘活存量建设用地资源，用好有限的新增建设用地，应充分发挥地价的调控杠杆作用，平衡相关权利人利益，调动各方面的积极性和创造性，促进土地利用方式的转变，土地利用效率的提高，从而促进经济社会转型发展。

本书是从事上海国有建设用地价格研究、评估实践和土地管理人员的集体智慧成果，有关内容是在上海国有建设用地价格成果体系、更新机制理论研究以及工作实践中总结提炼形成。随着城乡统一建设用地市场建设要求的提出，地价管理和研究面临着新的挑战和发展机遇，课题组将在工作实践中进一步检验、校正和完善研究成果。工作中得到了上海房地产估价师事务所有限公司、上海城市房地产估价师有限公司、上海八达国瑞房地产土地估价有限公司、上海仲衡信银房地产评估有限公司、上海国衡房地产估价有限公司等单位的支持参与和热情帮助，表示诚挚谢意。

本书是基于上海地价工作实践与管理应用的总结，由于课题组知识和经验的差距，具有一定的局限性，加之时间仓促，书中不妥和错误之处在所难免，敬请广大同仁不吝指正。

2014年5月于上海

目 录

第 2 章 基准地价编制与更新基础理论

第 3 章 区段地价编制与更新基础理论

实践篇

第 7 章　上海市基准地价成果编制与更新

第 8 章　上海市区段地价成果编制与更新

理论篇

第 1 章

国有地价“三价格一指数”基础理论

一、国内外公示地价发展状况

(一) 中国公示地价

1. 上海市公示地价

上海市基准地价共进行过四次更新。1998 年上海首次开展了土地定级和基准地价评估工作,采用综合定级的技术方法将城镇规划区范围内的土地划分为十一级,成果包括毛地和熟地两类基准价格,并以文件形式由政府向社会公布。2003 年针对 1998 年基准地价成果进行了更新,在区分居住、商业、办公、工业四类用途基础上分别设定了级别容积率并进行地价评估,但更新成果并未对社会公布。2007 年 10 月启动了新一轮基准地价更新工作,采用分类定级的方法,并结合近年来上海市不同用途土地的区域划分思路和价格特点,更新了土地级别和级别基准价格。为了增强成果的科学性、合理性和可操作性,此轮基准地价更新成果还提供了较为全面、完善的价格修正体系,包括区域因素修正、个别因素修正和容积率修正等。最终形成基准日为 2010 年 1 月 1 日的基准地价成果。

为了进一步加强地价管理,满足实际工作的精细化、现势化要求,上海市规划和国土资源管理局会同上海市地质调查研究院于 2010 年 6 月正式启动了建立“三价格一指数”地价体系工作，在2011年区段地价和标定地价成果，2012年6月区段地价成果顺利通过国家行政部门（国土资源部）、行业、高校专家评审，成果得到高度肯定。2013年，基准地价更新成果完成，并顺应上海市“创新驱动、转型发展”需求，增设研发总部用途基准地价。至此，上海市已建立形成一套以基准地价、区段地价、标定地价、地价指数为核心的地价体系和动态更新机制，实现“均质范围由粗到细，更新频率由疏到密”的宏观、中观、微观三级地价管理。

同时，上海作为第一批50个重点城市之一，自1999年开展城市地价动态监测工作，共设立居住、商办、工业地价监测点820个，组织全市68名土地估价师及时跟踪采集地价监测点的地价信息，并与上海市地质调查研究院定期收集、汇总、整理、分析这些数据，形成季度和年度监测报告，实现了对上海地价水平和变动情况的实时监测。

2. 北京市公示地价

同为特大城市，北京和上海地价管理历史演变较相似，先后由房地合一的管理模式过渡到国土资源职能独立模式，地价政策和地价成果主要是围绕基准地价工作开展。

1993年，北京首次开展了基准地价评估工作。1996年，北京市成立了房屋土地管理局，实现了房地合一的管理体制，并且在成立伊始即行文确认新的国有土地出让价格评估程序，形成了一套独特的“四步会审制度”。2002年，由房屋土地管理局牵头，对1993年基准地价成果进行了更新。这次更新一方面在公布熟地价的同时还公布了毛地价，在用途划分时取消了公寓用途、住宅用途的地价区别，新增综合用途，使得基准地价用途划分和价格成果更为合理；另一方面应用计算机辅助手段，编制了北京市地价级别划分的电子图示系统和基准地价级别示意图。2009年，国务院批准北京市机构改革方案，设立国土资源局来负责城市土地管理工作，并对2002年版的基准地价进行了新一轮的更新。土地用途分为商业、办公、居住和工业四大类，土地级别从原先的10个级别，增加至12个级别，同时新一轮的更新基准地价首次采用级别基准地价、区片基准地价和商业路线价的形式，各项修正体系和操作办法主要围绕区片基准价格制定。

此外，北京作为首批被列入国家级城市地价动态的重点城市之一，其地价监测管理采用政府主导、市区联动、协会监督、专业评估的组织机制。即，北京市国土资源局作为地价动态监测工作的组织单位，会同北京房地产估价师和土地估价师协会共同开展地价动态监测的相关工作，以实现对北京地价水平和变动情况的实时监测。

同时，北京国土局和人民大学合作，开展了标定地价研究工作。通过建立标定地价体系对地价动态监测进行补充和完善，在现有地价监测成果的基础上进一步补充完善监测点的数量和提高监测点的精度，以及加大应用研究，建立多层次、高效率的标定地价监测体系和应用系统，为制定土地招拍挂出让底价、出让金征收标准以及土地增值税征收等提供依据，以适应不同情形下的地价管理需求。

3. 广州市公示地价

广州是最早利用计算机技术开展基准地价评估工作的城市之一，地价管理思路具有一定的创新性和探索性。2004 年，广州在基准地价更新工作过程中，根据国土资源部的要求和实际需要，在构架地价体系、地价动态监测体系应用方面，对基准地价动态及时更新作了一些新的探索，提出和制定了网格点基准地价，并在此基础上建立以级别基准地价为宏观控制，以区片和区段基准地价为中观控制，以网格点基准地价为微观控制的地价体系，来健全广州地价体系，实现地价管理信息一体化和自动化。

广州市依托地价动态监测来建立网格点基准地价。采用 DEM 数字表面重建或建模技术以及数据库管理信息系统软件，通过控制点，建立评估区域地价分布的地价三角控制网，经过一系列类似于 DEM 数字表面重建或建模的技术处理过程，建立评估区域地价分布的网格化三维模型进行三角内插，从而得到网格点基准地价。由于网格点基准地价是基于 DEM 建模以及数据库管理信息系统软件建立的，网格点基准地价的中间成果和最终成果如价格、空间、权属等信息都是以数字方式存储的，从而其成果的地价信息可以实现多部门、多用途的充分共享。并且，当地价监测点和交易样点的地价发生了变化后，在 DEM 技术的支持下可以及时反映到网格点基准地价，从而轻松实现成果的自动化和实时化更新。

另外，广东省估价师协会负责整个广东地价评估和基准地价制定的技术工作，发挥了较强的组织和协调职能。

4. 中国台湾公示地价

中国台湾的地价体系包括区段地价、公告地价和公告现值、宗地评估价和交易地价等。其中前三项属于官方估价范畴。以政策性目的而实施的批量批次估价，主要以区段估价为主；宗地评估价一般属于民间估价范畴，为特殊目的，针对个别土地进行的估价。

(1) 区段地价

与大陆地区的基准地价类似，台湾地区官方估价首先查区段地价。对于有交易实例的区段，选取区段内实例地价的中位数为区段的区段地价。无交易实例的区段，则在临近或适当地区选取两个以上用途相同，且已评估区段地价作为基准地价区段，按影响地价区域因素评价基准表及影响地价区域因素评价基准明细表进行区域因素修正，调整得出目标地价区段的区段地价。

（2）公告地价和公告现值

公告现值每年确定公告一次，公告地价每三年确定公告一次，二者都属于宗地地价，要根据经地价评议委员会审核调整的相应区段地价修正计算得出。台湾地区官方评定宗地地价的目的，是作为征税及征收补偿的依据，其影响范围是全面的，且是动态的，必须不断地更新。宗地地价的求取方法必须符合短时间内大量估价的要求。台湾官方宗地估价方法类似于大陆的基准地价系数修正法。

（3）标准宗地制度

自1997年起，台湾地政部门参考日韩的地价体系，在台北试点实行标准宗地制度。标定地价体系的建立拓展并完善了原有官方公示地价的作用，可为周边土地交易价格提供参考指标；可用于健全抵押贷款制度，使法官据此标准宗地地价来制定是否超贷；可使征收补偿合理化，并作为税收依据；可作为编制地价指数的固定样本，解决土地交易“惰性”问题；可据此来掌握地价高低层次，修正代表地区的标准宗地地价以确保地价高低层次的正确性，便于监测地价的变动。

（二）日本公示地价

日本1989年出台《土地基本法》，开始实施以“地价公示制度”为核心的地价制度，其本质是标准宗地的价格评估与公示。公示地价确定的方法是：选定一定数量的商业、居住和工业用地作为标准宗地，由两名以上不动产鉴定专业人员，对每一标准宗地进行评估，确定标准地价。最后将各标准宗地的标准地价汇总平衡，以政府公报形式公示出来，形成公示地价。除国家级公示地价以外，日本地方政府也设有标准地价，其地价由地方政府公示。

日本公示地价的主要作用有：

（1）评估宗地价格。不动产鉴定对标准宗地所在区域内的其他宗地进行评估时，应在该区域内选择1宗至2宗条件相似的标准宗地作为比较案例，通过比较修正法确定待估宗地价格。

（2）征收土地补偿。根据土地征用法或其他法律需要征用土地的，则该土地的取得价格应以标准宗地的公示地价为基准，通过对标准宗地价格进行修正，确定补偿金额。

（3）为市场交易和征税税基提供参考。地价公示区域内的土地进行交易，应以标准宗地价格为参考;土地征收遗产税及固定资产税时,征收税款额应以公示地价为基准,通过一定比例修正后确定。

(三) 韩国公示地价

韩国政府于 1989 年颁布《地价公示与土地估价法》,公示地价分为标准宗地公示地价和个别公示地价。标准宗地公示地价以全国具有代表性的 45 万宗地作为标准宗地;个别公示地价以标准宗地公示地价为基准,对全国 232 个市、郡、区范围内的 2 700 万宗地进行评估,基本达到“一户一价”。公示地价确定方法是:在全境范围内选择标准宗地,由不动产评价专业人员依据一定评估方法,参照市场交易情况评估,再经土地评估委员会审议后确定,并以公报形式每年定期公布。

韩国公示地价的作用主要有:

(1) 指导一般性土地交易。作为不动产鉴定师评估交易价格、担保价格或补偿价格的依据。韩国在公示地价的同时,制定了土地价格比照表,可以据此评估其他非标准宗地的价格。

(2) 国家、地方自治团体等行政机关计税和土地资产管理依据。国家、地方自治团体等行政机关为土地管理、取得、处置、拍卖、资产重估或出售等原因而需评估地价,或者因课税而评估地价,在无专业人员的情况下,可以直接以公示地价为准。

(3) 土地交易及地价管理依据。作为土地交易申报及土地交易许可时,判断土地交易是否合理依据。如果交易地价低于一定水平的公示地价,政府可以申报价格优先购买其土地。

二、“三价格一指数”内涵及特征

(一) “三价格一指数”内涵

地价体系是指具有不同价格内涵的相互联系、相互补充并发挥着各自作用的、用于满足土地市场运行和政府地价管理的一系列土地价格类别集合。本书所提出的“三价格一指数”地价体系是指由基准地价、区段地价、标定地价和地价指数四体联动所形成的城市公示地价体系。三类地价和地价指数内涵各异,在宏观、中观和微观地价管理上发挥不同的作用。

基准地价类似于级别基准地价概念，即某估价期日分用途、分级别、在设定利用条件下的城镇均质区域平均地价。主要反映城市宏观的地价水平及其空间分布规律，是城市地价管理工作的基础，对各类土地价格起着导向作用。

区段地价是基准地价的细分，类似于区片基准地价概念，即土地利用与区位条件相近、地价水平相当、空间连续的封闭均质区域或均值路线段设定条件下的平均价格。反映比基准地价级别更加细分的区域地价水平，实现地价的中观管理。

标定地价是某估价期日的标准宗地现状条件下使用权的公开市场价格。标准宗地指在地价区段内设置土地区位、面积、深度、宽度等个别特征具有代表性、稳定性和易辨性的宗地。通过对标准宗地价格的评估与公示，可实现城市地价微观管理，为一定区域范围土地价格测算提供比准作用。

地价指数是指在正常市场条件下测算的，一定时期内城市住宅、商业、办公和工业等各类用途土地价格的变动趋势和变动程度的相对数。主要反映地价随时间变化动态规律和趋势。

三类价格与地价指数特点与异同详见表 1-1。

表 1-1　“三价格一指数”地价体系对比

<table>
<tr><th colspan="2">差异</th><th>标定地价</th><th>区段地价</th><th>基准地价</th><th>地价指数</th></tr>
<tr><td rowspan="4">价格内涵</td><td>土地用途</td><td>住宅、商办、工业</td><td colspan="3">住宅、商业、办公、工业</td></tr>
<tr><td>产权性质</td><td colspan="4">国有建设用地出让土地使用权</td></tr>
<tr><td>价格类型</td><td colspan="2">标准宗地价格</td><td>区域平均价格</td><td>监测点价格</td></tr>
<tr><td>土地使用年限</td><td colspan="3">法定最高使用年限</td><td>法定最高使用年限与实际剩余年限</td></tr>
<tr><td colspan="2">评估条件</td><td>现状条件</td><td colspan="3">设定条件</td></tr>
<tr><td colspan="2">覆盖范围</td><td colspan="4">市域规划国有建设用地全覆盖</td></tr>
<tr><td colspan="2" rowspan="2">样点选取要求</td><td colspan="4">同一样点数据库中选取样点</td></tr>
<tr><td>符合选取原则与要求，与地价监测点对接</td><td colspan="2">符合评估密度和分布均匀性要求，地价监测点、标准宗地包含其中</td><td>符合评估密度要求，与标准宗地对接</td></tr>
<tr><td colspan="2">更新周期</td><td>一年</td><td>一年</td><td>三年</td><td>季度</td></tr>
<tr><td colspan="2">成果特点</td><td>区位具体，精准性强</td><td>区段单元范围小，均质性强</td><td>级别范围广，价格弹性大</td><td>更新频率快</td></tr>
<tr><td colspan="2">作用</td><td>地价管理微观需求</td><td>地价管理中观需求</td><td>地价管理宏观需求</td><td>地价趋势监测与预测</td></tr>
</table>

（二）"三价格一指数"特征及作用

1. 实现地价管理的全面性与精确性统一

从覆盖范围来看，"三价格一指数"地价体系由粗到细地反映了城市空间价格水平，具有全面性与精确性特点。基准地价、区段地价、标定地价、地价指数是由"基准地价级别范围—区段单元—标准宗地"等一系列由面到点的地价空间范围组成的，从宏观、中观、微观三个层面体现城市地价水平。从空间尺度来看，基准地价的级别价格是对应较大均质区域，由级别内区段单元加权平均计算的；区段地价的区段单元价格则细化到更小均质区域，由"样点—子单元—单元"推演测算的；标定地价则是针对具体宗地价格，反映标准宗地个体的价格水平；地价指数则用于反映一定时期地价变动态势。区段地价有效细化了基准地价，在更小的空间范围内反映地价水平（表 1－2），标定地价与宗地的现状条件相结合，将地价水平更加具体化、形象化与精确化，地价指数则反映地价变化情况，体现地价变动规律与趋势。

表 1－2　基准地价与区段地价成果关系示意

用途	基准地价	价格区段	区段单元数量（个）
住宅	一级	A，B，C，D，E	20
	二级	B，D，E，F，G，H	44
	三级	E，F，G，H，I	41
	四级	H，I，J，K，L	50
	五级	I，J，K，L，M	38
	六级	I，J，K，L，M，O，P，R	50
	七级	K，L，M，N，O，P，Q，R，S，T	86
	八级	K，N，O，P，Q，R，S，T，U，V，W，X	125
	九级	P，Q，R，S，T，U，V，W，X	90
	十级	T，U，W，X	21

2. 实现地价管理的长期性与现势性统一

从更新频率来看，基准地价、区段地价、标定地价、地价指数表现为由疏到密的特点，其中区段地价、标定地价为每年更新一次，地价指数为每季度更新一次，而基准地价原则上为三年更新一次。可以看到，"三价格一指数"地价体系在充分考虑了基准地价作为宏观地价管理的长期性、稳定性基础上，同时通过区段地价、标定地价以及地价指数兼顾了中观和微观地价管理现势性的要求，使得地价体系成果能更好地贴近市场价格水平。

3. 实现地价管理的一致性与关联性统一

“三价格一指数”地价体系作为一个有机整体，在价格内涵、技术标准、修正体系等方面具有一致性与关联性特点，从而使得各地价之间实现可比性、可参考性、可转化性。

首先在价格内涵方面，基准地价、区段地价、标定地价、地价指数的地价内涵定义基本设定条件具有一致性。各地价均为国有建设用地出让土地使用权价格。由于基准地价和区段地价是“面状价格”，因此对均质区域内容积率、开发利用条件等进行统一设定，其价格对应的是区域平均价格。标定地价则是“点状价格”，价格内涵与点的现状条件紧密结合。而地价指数则是标定地价、区段地价以及基准地价更新的依据，既受标定地价现状条件的影响，又受基准地价和区段地价设定条件的制约。可见，四者在内涵上有所区别，但又相互关联。

其次在技术标准方面，地价体系成果的形成涉及标准宗地的筛选、区段子单元的划分与归并、区段单元和级别范围的划分与归并、编号体系等众多的技术环节具有一致性。没有统一、科学的技术要求，势必会出现口径不一、随意调整的情况，使得成果的可靠性与可用性大打折扣“三价格一指数”地价体系。统一的技术标准包括：一是地价样点的选取，区段样点、地价监测点、标准宗地的选取标准、资料收集、工作底图、外业和内业处理等技术要求是一致的，因此各地价成果具有相同的测算基础与标准，在空间层次性与时间对应性上可实现较好的关联；二是在区段单元和基准地价级别范围、均质区域划分和归并方面，依据的原则与采用的方法是相同的，符合与规划相衔接、辖区相适应、符合地价水平相当、宗地保持完整的要求；三是区段样点地价、区段单元地价和级别地价测算的方法具有统一性。

最后在修正体系方面，基准地价和区段地价是设定利用条件下的区域平均土地价格，在对具体宗地评估时需要进行修正。考虑两地价内涵一致，因此编制共同的修正因素体系、特殊用途的应用说明。不同的是修正等级分别针对性给出。

4. 实现地价管理的动态性与静态性统一

“三价格一指数”地价体系中的基准地价、区段地价、标定定价和地价指数相互关联、互为更新（图 1-1）。就基准地价与区段地价而言，基准地价的定级成果是区段划分与确定的依据；区段地价更新成果如区段单元范围调整以及区段单元价格更新则是基准地价更新的基础依据。就区段地价与标定地价而言，区段样点可作为筛选标准宗地的基础，标准宗地则是区段地价更新样点首选。就标定地价与地价指数而言，标准宗地应与地价监测点保持

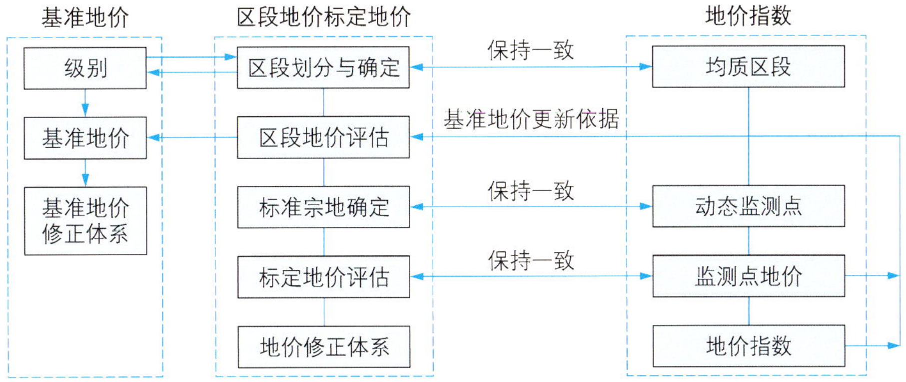

图 1-1　基准地价、区片地价、标定地价与地价指数一体化

一致，标定地价成果可直接作为地价指数编制与更新的数据依据。就地价指数与基准地价而言，地价动态监测中的均质区段与区段地价中区段单元相统一，进而与基准地价级别划分保持一致。监测点地价以及地价指数是区段地价评估更新的基础，进而为基准地价更新提供依据。

可以看到，“三价格一指数”地价体系除可实现地价统一全方位管理之外，更重要的是将地价静态原理与动态更新统一起来，通过“基准地价级别范围—区段单元—区段样点（标准宗地）—地价指数—区段单元—基准地价级别范围”的循环，完成内部结构体系衔接，以点面结合方式，实现“逐级推进、滚动更新”。

（三）“三价格一指数”体系建立意义

1. 有利于形成完整的地价管理体系

根据我国相关法律的规定，基准地价和标定地价须定期更新并公布。我国大部分城市目前已形成基准地价定期更新并公布的管理体系，但标定地价管理体系尚未建立。同时，基准地价级别划分和价格确定由于偏重宏观管理需要，过于宽泛，不利于地价进步精细化管理。此外，地价动态监测体系目前与基准地价体系相互独立，关联度不大。

通过构建国有地价“三价格一指数”体系，形成一组“空间范围由粗到细，更新频率由疏到密”的指导价格，系统反映土地价格和土地市场的总体变化和发展趋势，能解决各类地价自成体系、相互独立、缺乏完整性问题，有利于健全我国国有土地公示地价体系，为我国地价管理提供全新的系统性和综合性依据。

2. 有利于地价长期管理与现势管理相结合

城市土地市场活跃，地价变动快。而基准地价更新工作量大，涉及相关部门多，导致地价更新周期长，难以及时反映土地市场的价格变化，且其成果受市场之外的因素影响较大，难以及时反映市场情况。另一方面，基准地价级别划分和价格确定由于偏重宏观管理需要，级别范围大，同级别内地价差异较大更偏向宏观地价管理。在当前土地审批、地价管理等工作中，仅利用基准地价成果难以实施对宗地价格的审核或控制，难以适应政府管理需求，难以提高政府土地管理的效率。如果作为宗地价格评估的依据更是缺乏现势性、科学性和合理性。而"三价格一指数"地价体系疏密有度的更新频率，在充分考虑了基准地价作为宏观地价管理的长期性基础上，同时通过区段地价、标定地价以及地价指数兼顾了中观和微观地价管理现势性的要求。

3. 有利于各类地价成果衔接和联动，建立有效更新机制

目前城市地价动态监测工作与基准地价工作没有关联，成果也缺乏衔接和联动，而成果更新过程更是相互之间关联不够，成果的动态更新机制缺乏。此外，仅依靠基准地价和地价动态监测工作成果无法满足向精准化地价管理方向发展的要求。"三价格一指数"地价体系通过价格内涵、修正体系以及技术标准的统一，使得各阶段地价管理工作具有一致性与关联性，从而完成内部成果体系衔接。并以计算机软件为工作平台，通过"逐级推进、滚动更新"的方式建立各地价的有效更新机制。

4. 有利于实现地价的宏观与微观、静态与动态管理的结合

"三价格一指数"地价体系以点面结合的方式，从宏观、中观、微观三个层面体现城市地价水平，实现城市地价全面性与精确化管理。此外，"三价格一指数"地价体系除可实现地价统一全方位管理之外，更重要的是其通过"基准地价级别范围—区段单元—区段样点(标准宗地)—地价指数—区段单元—基准地价级别范围"的循环，将地价静态原理与动态更新结合起来，实现地价管理的动态性与静态性需求。

三、"三价格一指数"构建依据与技术路线

(一) 法律依据

(1)《中华人民共和国土地管理法》(2004 年修订)

(2)《中华人民共和国城市房地产管理法》(2007 年修正)

(3)《中华人民共和国土地管理法实施条例》(2011 年修正)

(4)《中华人民共和国城乡规划法》(2007)

(二) 行业标准

(1)《城镇土地分等定级规程》(GB/T 18507—2001)

(2)《城镇土地估价规程》(GB/T 18508—2001)

(3)《城镇地籍调查规程》(TD 1001—1993)

(三) 技术规范

“三价格一指数”的技术规范为《城市地价动态监测技术规范》

(四) 技术平台

“三价格一指数”地价体系构建与管理必须以一定的技术平台作为支撑,特别是 GIS 技术的应用,才能够实现各地价之间的密切关联与动态更新。“三价格一指数”地价体系信息系统可利用计算机硬件与 GIS 软件已有的基本功能,采用 C/S 模式即客户端/服务器形式,进行设计开发。通过建设样点信息库、市场交易库、要素信息库、要素模型库、工作底图库,形成基准地价、区段地价、标定地价和地价指数的技术工作平台和成果展示平台,为地价管理和评估工作提供支持和辅助决策。

(五) 技术路线

“三价格一指数”地价体系构建与动态更新技术路线如图 1-2 所示。

可以看到,“三价格一指数”编制首先以上一轮基准地价成果和城市地价动态监测工作为基础,通过细化级别成果,划分区段单元和选取地价样点,进而形成区段地价、标定地价和地价指数成果。其中,基准地价和城市地价动态监测两项工作是地价体系的基础支撑,而区段地价是地价体系建立和动态更新的核心环节。在初始形成“三价格一指数”成果体系后,通过有效地将几项价格更新关联和互动,形成动态快速更新。各地价具体动态更新方式如下。

根据国土部下发《关于整顿和规范土地市场秩序的通知》(174 号文)的规定:各级土地行政主管部门要依照法律规定,建立和及时更新基准地价。基准地价原则上每三年更新一次。基准地价体系更新内容主要为土地级别、级别基准价格和基准地价评估修正系数表等。基准地价更新要求在土地定级和地价区段划分的基础上,利用土地收益、市场地价或

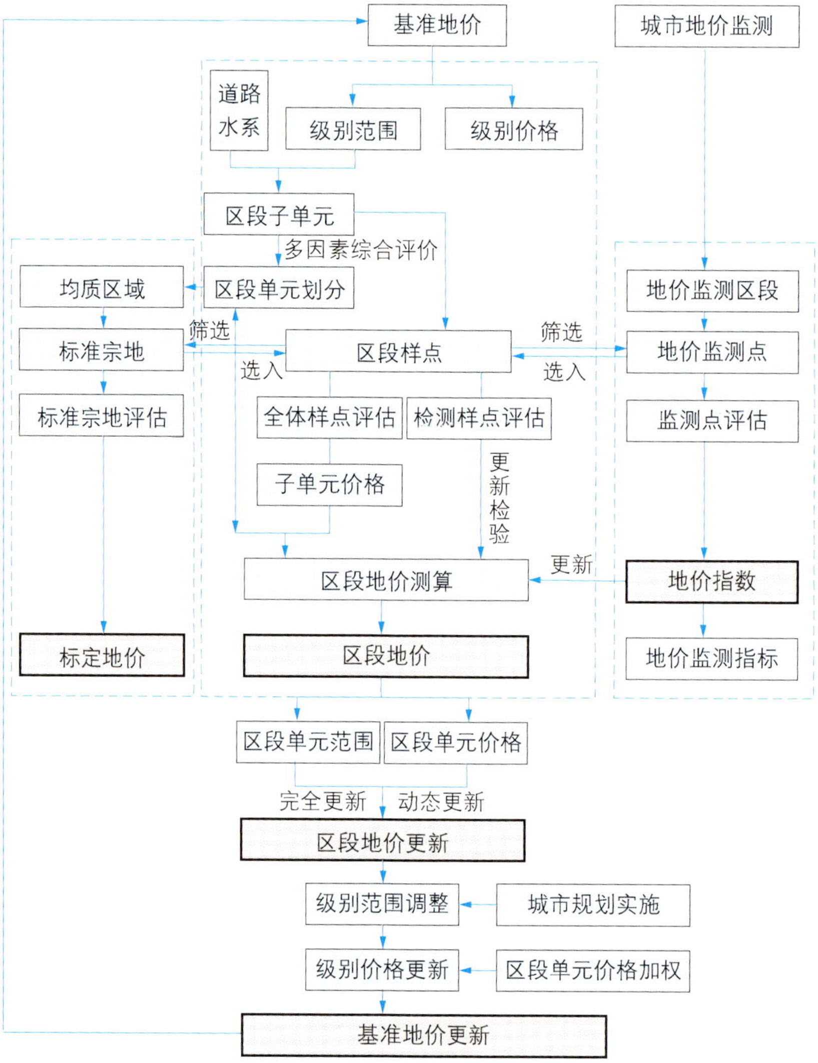

图 1-2 “三价格一指数”地价体系动态更新技术路线图

地价指数等资料对上一轮基准地价成果进行全面或局部调整。

区段地价依托地价信息系统平台采用“以市场交易价格水平为主,多因素评价为辅”的技术路线。原则上每年更新一次,局部区域可以加快更新频率,更新的内容包括区段单元范围和区段单元价格水平,编制不同用途的操作方法和修正体系。

标定地价依托于城市地价动态监测工作,在优化地价监测点的基础上,通过细化标准宗地选择标准,从严估价师评估技术准则等手段,开展标定地价更新工作,原则上每年更新一次,局部区域可以加快更新频率,更新的内容包括标准宗地的变更和标准宗地价格更新,编制标定地价成果报告。

地价指数则采用城市地价动态监测工作周期，每季度发布一次。更新的内容包括城市地价动态监测工作中定期对地价监测点的评估和更新，编制不同用途、不同区域的地价指数指标值，撰写地价指数分析报告等内容。

四、“三价格一指数”成果发布及管理

（一）成果发布

按照《城市房地产管理法》的相关规定要求，基准地价、标定地价应定期向社会公布。但从目前来看具体操作办法和实施方式没有明确，实践操作还存在一定问题：①地价发布的范围尚不明确统一，已发布的地价成果仅仅是土地招拍挂市场数据和基准地价成果等，标定地价仍处于技术探索阶段，尚未对外发布；②所发布地价的内涵未经统一解释，而且时效性差，往往所起作用是相反的，容易引发土地市场的混乱和误导；③发布地价成果的功能尚未充分发挥，使发布地价成果往往处于可有可无的地位，涉及的问责机制也较欠缺。

因此，针对上述问题，在“三价格一指数”地价体系发布中建议：

（1）统一成果发布单位。“三价格一指数”地价体系在成果验收合格之后，由土地行政主管部门审核后报同级人民政府批准并向社会发布。

（2）完善成果发布内容。发布的成果应准确完整，确保其可用性。几类地价成果之间应相互衔接，形成体系。可先期在土地管理部门得到有效应用后，经反馈、完善、成熟、稳定后，向社会发布。

（3）建立权威的成果发布渠道。地价成果的发布渠道多样，可通过政府公文、网站、估价师学会等相关机构和刊物以及广播、电视、新闻等公众媒体向社会进行发布。建议在市人民政府和土地行政主管部门的授权下，建立权威有效的成果发布渠道，避免误传。同时，为公众监督与反馈提供便利，为成果更新完善以及规范应用方法奠定基础。

（4）对于基准地价和标定地价等法定发布地价，建议加快推进节奏，争取向社会发布下一轮更新成果。

（二）成果管理

“三价格一指数”地价体系的成果管理机制包括以下内容：

（1）责任分工机制。“三价格一指数”地价体系由土地行政主管部门、具有地价管理职

能的事业单位、土地估价师协会、土地估价机构以及估价师等主体共同编制完成。在编制过程中，应明确各方责任范围和协作方式，提高组织协调性和工作效率。其中，土地行政主管部门依照市人民政府规定的职权划分，负责地价体系的指导、监督、经费保障等工作，根据实际管理工作需求提出工作方针与工作要求，组织有关部门和专家形成成果验收小组，完成技术验收。通过招标形式确定具有地价管理职能的事业单位或土地评估机构承担组织实施和成果制定工作。土地估价师协会配合技术指导和成果审核，土地估价机构和估价师配合资料调查和地价评估工作。

（2）成果审核机制。对各类中间成果和最终成果进行严格审核。①在地价评估过程中，由组织实施单位组织相关评估专家形成专家小组，对估价机构和估价师提交的土地评估报告、评估表格和评估价格进行审核，主要审核内容包括成果形式的合规性、成果内容的合理性等。②在成果制定过程中，由土地估价师协会配合组织实施单位，对成果的科学性以及各项成果之间的协调性进行审核与研究，形成完整统一且互相呼应的地价体系。③在成果评审阶段，由土地行政主管部门组织各部门相关人员以及科研专家，对地价体系的技术路线、技术方法、成果内容、土地管理的实际需要等方面进行技术评审和成果验收。④在成果发布阶段，经验收合格后的地价体系成果由土地行政主管部门审核后报同级人民政府批准并公示。

（3）规范应用机制。“三价格一指数”地价体系的成果由市人民政府土地行政主管部门委托具有地价管理职能的事业单位对“三价格一指数”成果进行管理，管理内容包括成果报告和数据库，并按照土地行政主管部门的要求与指导做好服务：①为相关部门提供信息查询服务，保证成果具有一定的时效性、精准性和可用性。②经市人民政府或土地行政主管部门批准同意后，行文发布“三价格一指数”地价体系成果的适用范围和方法，逐步形成地价管理政策。③开展培训工作，为土地管理部门的工作人员以及土地估价机构、估价师能够正确理解各类地价成果的内涵、适用范围和使用方法，为土地审核和地价评估等工作提供服务。

五、“三价格一指数”成果应用

“三价格一指数”地价体系，作为一组“空间范围由粗到细，更新频率由疏到密”的指导价格，系统反映了土地价格和土地市场的总体变化和发展趋势。土地管理部门应根据不同的业务需要，灵活选择地价工具，作为决策与衡量地价水平的辅助参考。

通过比较研究和理论分析，结合我国土地管理实践，本书认为，“三价格一指数”地价体系的建立与更新主要着眼于实现如下四个方面的应用：

（一）应用地价体系成果，实现土地交易和地价的管控

将基准地价、区段地价、标定地价和地价指数统一纳入地价体系公示，形成我国完整统一的国有土地公示体系，作为土地市场调控和管理的最直接手段。

（1）建立基准地价、区段地价、标定地价和地价指数定期公布制度，提供交易参考。提高市场信息透明度，降低市场信息的不对称性，为土地交易提供参考。

（2）建立土地交易申报制度，实现地价调控权。依据基准地价和标定地价，对相应区域内的土地交易设定合理的最低价限制和最高价管制，防止土地价格的暴涨与暴跌。

（3）依据基准地价，设定协议出让土地最低价和招拍挂方式出让土地底价低限。协议出让最低价和招拍挂出让底价不得低于出让地块所在级别基准地价的 70%。

（4）依据工业用地最低价标准，控制工业基准地价底线。国家根据土地等级、区域土地利用政策等，统一制定并公布工业用地出让最低价标准。工业用地基准地价要与工业用地最低价标准保持衔接一致，工业基准地价的水平不得低于国家规定的工业用地成本价格。

（5）依据区段地价，作为招拍挂方式出让底价参考。区段地价尤其是区段子单元价格，作为比基准地价更精细化的区域平均价格，能为地块出让底价提供更科学合理的参考。

（6）依据标定地价，实施政府优先购买权。申报土地转让价格比标定地价低 20% 以上的，市、县人民政府可行使优先购买权。

（7）依据标定地价，确定划拨用地补交出让金标准。为体现实施交易的划拨土地使用权土地具体土地使用条件差异带来的补交出让金差异的不同，以标定地价作为划拨土地使用权转移补交出让金的依据比较合理。

（8）依据地价指数，预测地价走势及土地收入。基于地价指数，在判断土地市场的周期性变化规律的基础上，预测未来土地市场走势，从而测算出不同土地开发与出让时序下的地价水平与土地收入。

（二）应用地价体系成果，统一土地与房地产征税评估与管理

为了降低国家的行政管理成本，统一各土地与房地产的相关价格管理体系，本书建议，要充分扩大“三价格一指数”地价体系成果应用范围，尤其是扩展到税收征管的应用。

从我国现行和即将实施的税收体系来看,和土地价格紧密相关的是城镇土地使用税、物业税、土地增值税、土地闲置税等。

1. 将基准地价定级体系作为城镇土地使用税征收级别依据

我国城镇土地使用税根据土地的等级不同从量计税。基准地价评估中确定的城镇土地分等定级成果,能够科学合理地反映城镇内部土地的使用价值或价值的空间分布的差异性,作为制定城镇土地使用税征收的依据,能够充分实现用税收来调节土地利用级差收益的目标。如目前,上海城镇土地使用税的征收按照土地级别划分为6个等级,内环线以内区域:一至三级;内环线以外外环线以内区域:二至四级;外环线以外区域:三至六级。各级别税收从每平方米1.5元到30元。为了管理的一致性,建议城镇土地使用税征收级别划分应与基准地价等级划分系统统一。

2. 利用区段地价成果实施征收物业税的批量评估

党的十六届三中全会明确提出要"实施城镇建设税费改革,条件具备时对不动产开征统一规范的物业税"。虽然国内学者对物业税征收的范围及内容存在争议,但普遍认为在征收物业税时,应从价计征,计价标准确定为物业评估价值。物业税的评估具备以下特点:

(1) 物业税评估属于大宗评估,应特别强调其时效性和低成本性。

(2) 物业税评估应将评估标准的统一性和公平性有机结合,既要考虑对同类房地产采用同样的评估标准,舍弃次要的个体差异;又要考虑各类房地产的共性差异。

本书认为,物业税的大宗评估完全可以充分利用区段地价成果,在细分房屋类型情况下,实现物业税征收的大宗物业批量评估,同时还可依据标定地价成果对存在争议的物业评估重新核评。

3. 利用标定地价成果评估土地增值税

标定地价反映某一宗地在正常土地市场条件下于某一估价期日的土地使用权价格,而不同估价期日下的标定地价则反映了不同时期宗地的价格变动,为征收土地增值税提供了标准。土地增值是指随着经济发展和政府投入的增加,土地使用权价值相应增加的部分地价。政府可以在建立"三价格一指数"地价体系的地区,以不同估价期日下标定地价为依据确定宗地增值额,从而评估土地增值税。

4. 利用标定地价成果评估土地闲置税

土地闲置税,即针对可利用而逾期不利用或作低度利用的土地所课征的赋税。土地闲置税征收的目的是为了促进城市土地利用,而不是为增加税收,即政策目的重于财政目的。

在我国大陆，占而不用、多占少用、用而不优的情形比较多见，对这些现象征收土地闲置税可以迫使土地使用者充分利用土地，将目前暂不使用的土地转租他人。目前，不少地方以罚款代替税收(按出让或划拨土地价款的 20%征收土地闲置费)，虽然在一定程度上抑制了这种现象的发生，但税收和罚款毕竟是性质和功能完全不同的两个手段。相比较而言，税收作为保证国家政权力量实施规范经济的调节工具，它能更有效地促进城市土地充分利用。针对未动工开发满一年的闲置土地，可以标定地价成果为依据评估该宗地价格，从而确定闲置土地所需征缴土地闲置税。

(三) 应用标定地价体系，为宗地价格评估提供依据

标定地价，按照《城镇土地估价规程》附录 D 中的名词解释，是政府根据管理需要，评估的某一宗地在正常土地市场条件下于某一估价期日的土地使用权价格。它是该类土地在该区域的标准指导价格。标定地价是一种重要的地价，是政府对地价和地产市场进行具体管理的依据。对待标定地价的确定和公布都必须科学、认真，要使标定地价符合该城市的发展水平，也要符合该标准地块的具体情况。

现阶段利用基准地价来进行宗地价格评估，是全国各个城市基准地价成果的最主要应用方向，也是我国计划经济向市场经济转变过程中，城市土地交易案例很少，土地市场不发育的情况下的一种过渡性选择。然而，该项应用存在如下问题：基准地价是一定均质区域的平均价格，其测算过程是利用一定数量的样本地价的平均值作为该级别基准地价水平，从理论上来讲是不能用平均值推算个体数值的；从数理统计角度讲，充其量只能是同样样本取得这个平均值的概率是多少。

基准地价系数修正法的本质是市场比较法。然而，基准平均地价的求取过程本身并没有明晰其区域及个别因素条件，从样本到基准地价并没有与宗地地价修正系数直接关联。一个没有地价要素具体化的地价自然也无法作为替代比较的基准。所以，用基准地价来评估宗地价格是违背基本理论和估价原则的。

目前我国城市土地市场和房地产市场发育，以各个城市土地交易和房地产交易市场价格资料为基础，建立起以城市标准宗地为载体的“三价格一指数”地价体系，时机已经成熟，具有可行性。因此，宗地价格评估，应该尽可能地利用城市标定地价作为价格评估参考，在我国建立起了城市标准宗地为载体的“三价格一指数”地价体系和宗地价格评估参考后，基准地价主要是作为政府对城市地价进行宏观管理的依据，对于城市土地价格评估的应用价值将逐步减少。

标定地价在对一般宗地进行评估的时候具有比基准地价更高的针对性和适用性，因而也就具有更高的准确性。运用标定地价体系进行宗地价格评估代替基准地价系数修正法。可以评估的价格类型有：

宗地交易价格、宗地出让底价、宗地转让价格、宗地抵押价格、拆迁补偿价、土地收购价格、企业土地资产清算价格等。

（四）应用地价体系成果的空间表征，引导土地合理集约配置

深入分析“三价格一指数”地价体系所反映的地价空间分布特征，并尊重其规律，有利于引导土地合理配置。

1. 应用地价分布成果检验与优化城市规划成果

一方面，城市规划已经成为影响土地价格的一个重要因素，“三价格一指数”地价体系编制与更新必须考虑城市规划的影响；另一方面，土地经济与利用的理论表明，土地价格是决定土地利用方式、利用结果、利用布局和强度的最重要的经济与市场化因素。合理的城市规划成果应该充分体现和发挥土地的价值对利用方式的配置规律。基准地价、区段地价、标定地价以及地价指数的成果应是城市规划的制定及其优化的依据，亦是检验其成果土地经济合理性的依据之一。通过充分运用“三价格一指数”地价体系精细化、一体化的特点，实现一定范围内的土地收入快速测算，从而分析资金收支平衡的潜在风险，以此判断规划实施的经济可行性。

2. 应用地价指标优化地块开发利用方向和强度

依据土地价格表现，进行土地最佳利用方向、最佳集约度的选择既是土地经济学的客观要求，也是房地产开发的最高最佳使用原则的客观要求，还是国家关于土地集约利用管理的客观要求。建议土地管理部门与相关部门在确定地块开发技术经济指标时，必须考虑地块的价格水平。

3. 利用地价杠杆，引导土地投资与合理配置

政府定期评估并公布“三价格一指数”地价成果，可以使投资者和土地使用者及时了解不同地段、不同用途的地价水平和变动趋势，从而根据白身需要和支付地租的能力调整上地利用方式，以达到城镇土地合理利用和流转。起到地价体系的杠杆作用，间接指导用地结构，引导用地者合理地选址，诱导土地资产的合理“流动”。

第 2 章

基准地价编制与更新基础理论

一、基准地价内涵

《城镇土地估价规程》对基准地价的定义是:“对城镇各级土地或均质地域及其商业、工业、住宅等土地利用类型评估的土地使用权单位面积的平均价格。”本书认为,基准地价是指在城镇规划区范围内,在设定土地开发程度和设定容积率条件下,对不同级别土地或不同均质地域的土地,按照商业、办公、住宅、工业等用途,分别评估确定的某一时点上法定最高出让年期出让土地使用权的区域平均单位价格。具体内涵为:

(1) 土地用途为住宅、商业、办公和工业,可根据各城市状况做调整或增设。

(2) 使用年限为对应用途的法定最高出让年限。

(3) 土地利用强度为各用途各级别的设定容积率。

(4) 住宅、商业、办公用途开发程度为“七通一平”,指红线外通路、供电、通讯、通上水、通下水、通污水、通燃气及红线内场地平整;工业用途开发程度为“五通一平”,指红线外通路、供电、通讯、通上水、通下水及红线内场地平整;“七通”、“五通”不包括项目建设向有关部门缴纳的住宅建设配套费及市政管线的接入工程费用。

二、基准地价编制技术路线

根据《城镇土地估价规程》规定，基准地价的评估可采用多种技术途径，包括：

途径一，以土地定级（或均质地域）为基础，以市场交易地价资料为依据，评估基准地价；

途径二，以土地定级（或均质地域）为基础，以土地收益为依据，市场交易地价资料为参考，评估基准地价；

途径三，以土地定级（或均质地域）为基础，以地价指数为依据，评估基准地价。

其中，途径二中，依据企业的效益与资本、劳动力和土地三大生产要素间的相互关系，建立级差收益测算模型，求取土地收益，并转换为地价，理论分析充分，数学逻辑性强，但资料取得难度较大，且在某些行业经济非健康发展的状态下容易导致土地价格失真，限制了该方法的实用性。途径三以地价指数为依据进行基准地价评估，是一种便捷、实用的操作方法，但单一的指数无法对土地价格进行全范围、有针对性的、合理的调整，如果要利用指数对基准地价进行评估，就需要设定不同用途与等级的不同地价指数，这样的细分指数评估过程已经近似于基准地价市场交易样本点的重新计算。因此地价指数更适合作为地价变化的参考指标，而不适用于基准地价的评估。相比之下，途径一是最贴近市场的基准地价评估技术思路。通常情况下，三种路径综合使用，见图 2－1。

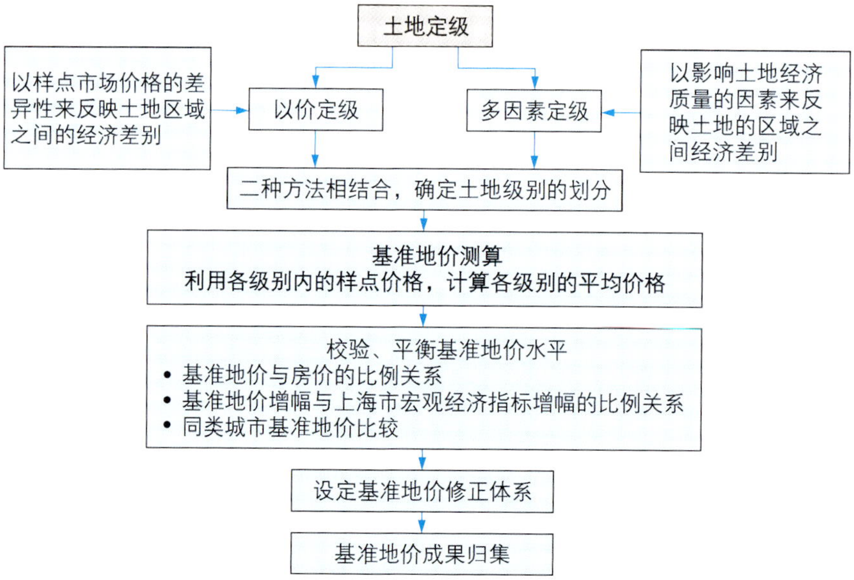

图 2－1　基准地价编制技术路线框图

三、基准地价评估原则

(1) 规程与实际相结合原则

土地定级估价严格按照《城镇土地分等定级规程》(GB/T 18507—2001)、《城镇土地估价规程》(GB/T 18508—2001)的要求进行，同时在定级影响因素体系、权重以及具体的地价计算中综合考虑城市的具体情况及其特点。

(2) 多因素综合分析原则

影响城市土地级别和地价水平的因素包括各种经济、社会、自然因素，因此应全面分析影响土地级别和地价水平的各种因素，采用多因素综合分析法作为划分土地级别的方法之一。

(3) 主导因素原则

重点分析对土地收益起控制和主导作用的因素，突出主导因素对土地级别和地价水平的影响。

(4) 市场分析原则

在土地定级估价中充分利用国有土地使用权出让、转让和商品房买卖、出租等市场交易案例，分析确定土地级别和基准地价水平。

(5) 定性与定量相结合的原则

在土地级别和基准地价编制过程中，尽量选用定量指标，并运用计算机处理技术进行数据处理和分析，以减少人为性，提高工作精度，同时在影响因素选择、权重确定、土地级别校核、基准地价水平校验等方面，又要充分利用各方面的专家经验，采用定量和定性相结合的方法综合确定土地级别和基准地价水平。

(6) 现状和规划相结合的原则

土地级别和各级别基准地价的确定主要以现状条件为主，同时适当考虑近期可实施的城市规划条件。

四、土地定级程序

(一) 土地定级形式

不同的土地用途在城市应用范围呈现着不同的地价分布规律，因此，需相应制定不同的土地级别。土地级别与土地用途挂钩，更贴近实际，便于更有效地进行地价管理。

土地用途通常分为四类：住宅、商业、办公和工业，各城市可根据自身土地发展状况进行增减调整。

根据中华人民共和国国家标准《土地利用现状分类》(GB/T 21010—2007)，参照《中华人民共和国土地管理法》规定的各类用途土地使用权法定最高年限、城市权证登记现状及各城市基准地价的土地用途分类等，四大类土地用途范围细分如表 2－1 所示。

表 2－1　基准地价土地用途分类

用途	用途细分
住宅	指主要用于人们生活居住的场所及其附属设施等用地。包括旧有老式住宅、多层住宅、高层公寓、联体别墅、独立别墅等
商业	批发零售用地：指主要用于商品批发、零售的用地。包括百货店、批发市场、大型超市(专业店、折扣店)、大型菜市场、购物中心、超市、加油站等各类商业网点用地
	住宿餐饮用地：指主要用于提供住宿、餐饮服务的用地。包括旅馆用地和餐饮用地，其中旅馆用地包括宾馆、酒店、旅馆、招待所、度假村等用地；餐饮用地包括饭店、餐厅、酒吧、酒楼、饭庄、快餐店等用地
	商业金融用地：指主要用于金融、保险行业等用地。包括金融、保险、证券等用地
	其他商服用地：指上述用地以外的其他商业用地。包括停车场(楼)、洗浴场、俱乐部、康乐中心、歌舞厅、高尔夫球场等用地
办公	商务办公用地：指企业、服务业等办公场所，以及经营性的办公场所用地。包括经营性写字楼，办公楼、服务业的办公场等用地
	科研用地：指用于各类独立的科研、勘测、设计、技术推广、科普等用地。包括各类科研设计等用地
	文体、教育用地：指用于各类文化、体育、教育及公共场所等用地。包括各类教育、培训、新闻出版、文化艺术、广播电视、图书馆、会展中心、博物馆、影剧院、体育场馆和训练场地等用地
	医疗卫生用地：指用于医疗保健、医检药检、福利救助等用地。包括各类医院、休养所、疗养院、福利院、养老院等用地
工业	工业用地：指工业生产及直接为工业生产服务的附属设施用地。包括产业类用地、农产品加工类、标准厂房类等用地
	仓储用地：指用于物资储备、中转的场所及其相应附属设施用地
	交通运输用地：指用于运输通行的地面线路、厂站等的土地。包括机场、港口、码头、地面运输管道和各种道路用地

(二) 土地级别划分方法

按照《城镇土地定级规程》，土地定级一般以多因素综合评价法进行评定，以市场交易资料进行校验。对于房地产市场相对发达的城市，市场交易数据相对充足，可运用市场交易数据进行相对独立的"以价定级"。

1. 以市场交易资料进行土地级别划分

市场交易资料确定土地级别，即“以价定级”的方法。技术思路是：在房地产交易信息收集的基础上，确定样本点，并对样本点进行评估，统一到设定的内涵地价上，然后运用插值软件，在全市范围内进行插值运算，并根据等值线图确定级别范围。

具体操作步骤和流程如图 2－2 所示。

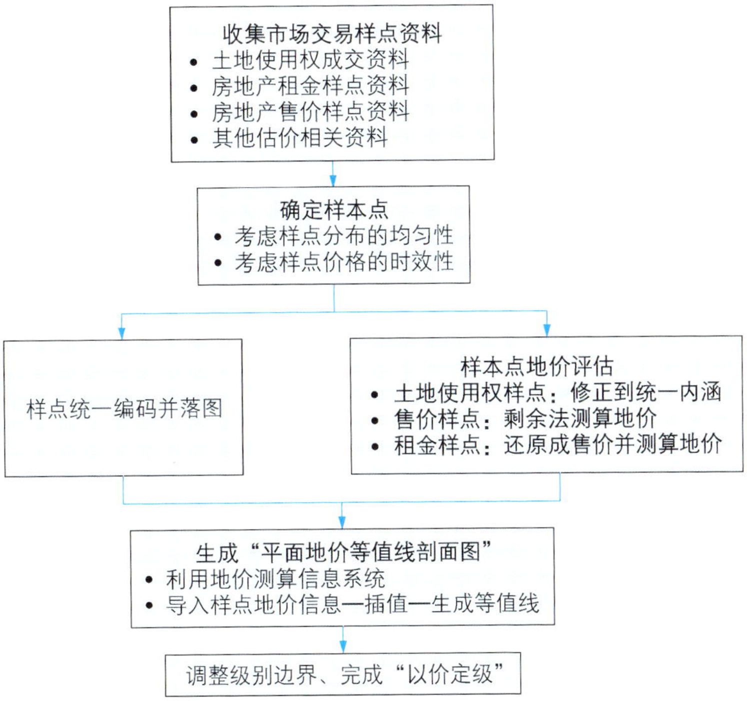

图 2－2　“以价定级”流程图

（1）收集房地产交易资料

收集近年的市场交易资料，包括住宅、商业、办公、工业的一、二手出售资料、出租资料、土地出让、转让、作价入股资料等。

（2）确定样本点

样本点的确定应优选区段地价样点、标准宗地以及地价监测点，满足代表性、稳定性、标识性等特点。

（3）样点评估的原则和方法

样点的类型大致可分为三大类：土地使用权样点（含招拍挂、协议出让等）、房地产售价样点、房地产租金样点。

1）土地使用权样点评估原则与方法

对于土地使用权样点，通过市场比较法，对交易地价进行必要的修正，将其修正到基准地价设定内涵下的样点地价。

2）房地产售价样点评估原则与方法

对于房地产售价样点，由估价师对案例价格进行分析，通过评估方法，将特定案例的价格修正到样点楼盘的不同物业类型的均价；再根据估价规范、相关文件、结合市场情况及估价师判断确定剩余法剥离地价的测算模板及分类相关参数的取值，对样点房价进行剥离得出样点楼面地价。其中剩余法是在估算待估土地开发完成后不动产正常市场价值的基础上，扣除项目开发成本(包括购地税费、房屋建造成本、管理费用、投资利息和销售税费)和开发商合理利润，以余额来确定待估土地价格。并通过一定的修正，得到基准地价设定内涵下的地价，作为参与基准地价测算的样点地价。剩余法基本公式为

$$V = A - B - C \tag{2-1}$$

式中 V——待估土地价格；

A——开发完成后的房地产(土地)总价值；

B——整个开发项目的开发成本；

C——开发商合理利润。

3）房地产租金样点评估原则与方法

对于房地产租金样点，部分城市的一般做法是将房地产的租金通过房产和土地的收益率分离成各自的租金收益，然后采用地产的租金进行还原，得到土地的价格。然而在实务操作中，往往纯土地和纯房产的租金市场信息很少，土地收益率和房产收益率难以直接从市场信息中获取。所以房地产租金作为一个整体，难以界定哪部分是由土地贡献的，哪部分是由房产贡献的，如果将房地产租金分离成房产和地产的租金收益，会过多地增加人为因素，影响结果的准确性。故对房地产租金样点的处理过程是先通过收益还原法，将其租金还原成售价，再用房地产售价进行剩余法剥离评估样点地价。

收益还原法是求取估价对象未来正常净收益选用适当的资本化率将其折现到估价时点后累加，估算估价对象客观合理价格或价值的方法。其操作步骤为：收集有关房地产收入和费用的资料→估算潜在毛收入→估算有效毛收入→估算运营费用→估算净收益→选用适当的还原利率→选用适宜的计算公式求出收益价格。

收益还原法的计算公式为

$$V=\frac{a}{r}\times\left[1-\frac{1}{(1+r)^n}\right] \tag{2-2}$$

式中　V——房地产价格；

a——房地产未来每年净收益；

r——还原利率；

n——房地产收益的有限年限。

在收益还原法中，可以看到还原利率是一个重要参数。经济学上，还原利率是将纯收益还原或贴现为价格的比率，实际是一种投资收益率。用马克思的地价公式表示还原利率，则 $V=a/r$，其中 V 指不动产价格，a 指纯收益，r 指还原利率。还原利率位于算式的分母，根据微分原理，它对不动产价格的影响为其平方的负倒数倍，因此，还原利率的微小变化就会引起不动产价格的剧烈波动。

由于房地产具有投资和消费的双重属性，因此购买房地产可以看作是一种投资，这种投资所需投入的数额就是房地产的价格，这笔投资将产生的收益，就是房地产每年将产生的纯收益。因此，还原利率实质上就是一种资本投资的收益率。还原利率的值必须为正值，如果为负值，则表示该宗房地产投资收益亏损，不能取得年纯收益；还原利率的最小值必须高于银行同期定期储蓄利率或国债利率，否则此项投资不合算，不如将资金存入银行或购买国债；在物价变动的情况下，还原利率应能弥补物价变动所造成的货币贬值或增值；根据投资房地产的风险大小，还原利率值应有所区别，即投资风险越大的项目，其值应越大，反之则越小。

对于还原利率的测算过程如下：

① 市场提取法

收集市场上相同或者类似房地产的净收益、价格等资料测算还原利率。该方法适用范围广，可基本涵盖各类房地产，尤其出租型房地产是应用该方法的典型。这种方法的好处在于，所采用的数据资料均来自市场，可直接反映市场的供求状况和大体水平，理论上讲是求取还原率的最理想方法。不过，该方法要求市场发育成熟，交易数据资料丰富，实际交易资料的搜集工作成为应用该方法的关键。

$$V=\frac{a}{r}\times\left[1-\frac{1}{(1+r)^n}\right] \tag{2-3}$$

其中，V 为房地产的价格、r 为所求的还原利率、n 为产生有效收益的年限、a 为房地产在有效收益年限内每一年的净收益，并且假定不变（理想状况），是指某房地产的年租金扣除各种运营费用、考虑空置等因素后的房地产净收益，不计提建筑物折旧，不扣除土地费用的摊销，不扣减抵押贷款还本付息额，见表 2－2。

表 2－2　　净收益中所需扣减项目列表

非固定扣减项目——营运费用	固定扣减项目
考虑因空置造成的收入损失	房产税
维持房地产正常生产、经营的费用支出(如管理费、维修维护费、水电气等费用)	营业税及附加
	印花税

② 安全利率加风险调整值的累加法

还原利率是投资者向一宗房地产投资所要求的收益率，由于投资者总是要求与自己投资所担风险相当的收益率，所以还原利率的大小取决于房地产的风险情况。风险越大，还原利率越大，反之则还原利率越小。图 2－3 显示了风险与收益的关系。

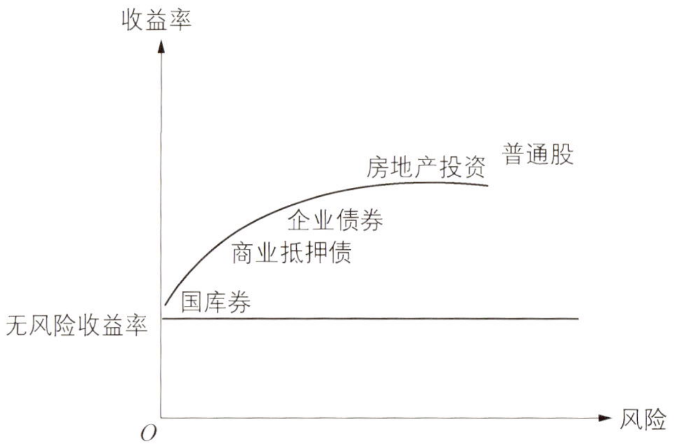

图 2－3　不同投资品种的风险与收益关系

$$还原利率 = 安全利率 + 投资风险补偿率 + 管理负担补偿率 + 缺乏流动性补偿率 - 投资带来的优惠率$$

(a) 安全利率，常采用连续五年、一年定期实质利率的平均数作为安全利率。

$$一年定期实质利率 = 一年定期存款利率 \times (1 - 利息税率) / 同期物价指数$$

(b) 投资风险补偿率，是指当投资者投资于收益不确定、具有一定风险性的房地产时，必然会要求对所承担的额外风险有所补偿。

判别标准是各类房地产的市场租户容量、租户性质和灵活性，最终归集到对于租金收入的稳定性。

商业房地产：商业房地产的租户租赁行为是其企业投资经营行为的一部分，也易受外界因素的影响。另外，相对写字楼、住宅租户，商业房地产的特定适合的租户范围较小，市场租户容量也较小，不易找到合适的租户；并且租赁过程也较复杂，租户一般会重新装修，装拆一些设备，这会涉及一些权益归属问题，如处理不当有较大风险。实际的租金、租期受租户最终实际经营情况而定，一旦经营情况不佳，就易发生违约事件，风险程度较高。

办公房地产：办公房地产情况类似商业房地产，但办公房地产在其租户的企业经营中的角色不如商业房地产关键；另外，相比之下办公房地产的同类租户市场容量较商业房地产的租户市场容量大，风险程度其次。

工业房地产：撇开专用厂房，就标准型厂房而言，租户都是将厂房作为经营要素之一，易受经营状况的影响。虽然其租户市场容量相比较其他类型的房地产最少，房地产业主在租赁活动中处于较弱的地位，但是工业房地产的开发建设有较强针对性，标准厂房的适用性又比较强，所以发生空置、租金收入的不稳定性较小，风险程度再次之。

住宅房地产：住宅房地产的租户一般不是经营行为，而是消费行为，相对具有稳定性，住宅的地段特性和房地产的自身特性不如其他类型的房地产用房明显。住宅租户的市场容量较大，较易找到租户，租金水平较稳定。另外，住宅出售市场也较大，除了投资客，其自用市场的购买者也较为充足，变现能力较强，风险程度最小。

即投资风险由小到大的排列为住宅＜工业＜办公＜商业。

(c) 管理负担补偿率，是指一项投资所要求的操劳越多，其吸引力就会越小，从而投资者必然会要求对所承担的额外管理有所补偿，比如房地产要求的管理工作一般超过存款、证券。

对于房地产投资来说，管理主要是指租户寻找、物业维护等工作，由于各类型物业市场的发展繁荣程度和物业面临的客户容量不同，就租户寻找工作的难易程度而言，住宅＜工业＜办公＜商业。

而对于物业维护工作来说，一般和物业本身的设备配置相关，各类型物业差异不明显。

(d) 缺乏流动性补偿率，是指投资者对所投入的资金由于缺乏流动性所要求的补偿。房地产与存款、股票、债券、黄金相比，买卖要困难，变现能力弱。

这里的变现能力，也就是房地产市场流通的难易程度，和房地产消费的客户市场容量相关。各物业变现能力由强到弱的排列为住宅＞办公＞商业＞工业。

(e) 投资带来的优惠率，是指由于投资房地产可能获得某些额外的好处，例如易于获得融资，从而投资者会降低所要求的报酬率。

不同类型的房地产消费贷款成数和房地产自身的流动性息息相关，住宅＞办公＞商业＞工业。

表2-3　各类型房地产风险调整值排序

房地产类型	投资风险补偿率	管理负担补偿率	缺乏流动性补偿率	投资带来的优惠率
商业房地产	①	①	②	③
办公房地产	②	②	③	②
住宅房地产	④	④	④	①
工业房地产	③	③	①	④

综合来看，各风险调整值商业＞办公＞工业＞住宅。

③ 还原利率确定

将上述两种方法得到的还原利率，进行算术平均，得到各种用途房地产的还原利率。

(4) 利用“地价测算信息系统”以价定级

“地价测算信息系统”是一种基于GIS的数字地价模型，可以在GIS的运行平台上，把数字地价模型运用GIS功能丰富的表现出来。

以价定级的操作步骤如下：

1) 将样本点地价信息导入系统，通过SUFER软件进行插值运算，通过已知样点地价数据推求同一区域其他缺乏实际样点地价的插值数据，并得到整个全境网格化的地价信息，形成城市全境的平面地价图层。

2) 通过地价数据分布规律和地价剖面曲线，选择频率分布突变处和剖面线波峰波谷的中间部位作为级别的分界，得到以市场交易资料划分的土地级别个数。

3) 根据确定好的土地级别个数，将全境的地价网格信息进行“平面地价等值线图”、“平面地价等值线剖面图”的生成。“平面地价等值线剖面图”即为以价定级、确定级别边界的基础。

(5) 调整级别边界、完成“以价定级”

在“平面地价等值线剖面图”的基础上，综合考虑城市地价现实水平，对插值形成的平面地价进行修正，使基准地价的级别划分更为合理和贴近实际；同时将级别曲线落实到具体的线性地物上，对级别边界进行调整，最终确定合理的级别边界。

2. 以多因素综合评价法进行土地级别划分

按照《城镇土地分等定级规程》GB/T 18507—2001，其技术路线为：以德尔菲法确定定级因素因子及权重；收集因素因子衡量指标数据；整理指标数据并输入计算机辅助土地定级软件"凯立德"。该软件运行的基本原理为:在全域土地定级范围内,进行网格划分。以网格为基本定级单元,计算各因素因子作用分并叠加后确定网格单元作用总分值。根据模糊聚类原理,采用总频率法确定土地级别分值界限,结合近期城市规划,考虑道路等自然地物为边界,依次划分土地级别。

具体操作步骤和流程如图 2-4 所示。

(1) 土地定级因素因子选取

在《城镇土地分等定级规程》规定的基础上,结合城市实际特点,选取经济、社会和自然条件能体现土地区位差异的因素,作为影响土地级别的定级因素。

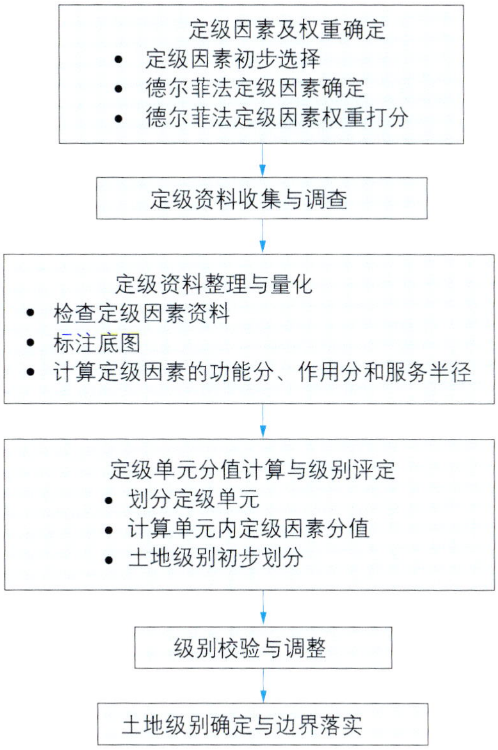

图 2-4　"多因素综合评价法"定级流程图

(2) 土地定级因素因子权重确定

土地定级因素因子权重确定主要有三种方法:德尔菲测定法、因素成对比较法和层次分析法。其中,德尔菲法是由美国兰德公司发展的一种新型专家预测方法,是土地定级因素因子权重确定的常用方法。它通过寄发调查表的形式征求专家的意见,专家在提出意见后反馈回来,组织者将得到的初步结果进行综合整理,然后再反馈给各位专家,请他们重新考虑后再次提出意见,经过几轮的轮流反馈过程,专家意见基本趋向一致,依此得出预测结果。即根据专家的经验和主观判断,对大量无法定量分析的因素进行统计,并将结果再返回给专家,使分散的意见收敛,充分发挥信息反馈和信息控制的作用,最后集中在协调一致的结果上。

其测算方法是首先对各因素进行多轮次的专家打分,并按下式计算权重值:

$$W_i = \frac{E_i}{100} \tag{2-4}$$

式中　W_i——第 i 个因素或因子的权重;

E_i——第 i 个因素或因子经过多轮打分后的均值。

德尔菲打分法实施要求:

1) 专家应是熟悉城镇土地状况和社会经济发展状况等有关行业的技术、管理专家以及高层次决策者，专家总体权威程度较高，总数为10～40人；

2）专家打分应根据相应工作的背景材料和打分说明进行，在不协商情况下独立打分；

3）从第二轮打分起，打分必须参考上一轮打分的结果进行；

4）打分轮次为2～3轮。

（3）土地定级资料调查

在土地定级因素因子确定的基础上，根据《城镇土地分等定级规程》及城市土地定级工作要求，调查专项工作小组通过相关单位资料搜集、实地调查等多种方式，开展土地定级资料调查工作。

（4）土地定级因素因子整理

根据已制定的技术方案，结合确定的土地定级因素因子指标体系，将调查的所有因素因子分类建立定级因素因子。

各定级因素因子按其分布类型及对土地质量的影响方式不同，可分为点状因子、线状因子、面状因子三种类型。点状因子相对整个城市范围而言为点状分布，其对土地级别的影响既与因子涉及的设施规模有关，又与距设施的相对距离有关，如学校、医院、公园等。线状因子主要是呈线状分布的影响设施，其对土地级别的影响与点状因子类似，既与设施规模有关，又与距设施的相对距离有关，如道路通达度等。面状因子呈片状均匀分布，具有全域覆盖性质，其对土地级别的影响仅与因子指标有关系，如人口密度、大气状况等。

（5）土地定级因子指标分析

土地定级因素因子指标分析就是根据各种因素对土地质量的影响特点、影响规律进行分析，并分别以适宜的方法将其对土地质量影响程度量化的过程。该过程主要包括：按照功能指标计算其规模指数、功能分和按照各因子的分布变化规律，计算各因素因子的服务半径。

1）因子规模指数、功能分计算方法

通过对各因子空间实体的规模、等级等指标进行量化赋分计算规模指数，并对因子规模指数或分级因子平均规模指数进行极值标准化，求出因子实体影响的功能分，标准化值的范围为[0，100]。

① 点、线状因子功能分公式

若因素对土地的影响既与因素涉及的设施规模有关，又与距设施的相对距离有关，则为点、线状因素。

其功能分式如下：

$$f_i = \frac{100X_i}{X_{max}} \tag{2-5}$$

式中　f_i——设施功能分；

X_i——设施规模值；

X_{max}——设施最大规模值。

② 面状因子功能分公式

若因素对土地的影响仅与因素指标值有关，则为面状因子。其作用分式如下：

$$e_i = \frac{100 \times (X_i - X_{min})}{(X_{max} - X_{min})} \tag{2-6}$$

式中　e_i——i 指标值的作用分；

X_i——i 指标值；

X_{min}——i 指标值的最小值；

X_{max}——i 指标值的最大值。

③ 其他功能分公式

需特别指出的是，因子的功能分计算时候有几类特殊情况需要处理，即商服中心、居住人口密度等功能分计算。

对于商服中心：依据区位理论，高级商服中心包含低一级商服中心的功能，因此需要对商服中心的功能分进行分割计算如下：

$$f_i^M = I_i^M - I_l^M \tag{2-7}$$

$$f_{min}^M = I_{min}^M \tag{2-8}$$

式中　f_i^M——某商服中心 i 级功能的功能分；

I_i^M——i 级商服中心规模指数；

I_l^M——次一级中心规模指数；

f_{min}^M——最低级中心的商服繁华作用功能分；

I_{min}^M——最低级商服中心规模指数。

对于居住人口密度：人口密度作为反映城市规模的重要指标，对商业和住宅用途有着普遍影响，但其量化方法有所不同。在商业用途中，居住人口密度越密集，表明商品需求越大，按式 2-5 对其进行量化处理。在住宅用途定级中，其作用分计算式如下：

$$e_{Di}=\frac{100\times(X_{iD}-X_{minD})}{(X_{gD}-X_{minD})} \tag{2-9}$$

式中 e_{Di}——i 区域或单元人口密度作用分；

X_{gD}——人口密度最佳值；

X_{iD}——i 区域或单元人口密度指标值；

X_{minD}——人口密度指标的最小值。

对于规划设施：在功能分按照现状设施一起进行标准化分处理后，需要通过规划折扣系数进行修正，规划折扣系数公式为

$$\gamma=\gamma_1\times\gamma_2 \tag{2-10}$$

$$\gamma_2=\frac{1}{[(1\div r)^n]} \tag{2-11}$$

式中 γ——规划折扣系数；

γ_1——规划实现率；

γ_2——贴现系数；

r——折现率；

n——规划年期。

2）辐射影响因子作用半径计算方法

辐射影响因子主要是点线因子，首先计算因素内各相同规模或类型的点、线因素的平均作用或平均吸引范围，量取因子到影响范围边界的距离即作用半径。

① 点状因子作用半径计算公式为

$$D=\sqrt{\frac{S}{(n\times\pi)}} \tag{2-12}$$

式中 D——某级因子的服务半径；

n——某级因子的数量；

S——规划建设用地面积。

② 线状因子作用半径计算公式为

$$D=\frac{S}{2L} \tag{2-13}$$

式中 S——规划建设用地面积；

L——各类线状因子的总长度；

D——各类线状因子的影响距离。

③ 根据作用特征设定作用半径

对于水状况等部分面状因子，直接根据其影响特征设定其影响半径。

(6) 土地级别单元分值计算

在基准地价评估系统中，采用以街区为基础的子单元划分，根据因子对土地级别的影响方式和影响范围计算定级单元因素影响作用分值。具体操作如下：

1) 评价单元的划分

评价单元是评定土地级别的基本空间单位，单元内部土地特性和区位条件基本一致。单元的划分应以保证单元内部土地质量均匀、有利于提高单元分值计算的准确性、科学性为基本原则。

2) 评价单元因子作用分值计算

计算因子对评价单元的作用分值是整个土地定级的关键，它直接影响土地级别的结果。各因素分值量化和影响半径确定主要根据专家征询意见确定。

作用分值衰减模型是指，点、线状因子要素对区段子单元的作用分值随着子单元到该要素的距离增加而逐步衰减的规律。衰减模型的选择是否符合客观情况，将直接影响到最终结果。同一类定级因素对评价单元的影响随定级因素与评价单元的距离增加而衰减；不同类型因子对同一用地类型的影响方式不同，同一类型因子对不同用地类型影响方式也不一样。

根据《城镇土地分等定级规程》：要求，针对不同类型要素选择相应衰减公式。各要素衰减公式如表 2－4 所示。

表 2－4　各因子要素衰减模型汇总

模型类型 因子指标	衰减模型			
	住宅用途	商业用途	办公用途	工业用途
商业中心	线性衰减	指数衰减	指数衰减	—
现代服务业集聚区	—	指数衰减	指数衰减	—
旅游景点	—	指数衰减	—	—
道路等级	线性衰减	指数衰减	指数衰减	线性衰减
轨道交通站点	线性衰减	线性衰减	线性衰减	—
火车站	—	—	—	指数衰减
码头	—	—	—	指数衰减
机场	—	—	—	指数衰减

续 表

因子指标 \ 模型类型	衰减模型			
	住宅用途	商业用途	办公用途	工业用途
学校(大学、中小学、幼儿园)	线性衰减	—	—	—
医院	线性衰减	—	—	—
公园绿地	线性衰减	—	—	—
江海水景	线性衰减	—	—	—
工业园区等级	—	—	—	无衰减
基础设施	—	无衰减	无衰减	无衰减

3）评价单元因素总分值计算

评价单元总分值计算，评价单元的总分值大小反映土地级别的高低，评价单元的总分值计算公式为

$$S_f = \sum_{k=1}^{n}(w_k e_k) \tag{2-14}$$

式中 S_f——评价单元的总分值；

k——因素(因子)数目；

e_k——各因素对评价单元的作用分；

w_k——各因素权重。

(7) 土地级别划分

1）土地级别确定原则

根据《城镇土地分等定级规程》，为保证定级成果的合理性、实用性，基准地价土地级别划分主要遵循如下原则：

① 评价分值主导性原则。以土地级别单元总分值为划分各类土地级别的主导参照因素，依据定级单元分值分布频率直方图，寻求定级综合分值的空间分布规律，初步确定土地级别。

② 级间差异大，级内差异小原则。在确定土地级别的过程中，应注意保持级与级之间单元分值的平均值具有较大的差距，同时保证同一土地级别内单元分值方差较小。

③ 级别边界尽量采用具有地域特征的自然和人工界线，尽可能保持自然地块的完整性。各级边界应闭合，并覆盖全部评价区域。

④ 级别内地价水平一致性原则。更新过程中，应保证同一级别内土地价格具有均等水平，对于土地价格过高或过低的区域应进行适当范围调整。

2）土地级别初步确定

① 级别总分值界限的确定。采用以总分频率曲线法，对总分值作频率统计，绘制频率直方图，根据住宅、商业、办公、工业用途定级作用分总分频率图的分布情况，取频率图中总分值分布突变处作为土地级别的分值界限，划分住宅、商业、办公、工业用途土地级别。

② 土地级别边界的初步确定。各类土地级别初步确定，凯立德定级软件生成图件。

(8）土地级别的检验和调整

1）土地级别的检验

选择初步测算的基准地价来验证各类用途级别的合理性。将样点地价进行修正、检验和剔除，通过计算机统计，初步得出各级别内样点均价。再找出软件测算的基准地价样点均价与初步土地级别的关系。

2）土地级别的调整

土地级别调整主要从以下几个方面进行：软件划分土地级别界线调整；与原基准地价土地级别图进行比较、调整级别边界；根据自然地物如道路、河流等调整级别边界；根据地价突变区域以及规划区域来调整。

(9）土地级别的确定和边界落实

在检验和调整的基础上，结合专家咨询意见，最终确定各分类级别，参考《城镇土地定级规程》的相关规定落实土地级别的界线，形成多因素综合评价法的(住宅、商业、办公和工业)土地级别图。

3. “以价定级”和“多因素定级”的应用软件

“以价定级”运用地价测算信息系统(基于 GIS，综合 MAPINFO 和 SUFER 软件)；“多因素定级”运用国土资源部推荐的《城镇土地定级及基准地价动态更新系统》(凯立德)。

(三）土地级别划分方案确定

“以价定级”和“多因素定级”是从不同途径划分土地级别，“以价定级”是根据土地条件在土地市场中的接受程度即地价水平的高低来划分的，属于根据土地条件在土地市场中的表现结果来划分级别；“多因素定级”则是根据土地条件划分级别，即从形成土地优劣品质的自然、经济因素强、弱来划分土地级别。土地综合品质高的区域，该区域地价自然高。

可以看到，“多因素定级”重视由因到果的推理，主要考虑土地条件的优劣，但难以考虑到这些条件优劣被人们和市场接受的程度。单纯“多因素定级”就难以体现这一差异，运用“以价定级”可体现这一差异。

当然，“以价定级”方法也有其局限性。其局限性在于数理统计上对样本点的数量和分布均匀性有较高的要求。

综上所述，“多因素定级”和“以价定级”两种方法各有优缺点，互为补充。

五、基准地价测算及确定

根据基准地价评估技术路线，基准地价的测算和确定是建立在土地定级成果的基础之上。

按确定的土地定级方案，将各用途级别内样点经过一定的统计筛选和剔除，留取有效样点，计算级别内有效样点的平均价格或中位价格，作为分用途各级别基准地价的基础数据。

（一）住宅用途基准地价

根据土地定级的成果，住宅各个级别的级别价格确定过程分述如下：

（1）将各级别范围内的样点提取出来，作为该级别基准地价测算的原始数据；

（2）确定级别设定容积率，一般来说，可用级别实际平均容积率作为设定容积率；

（3）将样点地价通过容积率修正体系修正到级别设定容积率的楼面地价；

（4）通过1～3倍标准差剔除级别内的异常样点，通过剔除后的样点地价测算平均值作为级别基准地价的原始值；

（5）结合级别范围内的住宅用途成交情况，对级别基准地价进行校验和微幅修正，确定住宅用途的级别基准地价。

（二）商业用途基准地价

根据土地定级的成果，商业各个级别的级别价格确定过程分述如下：

（1）将各级别范围内的样点提取出来，作为该级别基准地价测算的原始数据；

（2）确定级别设定容积率，确定的思路同住宅；

（3）将所有商业租金、售价样点通过测算模板测算出对应的楼面地价，再通过容积率修正体系修正到级别设定容积率的楼面地价；

(4) 通过 1～3 倍标准差剔除级别内的异常样点，通过剔除后的样点地价测算平均值作为级别基准地价的原始值；

(5) 结合级别范围内的商业用途成交情况，对级别基准地价进行校验和微幅修正，确定商业用途的级别基准地价。

(三) 办公用途基准地价

根据土地定级的成果，办公各个级别的级别价格确定过程分述如下：

(1) 将各级别范围内的样点提取出来，作为该级别基准地价测算的原始数据；

(2) 确定级别设定容积率，确定的思路同住宅；

(3) 将样点地价通过容积率修正体系修正到级别设定容积率的楼面地价；

(4) 通过 1～3 倍标准差剔除级别内的异常样点，通过剔除后的样点地价测算平均值作为级别基准地价的原始值；

(5) 结合级别范围内的办公用途成交情况，对级别基准地价进行校验和微幅修正，确定办公用途的级别基准地价。

(四) 工业用途基准地价

根据土地定级的成果，工业各个级别的级别价格确定过程分述如下：

(1) 将各级别范围内的样点提取出来，作为该级别基准地价测算的原始数据；

(2) 工业用途容积率对地价的影响程度较小，且有相关文件的政策导向依据，不做容积率修正；

(3) 通过 1～3 倍标准差剔除级别内的异常样点，通过剔除后的样点地价测算平均值作为级别基准地价的原始值；

(4) 结合级别范围内的主要工业房地产租售样点剥离地价、土地成交情况等，对级别基准地价进行校验和微幅修正，确定工业用途的级别基准地价。

六、基准地价修正体系

基准地价修正体系是指利用替代原理，建立基准地价、宗地地价及其影响因素之间的相关关系，编制出基准地价在不同因素条件下修正为宗地地价的系数体系，以便能在宗地条件调查的基础上，按对应的修正系数，快速高效、及时地评估出宗地地价。

按照《城镇土地估价规程》，级别或区域因素修正系数的编制采用土地利用效益资料、市场地价资料和定级分值三种方法。实践中，基准地价区域因素修正和个别因素修正系数表以市场地价资料编制为主。

（一）区域因素修正

区域因素修正指标通常包括：商服繁华度、公共交通便捷度、交通通达度、公益设施状况、环境景观状况等。

根据地租、地价和区位理论可知，影响土地级别和影响土地价格的区域因素具有一致性。在进行基准地价因素修正体系编制时，选取土地定级因素因子体系作为地价影响的区域因素，以专家打分计算的定级因素权重作为宗地地价区域影响因素权重，再根据实际情况进行适当调整。

为了给土地评估提供形象直观的因素条件描述，级别内因素条件按优、较优、一般、较劣、劣分为5个段，并给出每段对应的条件指标描述和相应的地价修正系数。修正系数编制按照以下步骤进行：

（1）确定土地级别与基准地价

（2）计算修正幅度值

将调查到的区域中正常地价的最高值、最低值与基准地价作相对值比较，得到相对于基准地价的最高和最低修正幅度值，其计算方法按下式确定。

$$F_1 = \left[\frac{(J_{nh} - J_{lb})}{J_{lb}}\right] \times 100\% \tag{2-15}$$

$$F_2 = \left[\frac{(J_{lb} - J_{nl})}{J_{lb}}\right] \times 100\% \tag{2-16}$$

式中 F_1——基准地价上调最大幅度；

F_2——基准地价下调最大幅度；

J_{lb}——基准地价；

J_{nh}——级别或区域有效样点地价的最高值；

J_{nl}——级别或区域有效样点地价的最低值。

（3）影响地价各因素修正值的确定

根据五个标准的修正幅度，将修正幅度分解到各影响地价的因素上，确定出各因素在不同因素条件下的修正值，其计算方法按下式确定。

$$F_{1i} = F_1 \times W_i \tag{2-17}$$

$$F_{2i} = F_2 \times W_i \tag{2-18}$$

式中　F_{1i}——某一因素的上调幅度；

F_{2i}——某一因素的下调幅度；

W_i——某一因素对宗地地价的影响权重。

以基准地价为一般水平，其修正系数为零。在一般水平与上限价格之间，内插条件较优的修正系数为 $F_{1i}/2$，条件优修正系数为 F_{1i}。在一般水平与下限价格之间，内插条件较劣的修正系数为 $F_{2i}/2$。

(4) 确定宗地地价修正系数对应的因素条件

按优、较优、一般、较劣、劣确定各种地价标准下的因素修正系数，在此基础上，量化所有影响因素的标准，按此编制修正系数表，并通过已有地价点的检验、校核，编制基准地价修正系数表。区域因素修正系数条件指标中包括两类指标，一是与因子本身状况有关的属性指标如等级，二是宗地与因子的空间位置指标，一般用距离来衡量。

(二) 个别因素修正

个别因素修正指标通常包括地块容积率、地块形状、面积、临街状况、地块深度等要素。

个别因素修正系数的编制主要是基于调查、数理统计和比较分析基础之上，对各因素不同条件下的地价水平进行统计，并进行规律性分析，确定因素各修正因素对应的修正参数。

(三) 容积率修正

1. 容积率对地价影响分析

容积率(FAR)是指项目规划建设用地范围内全部建筑面积(SC)与规划建设用地面积(SL)之比。

$$FAR = \frac{SC}{SL} \tag{2-19}$$

容积率是个无量纲指标，明确，便于控制。它具备以下特性：

- **受规划控制影响明显**：一般情况下，某一区域或特定地块均有容积率上限指标控制，如根据规划相关文件，上海市内环以内住宅的容积率上限为2.5。

● **与其他指标关联性强**：容积率与建筑密度、建筑层数、总高度、绿地率、建筑覆盖率等指标相互关联，组成完整的地块经济技术控制指标体系。但一般情况下，相同用途的地块之间建筑覆盖率等其他指标相差不大，因此，容积率是重要的价格修正因素。

● **利益倾向的多元博弈**：开发商从利润角度出发，对容积率的倾向表现为提高；政府一方面希望适度提高容积率来获取更大的土地收益，另一方面考虑到城市的可持续发展和招商引资的吸引力，又要同规划部门一起对容积率进行适当降低和控制。

在合理的空间环境条件下，容积率越大，建设开发强度越大，土地利用率越高，土地价格越高，但这种增加呈一种递减的规律。反映在楼面地价上，一般情况下，容积率越大，楼面地价越小。但由于地价形成机制的复杂性，这种规律在不同类型、不同区域间又存在着复杂的变化。总体来说：

(1) 容积率的修正系数亦体现为楼面地价之间的关系，即其内涵是体现容积率与楼面地价之间的关系；

(2) 不同土地用途下，不同的容积率区段内，容积率对地价的影响程度不同。

商业用途由于容积率的变化在很大程度上体现为楼层的变化，而商业物业楼层价格差异非常明显，其体现在楼面地价上的修正幅度也较明显；住宅用途因容积率在特定范围内(如对应多层物业与别墅物业时)，由于物业类型的稀缺性引致的土地价值增值明显，其修正幅度也较大；办公用途则是在容积率上升到达一定的程度(对应超高层办公物业)后，鉴于办公物业的标识性特性，引致单位建筑面积地价的超额增值，楼面地价不降反升；工业用途的土地在许多情况下没有容积率的限制，即使有，对地价的影响也甚小，其地价的差异更多的是由产业集聚度、产业导向、区域配套情况、政策引导等其他因素导致的。另根据《国务院关于促进节约集约用地的通知》(国发〔2008〕3号)第八条："对现有工业用地，在符合规划、不改变用途的前提下，提高土地利用率和增加容积率的，不再增收土地价款；对新增工业用地，要进一步提高工业用地控制指标，厂房建筑面积高于容积率控制指标的部分，不再增收土地价款。"容积率不作为影响工业用途地价的主要因素，即工业用地暂不设容积率修正体系。

简言之，在对容积率修正系数编制时，仅考虑住宅、办公、商业三种用途土地基于楼面地价的容积率修正体系。

2. 容积率修正的方法研究

在实际工作中，常用的容积率修正方法有三种：

(1) 德尔菲修正法。在确定基准地价总体修正幅度的基础上，通过德尔菲法确定每个影响因素的权重，将总的修正幅度按其权重分解到每个因素上，容积率就是众多影响因素中的一个；

(2) 复合系数修正法。基于容积率影响地价的作用规律和机制，利用收益机制下的变化系数乘以市场供求机制下的分配系数来确定容积率修正系数；

(3) 样点地价修正法。通过对样点地价的统计分析，确定标准容积率下的基准地价与不同容积率下样点地价的比例系数，该比例系数即为容积率修正系数。

通过对这三种方法的比较分析，可以得出：

1) 德尔菲修正法中的容积率修正系数由于受总修正幅度和权重的限制，把容积率和其他影响因素等同看待，没有考虑到容积率对地价影响的特殊性，容积率对地价的修正幅度较小，这与容积率对地价影响规律不符，不能体现容积率对地价的实际作用规律。

2) 复合系数修正法计算比较简单，但应用的关键是确定分配系数即土地所有者和土地使用者应占的土地收益的比例。分配系数主要是受市场供求关系制约，由于房地产市场的供求关系复杂，很难定量描述，所以要准确地确定分配系数并非易事，因此，此种方法不能广泛应用。

3) 样点地价修正法有以下特点：①分用途编制修正系数，可以很好地反映容积率对地价的影响规律；②可以通过回归方程找到容积率对样点地价的影响规律，弥补样点地价选取的不充分性；③可以求出每一容积率下的地价，进而求出每一容积率下的修正系数，使容积率修正系数更具有实用性；④可以同时采用几种不同的回归方程进行试算，然后作一系列的检验选取相关性最大的回归方程，这样可以消除主观因素对选择方程的影响。

通过上述研究可见，样点地价修正法实用性比较强，能较好地反映容积率对地价的影响作用。因此在基准地价的容积率修正体系的确定中采用样点地价修正法。

值得注意的是，采用样点地价修正法的难点在于：如何剔除其他因素的影响，确保楼面地价的差异都是由容积率的不同而引致的。当然绝对的剔除是不可能的，因此在容积率修正体系的研究中，应尽可能地剔除其他因素的影响，从而保证结果的相对合理性。

各用途具体容积率修正方法如下：

1) 住宅用途容积率修正。住宅容积率修正总的技术路线是从调查的原始样点数据中，筛选出某一区段内其他土地条件类似或接近的样点，通过样点容积率和样点楼面地价的对应关系制作散点图，从而找出容积率和楼面地价的函数关系。通过该函数关系插值其他容积率和楼面地价，以某一容积率为标准，换算出各容积率数值下的修正值，编制得到修正系数表。

2）办公用途容积率修正。办公容积率修正的总体技术路线同住宅：即通过原始容积率与楼面地价的对应关系散点图求取二者的函数关系拟合曲线，从而得出容积率修正系数。

商业样点有一个较明显的特性是：纯商业样本极少，大多数的商业是以住宅或办公底商的形式出现，容积率也多是一个混合的容积率。通常商业用途容积率修正用楼层修正替代。

（四）商业用途土地价格楼层修正

1. 适用范围

基准地价对应的土地价格是级别设定容积率下的楼面地价。但是在同一物业的不同楼层，分摊的土地价值并不相同，尤其是商业物业。因此，有必要进行商业用途土地价格楼层修正系数的分析。

对于新增出让商业用途，在土地使用条件中有明确的容积率指标，当该指标与所在级别设定容积率不同时，可直接运用容积率修正体系进行修正，不涉及楼层系数的修正。

该系数主要适用于：楼层数明确的存量商业分摊土地使用权价格的修正。如：

（1）综合用途（如商住、商办等）中计算商业部分分摊土地使用权价格时，商业部分容积率的准确数据难以获取，但商业楼层数确定；

（2）某一楼层商业分摊土地使用权价格计算。

2. 技术思路

在剔除其他因素影响的前提下，调查收集不同楼层商业物业的租金、售价及相关信息；租金信息通过收益还原法测算出对应的售价。再通过剩余法测算出不同楼层对应的楼面地价，通过其与1层商业物业对应的楼面地价之间的比例关系确定出相应的楼层修正系数。

关于1层商业物业楼面地价与基准地价之间的比例关系，在基准地价的商业样点中，筛选出各级别1层的商业样点，测算各级别1层商业样点的楼面地价平均值，该平均值与基准地价的比例关系即为1层修正系数。

因此商业用途土地价格楼层修正系数表包括两个部分：

(1) 各级别1层相对基准地价的修正系数;

(2) 各楼层相对1层的修正系数。

(五) 其他因素修正

首先,基准地价修正得到的宗地地价是土地开发程度为基准地价设定程度下的地价。当宗地设定的土地开发程度与基准地价设定的土地开发程度不相一致时,应进行土地开发程度修正。

其次,当宗地设定的评估期日与基准地价设定的期日不相一致时,还应进行期日修正。期日修正系数测算的基本公式如下:

$$期日修正系数=\frac{Q}{Q_0}$$

式中 Q——宗地评估基准日地价指数;

Q_0——基准地价基准日地价指数。

然后,在进行宗地价格评估时,需要根据宗地剩余使用年期进行年期修正。年期修正系数测算公式如下:

$$年期修正系数=\frac{\left[1-\left(\frac{1}{1+r}\right)^m\right]}{\left[1-\left(\frac{1}{1+r}\right)^n\right]} \quad (2-20)$$

式中 r——土地还原利率;

m——宗地剩余使用年限;

n——法定最高出让年限。

其中,土地还原利率、房地产综合还原利率、建筑物还原利率三者之间的关系如下所示:

房地产综合还原利率 = 土地还原利率 × 土地价格占房地产价格的比例 + 建筑物还原利率 × 建筑物价格占房地产价格的比例

根据马克思对地租资本化中的利息率的论述,地租资本化的利息率比长期投资的利息率要低。根据实际情况,土地还原利率比建筑物还原利率低2%~3%。

随着房地产价格的变化,房屋和土地在房地产价格中所占的比例关系是不同的。但参照全国的综合平均数值来看,在房地产价格组成中,土地和房屋的成本所占的比例大致相当，取值50%；

此外，《房地产单位会计制度——会计科目和会计报表》规定，房屋耐用年限和残值率情况如表2-5所示。

表2-5　房屋耐用年限、残值率评定标准

建筑结构	经济耐用年限（年）		残值率
	生产用房	非生产用房	
钢筋混凝土结构	50	60	0
砖混结构（一、二等）	40	50	2%
砖木结构（一等）	30	40	6%
砖木结构（二等）	30	40	4%
砖木结构（三等）	30	40	3%
简易结构	10	10	0

最后，一些特殊宗地，还可能存在上述各种修正因素不能涵盖以及突出影响地价因素再修正的特殊情况，例如土地开发程度与基准地价内涵明显差异、住宅用途中环境景观因素、工业用途中保税区特殊优惠政策因素等。对这些类型宗地采用基准地价修正系数法进行宗地地价测算时，还需根据具体情况进行其他情况修正。估价人员对以上其他特殊情况修正，应提出充分依据，充分依据可用实例比较提出或其他方法。

七、基准地价成果更新

（一）更新方式及技术路线

根据土地市场活跃程度和城市区域地价变化情况，基准地价成果的更新方式包括完全更新和动态更新两类。

完全更新是指按照基准地价制定的技术路线，结合最新区段地价更新成果，全面更新基准地价的级别范围和级别价格。一是根据区段地价多因素综合定级确定的区段子单元及区段单元综合分值和土地价格，运用频率直方图的方法，确定基准地价的级别范围；二是在确定好的级别范围内，根据区段地价的单元价格面积加权平均得到级别价格。如图2-5所示。

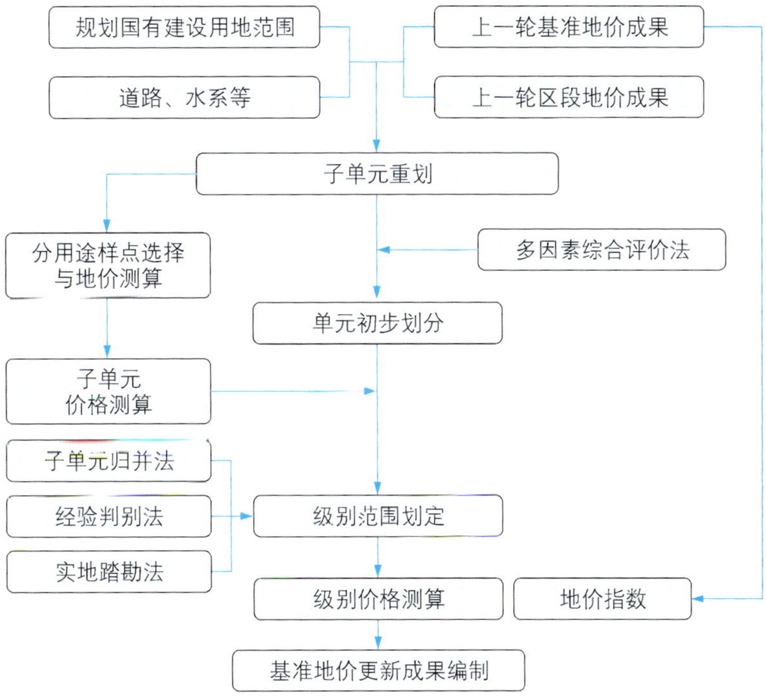

图 2-5　基准地价完全更新技术路线

动态更新是指在上一轮基准地价成果的基础上，运用区段地价成果局部调整基准地价的级别范围或者级别价格。如图 2-6 所示。

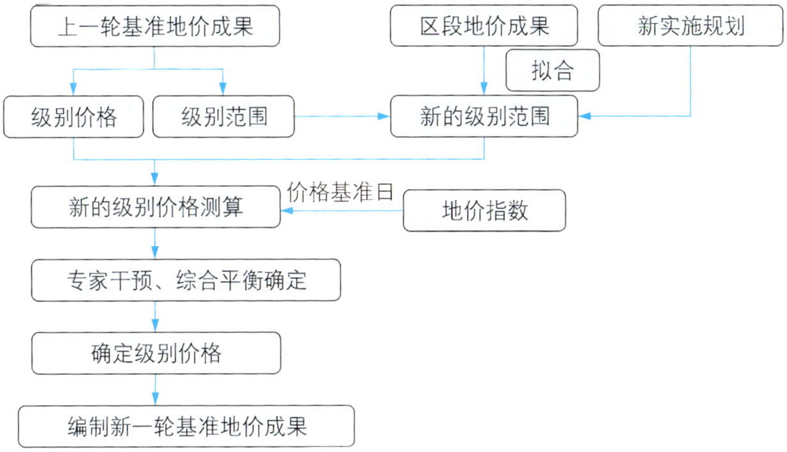

图 2-6　基准地价动态更新技术路线

（二）动态更新准备

1. 动态更新原则

（1）与上一轮基准地价相衔接。基准地价动态更新是对上一轮基准地价成果的局部更新，并非完全更新上一轮基准地价。因此，基准地价动态更新原则上与上一轮基准地价相衔接，保持原级别范围基本稳定。

(2) 与"三价格一指数"其他成果相衔接。基准地价是国有土地价格监测与发布系统(即"三价格一指数"系统)的重要组成部分，且与区段地价同为国有建设用地使用权的区域平均价格，两者具有高度的相似性和相关性。因此，基准地价动态更新成果与区段地价成果在土地价格、修正体系及应用说明等方面保持一致或紧密相关，体现"三价格一指数"成果的系统性和一致性。

(3) 强化成果的可操作性。基准地价动态更新需解决当前地价管理工作中出现的新现象与新问题，并提高成果的时效性，切实增强成果的可操作性。

2. 前期准备

(1) 规划实施区域

基准地价动态更新原则上保持原级别范围不变，仅对近期规划实施区域进行微调。首先根据城市总体规划，收集近期规划的建设情况，主要包括行政区划、商服中心、新城、道路、对外交通、主要基础设施等；其次，确定对地价影响较大的规划实施区域，在这些前期资料收集情况的基础上，确定这些区域的级别范围调整情况。

(2) 地价指数成果

在基准地价动态更新中，主要采用分用途地价指数成果，即住宅地价指数、商业地价指数、办公地价指数和工业地价指数，进行单元价格更新。

(3) 区段地价成果

区段地价反映比基准地价级别更加细分的区域地价水平。基准地价级别价格的更新主要根据区段地价区段面积加权而得，因此，区段地价成果是基准地价更新的最重要的基础数据。

(4) 工作平台

基准地价动态更新的工作平台基于"三价格一指数"地价平台，采用 ArcGIS 软件，进行内业处理和成果管理，包括根据区段地价按面积加权得到基准级别的价格、基准地价级别范围与价格的空间关系等查询处理等。

(三) 动态更新实施

1. 级别范围的确定

基准地价级别范围总体上保持原有级别范围基本稳定，对于因城市规划实施或行政区

(4) 住宅、商业、办公用途开发程度为“七通一平”，指红线外通路、供电、通讯、通上水、通下水、通污水、通燃气及红线内场地平整；工业用途开发程度为“五通一平”，指红线外通路、供电、通讯、通上水、通下水及红线内场地平整；“七通”、“五通”不包括项目建设向有关部门缴纳的住宅建设配套费及市政管线的接入工程费用。

可以看到，由于区段地价与基准地价均为设定利用条件下的区域平均土地价格，其基本内涵一致。

二、区段地价编制技术路线

区段地价编制技术路线如图 3-1 所示。

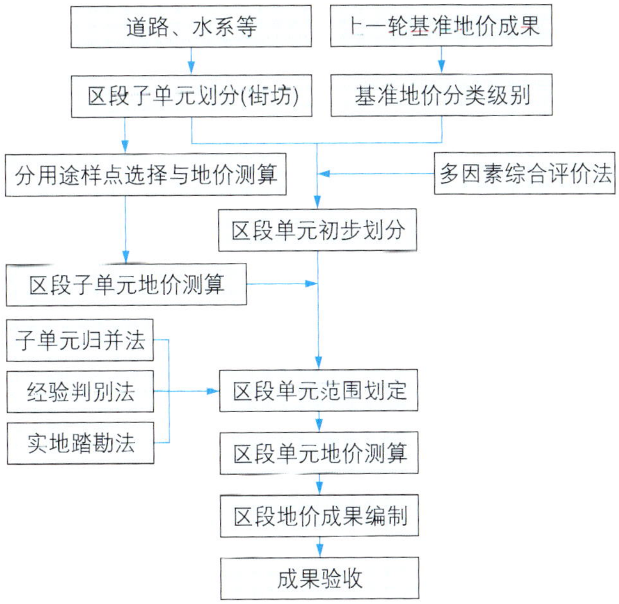

图 3-1　区段地价编制技术路线

三、区段地价编制程序

(一) 区段子单元划分

区段子单元是评定和划分区段单元的基本空间单位，也是区段地价制定的基础工作。

其划分成果应与基准地价级别范围、标定地价均质区域保持一致。

（二）区段地价样点选取和价格评估

1. 区段地价样点选取

区段地价样点可以是已有建筑物的宗地，如已建成的住宅小区、酒店、商场、办公楼和工业企业厂房等的宗地。同时，也可以是近期土地市场出让成交的土地交易案例。根据“三价格一指数”地价体系中各地价间动态关联的特点，区段地价样点选取以地价监测点、标准宗地为基础，并根据区段子单元划分情况，综合考虑样点的数量、分布和密度，满足代表性、稳定性和标识性等特点。

2. 样点价格评估

区段地价样点评估是根据《城镇土地估价规程》的要求，遵循合法性、预期收益、替代性、供需、贡献、最有效利用和变动性等原则，主要采用市场比较法、收益还原法和剩余法等评估方法，对各用途区段地价样点进行价格评估，具体方法详见第四章标准宗地价格评估。

在样点地价评估中，首先是根据样点的自身条件情况评估现状条件地价，再进行容积率、土地使用权年期和土地开发程度等条件修正，从而最终得到样点在设定条件下的地价。

（三）区段单元划分

1. 区段单元划分原则

（1）与土地利用规划和城市规划衔接原则

区段单元划分在《城市土地利用总体规划》设定的国有建设用地范围内实现住宅、商业、办公和工业用途空间全覆盖。同时，充分结合区（县）土地利用总体规划和城市规划成果，确定区段单元范围。

（2）与基准地价相衔接原则

区段单元划分原则上应遵循基准地价编制的技术要求，按照住宅、商业、办公和工业四种用途分别划分。同时，区段单元界线划分，原则上不破上一轮基准地价对应用途的级别界线，以此保证区段地价成果与基准地价成果在一定范畴的对接。

（3）与城市地价动态监测成果相结合原则

应充分结合、利用动态监测体系现有成果和工作经验，参考地价动态监测的地价均质区域范围划分区段单元。

$$Q=\frac{\sum_{k=1}^{n} q_k \times S_k}{\sum_{k=1}^{n} S_k} \tag{3-1}$$

式中 Q——某用途区段单元地价；

q_k——区段子单元 k 的某用途地价；

S_k——区段子单元 k 的实际面积；

n——区段子单元个数。

各用途区段单元地价测算分成两个步骤，首先采用区段子单元实际面积加权平均计算，得到区段单元初步价格；其次，对城市区段单元价格进行平衡，将代表性区域作为价格控制点，如各郊区新城、住宅板块和商业中心等区域，对比分析各控制点价格，经人工干预调整后，确定各用途区段单元最后价格成果。

四、商业路线价编制

一般情况下，区段地价级别呈片区分布时，根据商业物业沿路段分布的特征，在中心区的繁华路段考虑探讨设立商业路线价，作为区段地价的有益补充，以反映商业物业呈线状、商业街分布的特点。

商业路线价是通过对面临特定街道、使用价值相等的市街地，设定标准深度，求取该深度上数宗土地的平均单价并附设于特定街道上，即得到该街道的路线价。

由于商业路线价是辅助配合区段地价的辅助配合使用，考虑到两套体系的可比性和衔接性的需要，在价格内涵上，与区段地价保持一致。

(一) 路线段设定原则

符合下列条件的繁华商业街区应单独设定路线段。

(1) 繁华程度和重要性突出的市级和区域级商业街区。

(2) 商业用途价格显著高于区域其他街区商业用途价格的商业街区。

(二)路线段划分

1. 划分标准

(1)商业繁华程度基本相同。

(2)土地区位条件、交通条件和人流量等因素相似。

(3)可及性相当、地块相连。

(4)两个路线段的分界线,原则上是地价有显著差异的地点。

2. 划分步骤

(1)路线段初步划分。依据直观经验以及地价动态监测、区段单元划分等成果对路线段进行初步划分。

(2)样点地价实例调查。在调查区段内选择典型宗地进行详细调查,内容包括调查区段内人流、配套设施、交通可达度、交通便捷度和商业繁华度等基本信息,样点个别信息,以及最近两年内土地和房屋的交易信息等。

(3)宗地地价测算。应用市场比较法、收益还原法等评估方法对调查区段内的样点宗地进行价格测算。

(4)确定路线段。利用计算得到的样点地价数据对原有的初步划分的调查区段进行适当调整。

(三)路线价测算

(1)设定标准临街深度。尽量反映路线段内宗地深度的平均水平,通常是路线段内各宗临街土地的临街深度的众数。

(2)选取标准临街宗地。尽量为一面临街、形状为矩形、宽度和深度接近标准临街深度、宽深比适中、容积率具有代表性的地块。

(3)评估各宗标准临街宗地地价。

(4)确定路线价。以标准临界宗地的算术平均数作为最终的路线价。

(四)路线价修正

在应用路线价评估所在路段商业宗地价格时,应根据宗地实际情况进行楼层、期日、深度、临街状况、临街宽度、宽深比、面积和宗地形状等因素的修正。

五、区段地价修正体系

区段地价修正体系是指利用替代原理，建立区段地价、宗地地价及其影响因素之间的相关关系，编制出区段地价在不同因素条件下修正为宗地地价的系数体系，以使能在宗地条件调查的基础上，按对应的修正系数，快速高效、及时地评估出宗地地价。

由于区段地价与基准地价均是设定利用条件下的区域平均土地价格，其基本内涵一致，因此编制共同修正体系、特殊用途的应用说明。同样地，区段地价修正体系包括区域因素修正、个别因素修正、期日修正、年期修正等。各因素修正编制方式类似基准地价修正体系编制。

区别于基准地价的是，区段地价在区域因素修正系数与基准地价有所不同。区段地价是在土地价格精细化管理的要求下制订的，是比基准地价级别范围更小的均质区域土地价格，相对于基准地价而言，区段地价在价格水平上更精确，因此区段地价的区域因素修正幅度比基准地价更"精细"。

由于工业用途的区段地价是直接以城市各工业区和产业园区来确定价格的，就每一个工业区和产业园区而言，影响工业地价的区域因素条件是基本趋同的，因此工业用途不设区域因素修正体系。

商业、办公用途的区域因素条件分为优、一般、差三档，分别给出每档对应的条件描述和相应的地价修正系数。

修正系数根据市场地价和样点地价资料进行测算、编制。

六、区段地价成果更新

根据土地市场活跃程度和地价变化趋势，区段地价成果的更新方式包括完全更新和动态更新两类。

（一）完全更新方式及技术路线

完全更新是指按照区段地价制定的技术路线，结合最新工作底图和工作范围，重新划分区段子单元，运用多因素综合评价法初步归并区段单元，选取区段样点，测算区段样点、子单元和单元价格，形成区段单元范围和价格水平。

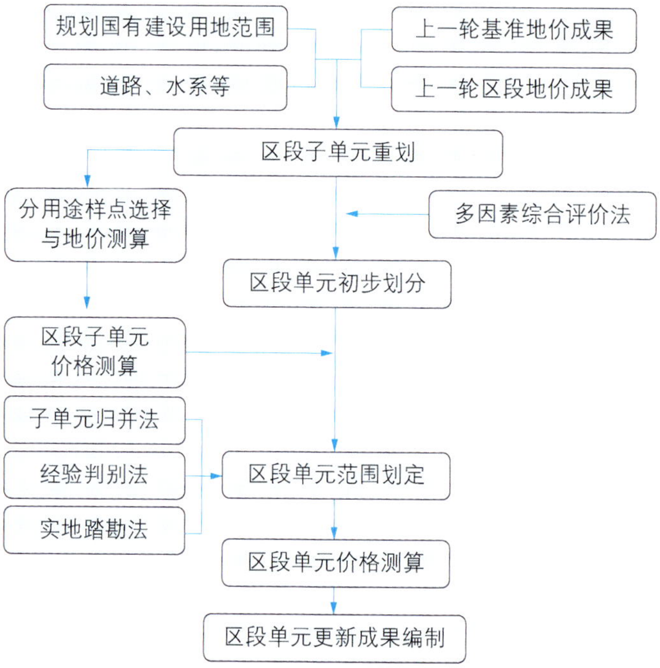

图 3-2　区段地价完全更新技术路线

（二）动态更新方式及技术路线

1. 抽样检验理论

（1）抽样检验的概念

抽样检验又称抽样检查，工业产品质量检查工作中经常采用的方法。通过从一批产品中随机抽取少量产品（样本）进行检验，据以判断该批产品是否合格的统计方法和理论。与全面检验相比，不需对整批产品逐个进行检验，而根据抽样的检验结果来推断整批产品的质量，推断产品是否符合预先规定的合格标准。抽样检验适合对破坏性检验，全数检验工作量很大，连续体的检验对象，检验费用比较高等几种场合下使用。

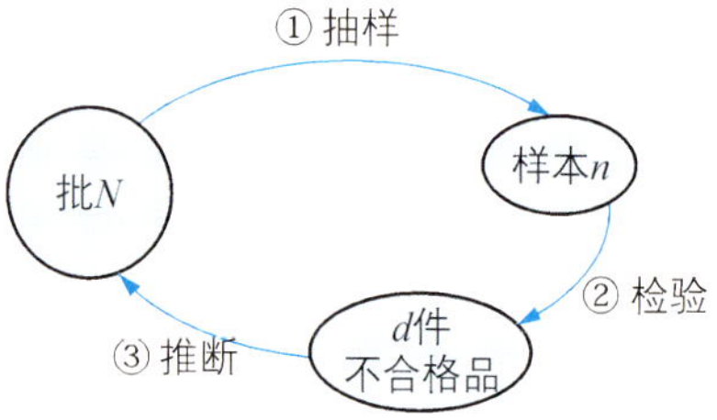

图 3-3　抽验检验过程图

（2）抽样检验的方法

抽样的方法有简单随机抽样、系统抽样和分层抽样三种。简单随机抽样是指一批产品共有 N 件，如其中任意 n 件产品都有同样的可能性被抽到。简单随机抽样时必须注意不能有意识抽好的或差的，也不能为了方便只抽表面摆放的或容易抽到的。系统抽样是指每隔一定时间或一定编号进行，而每一次又是从一定时间间隔内生产出的产品或一段编号产品中任意抽取一个或几个样本的方法。这种方法主要用于无法知道总体的确切数量的场合，如每个班的确切产量，多见于流水生产线的产品抽样。分层抽样是指针对不同类产品有不同的加工设备、不同的操作者、不同的操作方法时对其质量进行评估时的一种抽样方法。在质量管理过程中，逐批验收抽样检验方案是最常见的抽样方案。

(3) 抽样检验判断标准

一般情况下，用合格质量水平(AQL)表示。AQL是以每百单位产品不合格数表示，在数值上它等于过程平均不合格品率的上限。当批质量水平等于或优于AQL时，抽样方案应高概率接收；当批质量水平劣于AQL时，抽样方案应高概率拒收。根据《计数抽样检验程序》(GB/T 2828.1—2003)，当以不合格品百分数表示质量水平时，AQL值应不超过10%不合格品。

2. 动态更新技术路线

动态更新是指在上一轮成果的基础上，运用地价指数成果更新区段单元价格，并通过样点检验调整形成更新成果。

对于价格变化较大的，进行区段子单元及区段单元范围调整，同时评估确定区段单元价格。

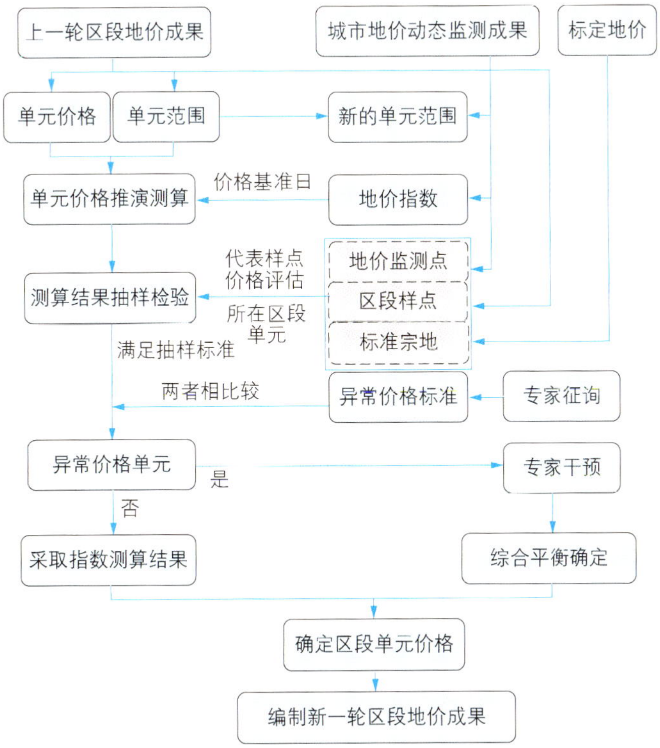

图 3-4　区段地价动态更新技术路线图

3. 工作平台

区段地价更新的工作平台采用 ArcGIS 软件，进行内业处理和成果管理，包括区段单元与地价监测区段之间的空间关系、地价监测点与区段单元之间的空间关系等查询处理等。

（三）动态更新程序与方法

1. 运用地价指数更新区段单元价格

（1）采集地价指数

在区段地价更新中，主要采用分用途分区片地价指数成果，即住宅地价指数、商业地价指数、办公地价指数和工业地价指数，进行区段单元价格更新。

（2）区段单元与地价监测区段的空间关系

对比之前区段地价基准日时点的地价指数，可以反映区段单元在这段时期内的地价变化趋势与水平幅度。由于地价指数测算的最小范围为地价监测区段，首先是梳理区段单元与地价监测区段之间的空间关系。如果两者空间关系紧密，可以通过所在地价监测区段的地价指数成果确定区段单元价格的变化幅度，从而测算更新区段单元地价。

（3）区段单元价格更新测算

区段单元价格测算公式为

$$Q_{iy} = Q_{i(y-1)} \times \frac{D_{iy}}{D_{i(y-1)}} \tag{3-2}$$

式中 Q_{iy}——某用途第 i 个区段单元第 y 年价格成果；

$Q_{i(y-1)}$——某用途第 i 个区段单元第 $y-1$ 年价格成果；

D_{iy}——某用途第 i 个区段单元第 y 年地价指数；

$D_{i(y-1)}$——某用途第 i 个区段单元第 $y-1$ 年地价指数。

在地价监测区段与区段单元空间对应关系已明确，且每个地价监测区段根据地价指数测算得到地价增长率的基础上，根据以上公式，可以测算出每个区段单元更新价格。

2. 检测样点价格评估

通过地价指数测算地价增长幅度，可以实现全部区段单元的价格更新。为了进一步检验采用地价指数更新方法结果的合理性，在区段单元中选取可以代表单元地价均质水平的样点，评估样点在新基准日下的设定价格。比较样点价格与通过地价指数测算的区段单元价格，按照一定的比例标准检验地价指数更新结果的可靠性，并最后综合确定区段单元价格。

(1) 检测样点选取

原则上各用途每个区段单元要布设 1～2 个检测样点，所选取的样点在土地利用条件、地价水平等方面要能够代表所在区段单元的均质情况，充分考虑代表性、中庸性、稳定性、合理分布性等。

由于地价监测点和标准宗地在选取原则、布设规律、设定条件等方面均与区段地价内涵和要求相一致，并且具稳定性更好、时效性更强、质量更能得到保证。因此，地价监测点和标准宗地作为样点优先选入。

同时，在无地价监测点和标准宗地布设的区段单元内选取具有代表性的区段样点，适当增补样点。

(2) 检测样点价格评估

所选检测样点中的地价监测点是每季度由估价师按照设定条件评估提交价格成果，各监测点与所在区段单元在容积率、开发程度、用途、年期等设定条件和价格内涵上具有一致性，因此地价监测点可以直接采用其监测成果。

对于其他检测样点，首先是按照区段样点调查表的内容调查填写坐落、四至、小区名称、物业类型、周边配套等相关信息，补充基础资料；其次是根据《城镇土地估价规程》的要求，由估价师按所在区段单元的设定条件，采用市场比较法、收益还原法、剩余法等评估方法在一定原则下进行评估，与成果制定时对样点评估的方法和要求相同。

3. 地价指数更新成果检验

(1) 检验方法

对于有检测样点分布的区段单元，检测样点价格的算术平均值作为其所在区段单元的价格。

$$Q_i = \frac{q_{i1} + q_{i2} + \cdots + q_{in}}{n} \tag{3-3}$$

式中　Q_i——第 i 个区段单元价格；

q_{in}——第 i 个区段单元内第 n 个样点价格。

通过检测样点价格测算的区段单元价格与地价指数更新成果相对比，按照一定异常价格比例标准和异常单元数量，检验采用地价指数方法更新成果的可靠程度。根据专家征询，确定两个价格成果相差 20% 以上(不含 20%)作为判断这段单元价格是否异常的标准。

(2) 检验结果分析

采用分层抽样检验的一次抽样方案,以 $AQL = 10\%$ 作为判断是否符合接收的标准。

4. 区段单元更新价格综合确定

根据检测样点价格检验结果测算,判断通过地价指数更新的区段单元价格成果是否可靠。如果成果可靠,则对于无样点分布和差异在 20%以下的区段单元,其价格直接采用地价指数更新结果,而差异在 20%以上的区段单元,则采用两种方法加权平均的方式确定。

第 4 章

标定地价编制与更新基础理论

一、标定地价内涵

均质区域是指土地用途、宗地条件、土地利用状况等现状特征基本相似、地价水平基本接近的空间闭合区域。

标准宗地是指城市土地利用总体规划设定的国有建设用地范围内，分别按照住宅、商办、工业用途，在地价区段内设置的，土地区位、面积、深度、宽度、形状、利用状况(容积率等)、开发程度等个别特征在该区域具有代表性、普遍性、稳定性，并能起示范和比准作用的宗地。

标定地价是指以房产市场和土地市场为基础，由专业估价人员定期评估并通过专家审核，标准宗地在现状开发利用条件下，于某一估价期日法定最高使用年期下的国有土地出让转让使用权价格。其中：

(1) 土地用途为住宅、商办和工业。

(2) 使用年限为对应用途的法定最高出让年限。

(3) 土地利用强度为现状容积率。

(4) 住宅、商办用途开发程度为“七通一平”，指红线外通路、供电、通讯、通上水、通下水、通污水、通燃气及红线内场地平整；工业用途开发程度为“五通一平”，指红线外通路、供电、通讯、通上水、通下水及红线内场地平整；“七通”、“五通”不包括项目建设向有关部门缴纳的住宅建设配套费及市政管线的接入工程费用。

二、标定地价编制技术路线

在“三价格一指数”体系的区段地价、地价指数等成果基础上，通过设置标准宗地、评估标准宗地价格、确定标定地价成果、公示标定地价成果等过程，完成标定地价的制定与更新。

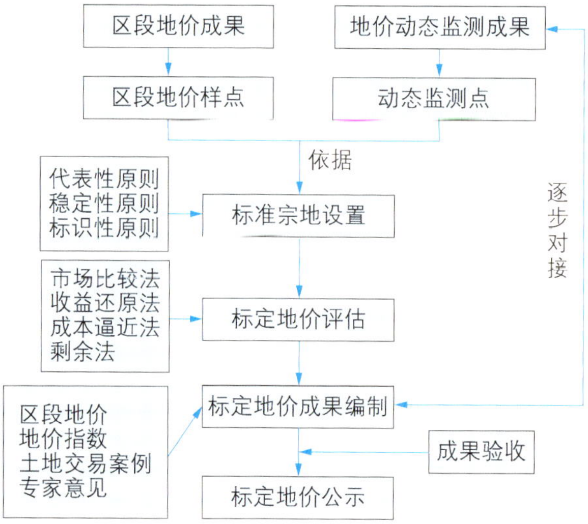

图 4－1　标定地价评估与更新技术路线

三、标定地价编制程序

（一）标准宗地设置

1. 标准宗地设置类别

基准地价与区段地价均按照住宅、商业、办公与工业四类用途设定评估条件并制定成果。与之不同的是，标定地价以现状开发利用条件作为用途区分的主要依据与标准，难以延续上述四类用途设置标准宗地。目前，随着城市社会经济的快速发展，传统的单一物业形态难以解决日益尖锐的土地供需矛盾，集商业、金融、文化娱乐于一体的综合物业成为商办用途开发的主要形式。特别是在社会经济发达的中心城区范围内，单一用途的商业或办公用途几乎无法形成区域标杆。而且，在完全割离商业与办公用途的情况下，评估价格的可行性与合理性难以得到充分论证。因此，标准宗地土地用途分为：住宅、商办和工业。

2. 标准宗地设置范围

根据标定地价制定技术要求，在城市土地利用总体规划设定的国有建设用地范围内设置标准宗地。

在本书第 1 章关于"三价格一指数"地价体系构建中，可以看到标定地价与区段地价以及地价动态监测间动态关联。为了达到地价管理体系的一致性与联动性，标准宗地的设置范围应从均质区域内的地价监测点以及区段地价样点中进行选取。

3. 标准宗地设置原则

标准宗地的布设应遵循代表性、稳定性、标识性等原则。

(1) 代表性原则

标准宗地适当分布于各均质区域中，在宗地个别条件、土地利用状况、地价水平等方面在均质区域内具有代表性。

(2) 稳定性原则

标准宗地及其周边的土地开发利用条件比较稳定，在较长时间内不会发生标准宗地灭失、分割、合并、重建或用途改变等情况。

(3) 标识性原则

标准宗地应易于识别，能够方便快捷地区分和确认。

4. 标准宗地设置程序

标准宗地设置程序如图 4－2 所示。

(1) 划分均质区域

在区段单元的基础上，结合土地利用规划与现状，划分均质区域。

(2) 初选标准宗地

按照布设原则与要求，优选地价监测点以及区段样点。在均质区域范围内，初选标准宗地。

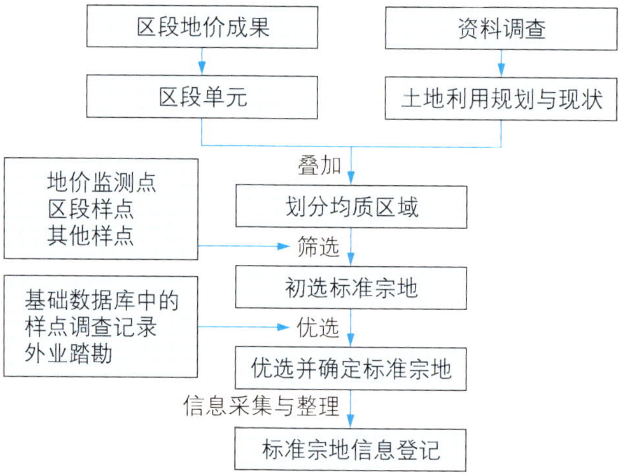

图 4-2 标准宗地设置流程

(3) 优选并确定标准宗地

结合样点调查记录和外业勘查情况,分析样点及其所在区域的土地利用状况,优选并确定标准宗地。

(4) 标准宗地信息登记

整理标准宗地信息,完成标准宗地的编号和信息登记。

5. 均质区域的划分

均质区域的划分程序包括:①根据区县、镇乡总规划以及商业商务区规划等资料,勾划各用途的规划覆盖范围;根据土地利用现状图,对商服与住宅的混合用地区域以及未建成的商服用地区域进行调整,初步确定各用途均质区域的总体覆盖范围;②在各用途均质区域的总体覆盖范围的基础上,叠加相应用途的区段单元,形成初步的均质区域;③对叠加过程中形成的零碎区域进行适当调整,确定各用途均质区域。

均质区域的划分成果将作为标准宗地布设的基础,具体划分要求如下:

(1) 总体要求

1) 同一均质区域范围内,土地用途、宗地条件、土地利用现状等基本相似,地价水平基本接近。

2) 均质区域边界应为河流水系、三级以上道路等线状地物的中心线,行政区划界线,产业区块、商业商务区、大型居住社区等规划范围边界,保持宗地的完整性。

3) 不同用途的均质区域,在原则上不可相互重叠。对于多用途混合地块,重叠总面积不宜超过整体工作范围的 10%。

4) 各均质区域范围内,对应用途的土地面积应占主导地位。

(2) 住宅用途均质区域的划分要求

1) 住宅用途均质区域的主要覆盖范围,参照土地利用总体规划中的各类住宅用地布局;

2) 产业区块范围内的零星现状住宅用地,不划入住宅用途均质区域,商业商务区内的成片现状住宅用地,按照现状用地范围划入住宅用途均质区域;

3) 现状公共管理与公共服务用地、水域及水利设施用地、特殊用地按照就近原则,并入住宅用途均质区域。

(3) 商办用途均质区域的划分要求

1) 商办用途均质区域的主要覆盖范围,参照城市商业网点布局规划纲要和城市商务区规划中的商业商务区布局,主要包括市级、地区级、新城级商业区,中央、市级、地区级商务区以及成熟的社区级、新市镇商业商务区和大型交通运输用地的配套商业区;

2) 原则上,每个商业商务区(规划未建除外)应划分为独立的均质区域;

3) 对于中央商务区和市级、地区级商业商务区,商办用途均质区域以规划范围为主要依据,现状商办用地范围为补充,对于社区级商业区、新城和新市镇,商办用途均质区域以现状商办用地为主;

4) 与产业区块范围相重叠的商业商务区,不划入商办用途均质区域;

5) 现状大型交通运输用地按照就近原则,并入商办用途均质区域。

(4) 工业用途均质区域的划分要求

1) 工业用途均质区域的主要覆盖范围,参照土地利用总体规划中的工业用地布局;

2) 对于大型居住社区内的产业区块,不作为工业用途均质区域;

3) 原则上,每个工业区应划分为独立的均质区域;

4) 同一产业区块范围内,原则上划分不超过 2 个均质区域。

(5) 重叠用途均质区域的划分要求

1) 重叠用途均质区域的主要覆盖范围,是商服用地与住宅用地的混合区域;

2) 对于中央商务区和市级、地区级商业商务区内的连片现状住宅用地,以商服与住宅用途的重叠均质区域处理;

3) 对于社区、新城和新市镇内的商服用地,以商服与住宅用途的重叠均质区域处理。

6. 标准宗地设置要求

(1) 总体要求

1) 标准宗地登记的土地用途应与所在均质区域的划定用途一致;

2）标准宗地应完成开发建设，地上建筑物已建成并正常经营与使用；

3）标准宗地的宗地条件、土地利用状况等现状特征与地价水平应接近所在均质区域的平均水平；

4）标准宗地的开发利用应合法有效，符合土地政策与城市规划的基本土地管理要求，地上建筑物的实际用途与土地用途原则上应保持一致；

5）标准宗地应为形状较规则的独立宗地，地块界线明晰，面积适中；

6）优先选取符合要求的地价监测点；

7）根据城市规模和地价分情况确定标准宗地布设数量；

8）标准宗地在均质区域范围内均匀分布，每个均质区域内原则上设置 1～2 宗对应用途的标准宗地。

（2）住宅用途标准宗地的布设要求

1）住宅用途标准宗地，应为城镇住宅用地，住宅类型以普通商品住房为主；

2）大型居住社区等区域，可适当选取保障性住宅用地作为标准宗地；

3）标准宗地的地理位置应在均质区域范围内具有代表性，避免选取紧邻地铁站、公园绿地、江河水景等关键区域的住宅用地；

4）标准宗地上的建筑物，住宅用途的建筑面积占比应大于 85%。

（3）商办用途标准宗地的布设要求

1）商办用途标准宗地，选取范围包括现状的批发零售用地、住宿餐饮用地、商务金融用地与其他商办用地；

2）经营业态较为一致的均质区域，优先选取相应业态的商办用地作为标准宗地；

3）商办用途标准宗地应为经营性商办用地，避免选取非经营性的办公场所用地；

4）标准宗地上的建筑物，商办用途的建筑面积占比应大于 85%。

（4）工业用途标准宗地的布设要求

1）工业用途标准宗地，选取范围包括工业用地与仓储用地；

2）标准宗地上企业的主营业务应与所属产业区块的主导产业相一致，并以传统制造业工业用地为主，对于研发类工业较为集中的产业区块，可适当选取研发类工业用地作为标准宗地。

（二）标准宗地评估

1. 标准宗地评估要求

（1）标定地价每年评估一次并按要求向社会进行公示。

(2) 标定地价评估工作要求每宗标准宗地须由 2 名符合要求的土地估价师独立评估再综合确定，每轮评估中每名土地估价师所负责的标准宗地数量应充分考虑估价师经验能力及实际情况综合确定。

(3) 标定地价评估报告应采用统一格式，并由相关估价师签字。

(4) 参与标定地价评估的估价师原则上应具有 5 年以上(含 5 年)注册土地估价师资格、3 年以上(含 3 年，下同)公开执业经验，且最近 3 年没有出现严重失误或违规评估记录。

(5) 以机构为主要单元分配标准宗地的评估工作，每三年进行一次宗地分配调整。符合条件的土地估价师个人亦可申请参加，若经审核录用后应签订标定地价评估工作协议。

(6) 定期向社会公示标定地价估价机构和估价师名单。

2. 标准宗地评估原则

根据《城市土地估价规程》的规范界定，土地估价应遵循基本原则，在分析土地价格的影响因素的基础上做出准确判断。标定地价评估过程中的主要原则包括：

(1) 替代原则

标准宗地价格受到其他具有相同使用价值的地块，即同类型具有替代可能的地块价格所牵制。因此，标准宗地估价时，可以通过调查近期发生交易的类似地块或房地产的条件与地价，进一步比较确定标准宗地价格。

(2) 预期收益原则

土地价格受到预期收益形成因素的变动所影响。所以，估价师应调查标准宗地的收益状况，分析预测土地市场现状、发展趋势、政治经济形势及政策规定对土地估价的影响，准确估计宗地的收益价格。

(3) 贡献原则

不动产的总收益是由土地及建筑物等构成因素共同作用的结果，标准宗地的评估结果，可以依据土地对不动产总收益的贡献大小来决定。

(4) 变动原则

标准宗地评估过程中，估价师应分析可能对地价产生影响的一般因素、区域因素及个别因素，同时把握各因素之间的因果关系及变动规律，准确合理地评估土地价格。

(5) 供需原则

标准宗地评估应在市场供求规律的基础上，充分考虑土地供需的特殊性及土地市场的地域性。

(6) 协调原则

标准宗地评估过程中应认真分析宗地与周围环境的关系，以协调性为原则评估宗地价格。

3. 标准宗地评估方法

标准宗地评估方法应符合《城镇土地估价规程》的要求，从收益还原法、市场比较法、剩余法（假设开发法）、成本逼近法等基本估价方法中选择至少两种进行评估。其中，住宅与商办用途标准宗地的评估，宜选用市场比较法、收益还原法、剩余法，不建议选用成本逼近法；工业用途标准宗地的评估，宜选用市场比较法、成本逼近法、假设开发法，特殊情况下也可选用收益还原法。估价师应以调查资料的可获取性及可靠性为前提，结合估价经验与市场状况综合取舍。

4. 标准宗地评估程序

(1) 初步评估

按照《城镇土地估价规程》要求，由 2 名估价师分别独立开展标准宗地评估工作。以调查资料的可获取性及可靠性为前提，结合估价经验与市场状况综合取舍，运用市场比较法、收益还原法、剩余法或成本逼近法中至少两种方法评估标准宗地价格，且各方法的评估结果不应差异过大，从而以不同的角度充分考证土地价格。并以评估方法的适宜性及评估结果的合理性等原则分别赋予权重，采用加权平均计算价格作为宗地评估结果。

(2) 确定异常点

1) 估价师对同一标准宗地的评估结果，在数据上的差异应控制在 20%以内，以保证地价水平的科学性与客观性。数据差异超过 20%的标准宗地，则确定为异常点。

2) 标准宗地的评估结果应与其所在区段单元的价格协调一致，如两者的数值差异超过 20%的标准宗地，则作为异常点处理。

(3) 异常点核查与处理

通过以下几轮核查与评议，处理异常点并确保价格平衡：

1) 初步核查

首先对标准宗地评估成果的规范性进行初步核查，主要包括：①评估条件是否符合标定地价内涵的要求；②土地利用状况与标准宗地资料库是否一致；③标准宗地的评估方法选用是否符合技术规范；④参数选取与价格确定过程是否符合基本评估要求；⑤表格填写与报告编制等是否存在逻辑混乱。针对产生差异的不同原因，及时更新标准宗地资料库信息，说明标定地价内涵与评估条件，并要求估价师对异常点及不符合要求的标准宗地重新评估。

2）专家评议

由相关专家与估价师组成专家评议小组，对通过成果规范性检查的异常点进行重点研究讨论，主要内容包括地价影响因素、评估方法、参数选取等相关技术要点，根据专家意见提出异常点处理方案。同时，对标准宗地的评估成果进行综合分析与协调平衡，提出部分标准宗地的修改方案。专家评议意见交由估价师，要求估价师重新评估或修改。

3）估价师研讨

在估价师对专家评议意见有所疑问的特殊情况下，召开部分估价师的研讨会。估价师根据实地勘查与评估过程中对标准宗地情况的了解，对评估方法与技术参数的选取过程做出进一步说明。在综合考虑各方意见后，形成修改方案。

（4）确定标准宗地价格

经过几轮的信息核查与价格评议，在估价师双方对标准宗地评估意见基本达成一致的情况下，汇总最终评估资料，原则上以算术平均值作为标准宗地的最终评估结果。对于特殊处理的标准宗地，应备注说明事由。

（5）评估成果汇总

组织估价师修改相关的标准宗地评估报告和相关图表，汇总标准宗地评估结果。标准宗地评估流程如图 4-3 所示。

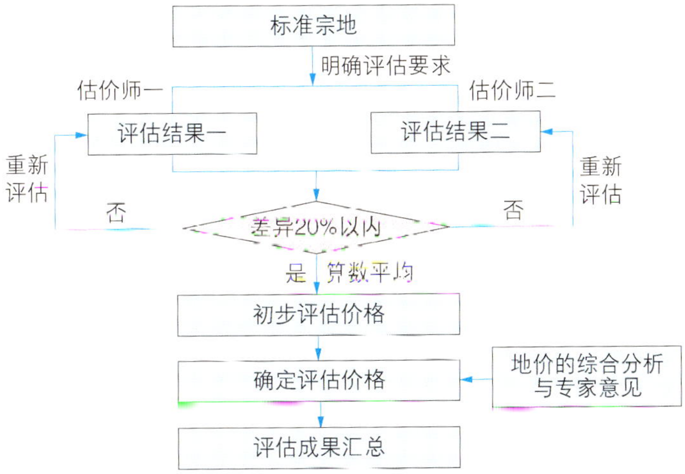

图 4-3　标准宗地评估流程

四、标定地价成果

（一）成果内容

1. 文本成果

（1）标准宗地评估报告。包括标准宗地评估条件、评估方法、评估结果等内容，由估价师完成。

（2）住宅、商办、工业用途标定地价成果表格。主要内容是各用途标定地价的内涵界定与全市成果概况，以及包含标准宗地的位置、土地面积、建筑面积、现状容积率、开发程度、最高使用年限、评估价格等内容的成果表格。

（3）住宅、商办、工业用途标定地价成果图集。主要内容是各用途标定地价的内涵界定与成果概况，以及包含各区县各用途标定地价均质区域、标准宗地、评估价格等内容的成果图件。

（4）标定地价工作报告。主要内容是标定地价工作概述、工作设计及组织实施过程。

（5）标定地价技术报告。主要内容是标定地价工作过程中的技术要求、方法程序以及与区段地价、地价动态监测、土地市场交易样点等对比分析。

（6）标定地价工作及技术指南。主要内容是对标定地价工作的流程与职责，关于均质区域的划分、标准宗地的布设、标准宗地价格评估等关键环节的技术要求，以及表格、图件等成果编制的技术要求与样式。

2. 表格成果

（1）标准宗地信息登记表。主要内容是标准宗地的位置、土地面积、建筑面积、现状容积率、周边设施、地价级别等信息。

（2）标准宗地评估技术要点表。主要内容是标准宗地评估过程中的主要参数和评估结果等，由估价师完成。

（3）标定地价成果一览表。主要内容是标准宗地的位置、土地面积、建筑面积、现状容积率、开发程度、最高使用年限、评估价格等。

3. 图件成果

（1）均质区域分布图。主要内容是全市各用途标定地价均质区域的范围与位置。

（2）标准宗地分布图。主要内容是全市各用途标准宗地的分布位置。

（3）分区县标定地价成果图。主要内容是各区县各用途标定地价均质区域与标准宗地的分布位置及标准宗地评估价格等内容的成果图件。

4. 数据库成果

包括由均质区域空间要素、标准宗地空间要素及标定地价表等内容构成的标定地价成果数据库。

（二）成果整理

（1）标定地价成果整理包括对上述以文本、图件、照片及表格形式的原始调查数据、中间数据和结果数据的整理。要求成果整理内容齐全完整、方法使用得当。

（2）要求在成果编制前将各类资料分类整理，并明确编制内容、程序和方法。

（三）成果验收

（1）标定地价评估技术承担单位应对成果自检，确保成果齐全、准确后，提交标定地价评估组织实施单位，准备进行验收。

（2）标定地价评估组织实施单位应组织标定地价审核专家对技术单位提交的标定地价成果进行统一论证、审核。

（3）评审通过的标定地价成果报送土地行政主管部门统一验收。

（四）成果公示

1. 发布原则

（1）成果应利用社会化信息平台向公众实施定期公示；

（2）成果公示应准确完整，确保其可利用性；

（3）公示渠道多样并能够方便公众查询；

（4）公示应建立相应的反馈修正体系，以利于修改更新。

2. 发布内容

（1）城市标准宗地公示簿：包括标准宗地编号、面积、坐落、四至、用途、土地利用条件、所属等级或均质区域、公示价格、基准期日等信息；

（2）分用途标准宗地分布图；

（3）分用途标定地价；

（4）标定地价应用方向；

（5）其他相关信息。

3. 公示途径

标定地价成果应根据实际情况通过政府公文、网站、估价师学会等相关机构和刊物以及广播、电视、新闻等公众媒体向社会进行公示，同时公开评估组织实施部门的邮件地址或电话，以便公众对评估成果进行监督和提出建议，为成果更新做好准备。

五、标定地价成果更新

（一）均质区域的调整更新

下列特殊情况下，应对均质区域进行适当调整与更新：

（1）城市建成区扩张；

（2）城市规划变更与建设；

（3）基础设施或公共设施建设或大型地产项目开发导致区域地价变动异常；

（4）区县行政区划或产业区块范围变更；

（5）区段单元已作调整。

（二）标准宗地的维护更新

每年对标准宗地进行跟踪检查，调查核实土地利用状况、周边环境等方面的变化，及时更新登记信息。

标准宗地原则上应保持稳定，但在下列特殊情况下适当调整：

（1）地块或地上建筑物灭失；

（2）地块用途发生改变；

（3）地块被合并或分割；

（4）地块土地利用条件发生重大改变；

（5）土地被长期低效利用。

(三)标准宗地价格的更新

标准宗地价格每年重新评估一次,原则上保持估价师的延续性,定期进行估价师资格复核。

第5章 地价指数编制基础理论

一、地价指数内涵

地价指数是指正常市场条件下测算的，一定时期内城市住宅、商业、办公和工业等各类用途土地价格的变动趋势和变动程度的相对数。主要是反映在不同时点的地价水平与某一时点地价水平的相对关系，以地价水平值比值的100倍表示。

地价指数根据土地管理要求，在区段地价、标定地价和地价动态监测工作的基础上，按季度更新标准宗地的价格，以均质地价监测区段的面积为权重，计算的各用途、各区域的地价水平值与基期地价水平值的相对指标。地价指数反映了一定时期内各用途的地价变化趋势和程度，动态地说明地价变化规律和趋势，体现了地价体系的时序性，为预测地价走向提供参考，为基准地价、区段地价和标定地价的更新提供依据。

二、地价指数编制技术路线

按照《城市地价动态监测技术规范》的要求，首先划分地价均质区域；其次选取具有代表性、稳定性和易辨性的标准宗地；第三，按季度由专业估价人员评估确定标准宗地的价格；第四，运用算术平均法计算均质区段的地价；第五，以区段实际用途面积为权重计算同用途（同环线、同区县）的地价水平值；第六，与基期地价水平值比较，得出地价指数。地价指数编制技术路线如图 5－1 所示。

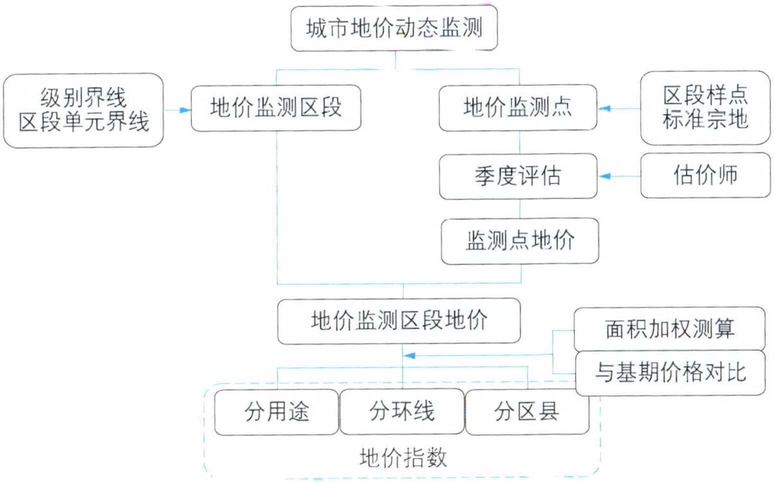

图 5－1　地价指数编制技术路线

三、地价指数编制程序

（一）地价监测区段划分

1. 地价监测区段划分的原则

地价监测区段系指城市基础设施、公共设施、公用设施、环境条件一致，土地用途大致趋同，地价水平相当（原则上商业与住宅用途最高值与最低值相差不超过 30%、工业用途不超过 10%）的封闭区间。

（1）与区段子单元衔接原则

与区段子单元衔接原则所划分的地价监测区段，边界线不破区段子单元范围。

（2）面积适中原则

面积适中原则所划分的地价监测区段，其面积大小应保持适中。各地可根据地价管理的需要及地价变化的区间具体确定地价监测区段面积的大小。

（3）与行政辖区相适应原则

与行政辖区相适应原则在划分地价监测区段时，不打破已有行政辖区界线，原则上地价监测区段不跨街道。

2. 地价监测区段的划分程序

（1）地价监测区段初步划分

地价监测区段初步划分可选用经验判别法或地价等值线法，在区段子单元工作底图上进行。依据地价管理者的经验，结合各类用途地价分布规律在工作底图上勾勒出各用途地价监测区段的边界。

（2）实地踏勘

对内业划分的地价监测区段进行实地踏勘，调整、重划不合理的地价监测区段边界。

（3）面积量算

量算各区段的土地总面积、各用途实际土地面积等，并填写地价监测区段登记表。各用途实际土地面积根据城镇地籍资料数据计算。

（二）地价监测点布设与审核

1. 地价监测点的设立原则

（1）代表性原则

代表性原则所选择的地价监测点在利用条件、利用状况、开发程度等方面应体现所在地价监测区段的代表性。

（2）稳定性原则

稳定性原则所选择的地价监测点应在较长时间内不会发生灭失、重建、用途变化等情况。

（3）标识性原则

标识性原则所选择的地价监测点应易于观测。

2. 地价监测点布设

（1）地价监测点以地价监测区段为单元布设，优选区段样点和标准宗地。

（2）地价监测点必须是形状规则、明确界限且利用现状、开发程度与区段内涵一致的独立宗地。

（3）各用途地价监测点的分布应尽可能均衡。

3. 地价监测区段与监测点审核与确定

领导小组通过内业审查与实地核对，对地价监测区段划分的合理性、地价监测点的代表性、地价监测点的数量、密度、分布均衡程度进行审核，并出具书面审核意见。

（三）监测点地价评估

1. 监测点地价内涵

监测点地价是指通过评估或市场交易地价修正得到的监测点在一定时点和一定条件下的地价。

2. 监测点地价评估要求

（1）分别评估监测点现状条件下与设定条件下的地价水平，评估值为监测点楼面地价。

（2）监测点地价评估时不考虑他项权利限制。

（3）应采用两种或两种以上的估价方法，但不能采用基准地价系数修正法。

（4）由 2 名以上注册土地估价师签字。

3. 监测点地价评估技术要求

按《城镇土地估价规程》的要求，对地价监测点地价进行评估。

（1）若所选择的地价监测点在报告期内发生过正常交易，则其地价可直接采用基准日、土地开发程度、土地使用年限、容积率等修正。

（2）若在报告期内未发生过正常交易，则应选取同区段内类似的至少 3 宗地作为比较案例，采用市场比较法、收益还原法、剩余法、成本逼近法等估价方法进行评估，原则上以市场比较法为主。所采用的评估参数均应为评估基准日水平。

（3）若同区段内无法选取类似 3 宗比较案例，可从开发水平相仿、地价水平接近的地价监测区段内选取比较案例。

（四）地价的测算

1. 地价监测区段地价的测算

地价监测区段地价为地价监测区段在评估基准日，开发程度设定为区段平均开发程度，容积率为区段平均容积率，某用途法定最高出让使用年期的国有土地使用权的出让价格。

地价监测区段地价采用区段内监测点地价面积加权平均计算，其计算公式为

$$\bar{d}_y = \frac{\sum_{k=1}^{n} d_k \times s_k}{\sum_{k=1}^{n} s_k} \tag{5-1}$$

式中 $\bar{d}_y$——地价监测区段地价；

d_k——监测点 k 的地价；

s_k——监测点 k 的面积；

n——区段内监测点个数。

2. 分用途区域地价的测算

将某用途某区县所有地价监测区段地价进行面积加权平均，测算该用途某区县地价。其计算公式为

$$\bar{D}_i = \frac{\sum_{k=1}^{n} \bar{d}_k \times S_k}{\sum_{k=1}^{n} S_k} \tag{5-2}$$

式中 $\bar{D}_i$——某用途某区县地价；

$\bar{d}_k$——地价监测区段 k 的地价；

S_k——地价监测区段 k 的面积；

n——某用途区段个数。

同理可测算出分环线(重点区域)分用途地价。

(五) 地价指数的测算

地价指数分为定基地价指数和环比地价指数。

(1) 定基地价指数等于某一用途某一区域地价与固定基期该区段地价的比率，基期地价指数设定为 100。区段定基地价指数计算公式为

$$D_y = \frac{\bar{D}_y}{\bar{D}_0} \times 100 \tag{5-3}$$

式中 D_y——某一用途第 y 季度定基地价指数；

$\bar{D}_y$——某一用途第 y 季度地价水平值；

$\bar{D}_0$——某一用途固定基期地价水平值。

（2）环比地价指数等于某一用途某一区域当期地价与该区段上期地价的比率。环比地价指数计算公式为

$$D_y = \frac{\overline{D}_y}{\overline{D}_{y-1}} \times 100 \tag{5-4}$$

式中　D_y——某一用途第 y 季度定比地价指数；

$\overline{D}_y$——某一用途第 y 季度地价水平值；

$\overline{D}_{y-1}$——某一用途第 $y-1$ 季度地价水平值。

四、地价指数成果

为了使地价指数能更好地反映土地市场变化信息，及时反映地域性房地产投资热点、经济发展热点等信息，从结构性、空间区域性和重点关注区域三个角度编制地价指数，地价指数成果主要包括以下四部分。

（1）按土地用途结构划分，建立城市住宅地价指数、商业地价指数、办公地价指数和工业地价指数；

（2）按环线空间区域划分，建立内环、中、外环区域地价指数；

（3）按行政管辖区域划分，建立各区县地价指数；

（4）按重点区域划分，构建各重点区域地价指数。

在区段地价更新中，主要采用分用途各地价监测区段的定比地价指数成果，即住宅地价指数、商业地价指数、办公地价指数和工业地价指数，进行区段单元价格更新。

第6章
“三价格一指数”基础数据库与信息系统平台建设

国有土地价格监测与发布系统建设工作涉及大量的数据处理，必须加强计算机技术的应用。通过研究和完善GIS技术在土地定级与估价等方面的应用，实现大量快速的数据处理和模拟推演，提高技术工作的自动化程度和科学性，为今后动态更新奠定好的工作平台。

一、基础数据库建设

“三价格一指数”地价体系具有共同的工作基础，即价格内涵、工作底图范围等，特别是在划分地价均质区域的基本空间单位、选取地价样点方面具有共同的基础数据库，构建的基本思路如图6-1所示。

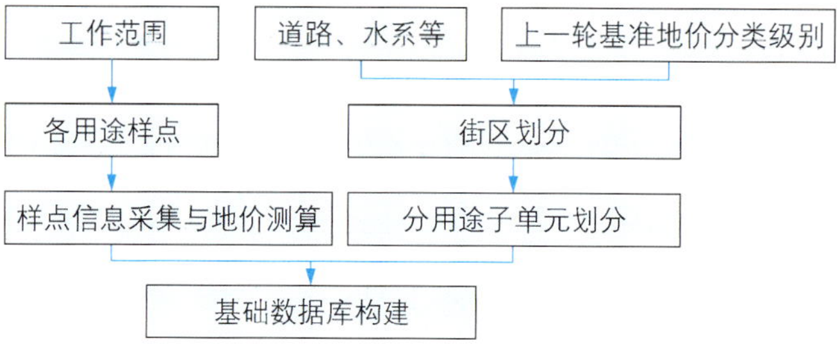

图6-1　基础数据库建设路线图

（一）以街区为基础的子单元数据库建设

基准地价、区段地价、标定地价和地价指数是一组反映空间范围由大到小的土地价格体系。通过前文对“三价格一指数”地价体系编制与更新理论梳理可以发现，基准地价级别的划分、区段地价子单元划分以及标定地价均质区域的划分相互关联。为了科学确定各地价的范围边界，使得各地价之间实现可比性、可参考性、可转化性，需要在工作范围内先统一划分子单元，作为编制和划分区段地价的区段单元、基准地价的级别范围、标定地价的均质区域和地价监测区段的基本空间单位。同时，子单元数据库建设也是“三价格一指数”制定和更新的基础工作。

子单元划分的基本思路是，以工作范围内的城市道路、河流、行政界线、土地级别线围合形成的封闭区域，即街区，作为子单元划分的雏形；再根据不同用途的具体情况进行调整，形成最终子单元，并按照规则逐一编号。

具体实施过程中，结合工作底图，按照道路、行政界线、河流、土地级别的分布情况，先进行街区的内业初划；在此基础上，由专业人员开展外业踏勘，了解掌握实际情况；根据不同用途特点，结合地价样点分布和外业踏勘情况，对于中心城区划分过于细碎、郊区开发程度较差的街区进行调整和归并，最终确定子单元范围，并完成GIS落图工作。

与网格法相比，以街区为最小封闭区域可以保证宗地的完整性，并且由其归并形成的区段单元、基准地价级别范围均可以与重要道路分界线、行政界线等较好匹配。

（二）地价样点数据库建设

基准地价、区段地价、标定地价、地价指数均需要选取各自的地价样点作为均质区域地价水平测算的基础，并且在地价样点的选取标准、设置原则等具有统一性。因此有必要建立统一、完整的地价样点数据库，为基准地价样点、区段样点、标准宗地、地价监测点的选取提供总样本库。

1. 地价样点的数字化

地价样点的选取过程包括内业初选—外业踏勘—内业上图的过程。

(1) 内业初选。利用工作底图，结合城市地图，先在内业确定工作范围内的地价样点，将所有样点均纳入样点初选范围，包括建成物业和未建成物业的交易地块。

(2) 外业踏勘。根据内业初选的情况，按照样点的地址和物业名称进行现场踏勘，确定样点的稳定性、开发利用现状等，同时核对样点地址。

（3）内业上图。确定样点地址（街区、门牌号）后，根据规则进行样点编号，将稳定性较强的样点在城市土地信息系统中查询宗地坐标，完成计算机录入，形成地价样点分布图和属性数据库。

基于地价样点数据库建设的目的，在样点选取和上图时，纳入了全部符合稳定性要求的样点，借助外业踏勘设置了大量新样点。同时，在"三价格一指数"地价体系更新时，地价样点库随之更新，补充新样点、删除灭失样点。

2. 地价样点信息采集与入库

地价样点作为编制基准地价、区段地价、标定地价和地价指数的重要基础，其信息采集十分重要，有必要根据各用途样点地价影响要素，分别设计地价样点信息调查表。住宅样点重点关注交通条件、环境条件、学校医院等公共基础设施配套情况。由于商办地价对区位条件的敏感程度远高于其他用途，因此在信息采集时，商业、办公样点重点关注商办繁华程度、商务办公集聚度、人流量、交通等情况。工业样点信息较为简单，面积、四至、成交价格等信息可在相关网站上查询得到。

在价格信息上，住宅、商业、办公样点的各类土地交易案例较少，而房地产售价与租金水平可以较好反映市场地价水平，并且相对于土地交易市场，房地产交易市场更为活跃，市场数据更丰富，普遍性更强，因此住宅、商业、办公用途地价样点从价格取得角度来看，包括房地产出售类样点和出租类样点。由于工业用途市场的投资与投机性需求少，出让成交价格基本可以体现市场地价水平。

各用途样点重点调查的资料如表 6-1 至表 6-4 所示，将样点调查信息一一录入样点数据库。

表 6-1　　样点调查内容汇总表（住宅用途）

序号	资料类别	调查主要内容	资料来源
1	坐落	所属区县、街道，所在土地级别，宗地四至，小区地址，小区名称等	土地管理部门 外业踏勘
2	土地状况	宗地号，剩余使用年限，土地批准使用起始时间与终止时间，土地面积，总建筑面积，土地形状，容积率，临街情况等	土地管理部门 外业踏勘
3	房屋状况	房屋类型，建筑结构，建造年代，建筑楼层总数，小区档次，建筑装修，小区绿化率，车位数，小区内配套设施	土地管理部门 网络媒体 外业踏勘
4	周边公建配套设施	商业设施，医院，学校，文化体育设施，公署绿地，银行，邮局，公共交通等	网络媒体 外业踏勘
5	价格状况	售价，租金，价格对应的物业形态，物业管理费	房屋中介 网络媒体

表 6-2　　样点调查内容汇总表(商业用途)

序号	资料类别	调查主要内容	资料来源
1	坐落	所属区县、街道,所在土地级别,宗地四至,项目地址,项目名称等	土地管理部门 外业踏勘
2	土地状况	宗地号,剩余使用年限,土地批准使用起始时间与终止时间,土地面积,总建筑面积,土地形状,容积率,临街情况,进深与面宽情况等	土地管理部门 外业踏勘
3	房屋状况	建筑总层数,商业总层数,建筑年代,底层层高,建筑结构,物业类型,经营类型等	土地管理部门 网络媒体 外业踏勘
4	价格状况	售价,租金及租金类型,价格对应的物业形态,租金内涵,租约情况,空置率等	房屋中介 网络媒体

表 6-3　　样点调查内容汇总表(办公用途)

序号	资料类别	调查主要内容	资料来源
1	坐落	所属区县、街道,所在土地级别,宗地四至,项目地址,项目名称等	土地管理部门 外业踏勘
2	土地状况	宗地号,剩余使用年限,土地批准使用起始时间与终止时间,土地面积,总建筑面积,土地形状,容积率,临街情况等	土地管理部门 外业踏勘
3	房屋状况	建筑总层数(地上层数与地下层数),建筑层高,建筑年代,建筑成新,建筑结构,公共部位装修情况(外墙、内墙和门窗、地面)等	土地管理部门 网络媒体 外业踏勘
4	价格状况	售价,租金及租金类型,价格对应的物业形态,物业管理费,租金内涵,空置率等	房屋中介 网络媒体

表 6-4　　样点调查内容汇总表(工业用途)

序号	资料类别	调查主要内容	资料来源
1	坐落	所属区县、街道,所在土地级别,宗地四至,项目地址,项目名称等	土地管理部门 外业踏勘
2	土地状况	宗地号,剩余使用年限,土地批准使用起始时间与终止时间,土地面积,总建筑面积,土地形状,容积率,临街情况等	土地管理部门 外业踏勘
3	房屋状况	房屋类型,建筑结构,建造年代,建筑楼层总数,建筑檐高,建筑层高,厂房内外装修情况(外墙、内墙、门窗、地面),硬件配套(空调、电梯),厂内设施及特征(场地,管线,围墙,绿化)等	土地管理部门 网络媒体 外业踏勘
4	周边情况	所处开发区,工业区类型,距机场距离,距港口距离,距火车站距离,对外主要交通道路,基础设施情况等	网络媒体 外业踏勘
5	价格状况	售价,租金,价格对应的物业形态,土地交易价格内涵,交易类型,交易日期,开发程度,租金内涵等	房屋中介 网络媒体

3. 地价样点信息差别化管理

对于地价样点信息的维护及更新,针对“三价格一指数”地价体系的特点,提出样点数据差别化管理的思路。该思路是建立在地价信息系统平台和特征价格理论的基础上。思路的具体实施是在以宗地信息为最小管理单元,即地价样点,通过细分地价样点类型,区分出地价样点重要级程度，开展差别化的管理。

(1) 地价监测点和标准宗地的维护和更新。应主要依靠城市有执业资质的估价师，依靠其专业的估价技术和对市场信息的充分掌握，定期评估地价监测点的价格和更新完善宗地信息。该思路对上报国家级的地价监测点应重点关注，选取有经验和职业道德有保障的估价师参与；非上报国家级的地价监测点应加大抽检力度，防止价格信息质量下降和成果失真。

(2) 区段样点的维护和更新。应对区段样点进行分类和重要级别评价，研究制定区段样点重要级别的划分标准，主要结合区域的代表性、区域样点的数量和用途特点等角度考虑。重要级别较高或代表性较强的区段样点，建议委托专业估价机构承担价格评估工作，并出具估价报告(相对日常估价报告，允许一定程度简化)；重要级别较低的区段样点，建议采用特征价格理论，开发相应的计算机程序，实现批量评估的技术。

(3) 房地产成交信息的利用。利用城市地产交易数据和房产交易数据，探索研究批量剥离技术理论，通过地产交易数据进行修正和调整，使其交易价格内涵符合地价样点的内涵条件，建议利用特征价格理论的思路实施；通过房产交易数据进行剥离，使其交易价格中地价的部分凸显。

二、地价信息系统平台架构

地价信息系统平台建设是围绕“三价格一指数”工作，搭建一个基准地价、区段地价、标定地价和地价指数的技术工作系统平台和成果展示平台，建立一个关于地价管理和评估工作的支持和辅助决策系统以及相关数据的管理系统。特别是区段地价、标定地价、地价指数和基准地价的计算等功能模块是开发“三价格一指数”地价平台系统主要目的。

该系统要实现三个层面的职能，第一层面为市级的决策系统。主要是市局通过对有关地价评估成果和分析报告实施地价审批和政策制定。第二层面为区县级日常应用系统。主要是各区县利用市发布的地价成果和评估规定，实施具体宗地价格评估。第三层面为地价成果评估更新系统。主要是城市地价编制实施主体对“三价格一指数”成果的制定评估及动态更新。

(一) 设计思想

地价信息系统是一个充分利用计算机技术和地理信息系统(GIS)技术的软件工程，其中要实现将相关数学模型和算法用计算机程序实施，建议系统平台架构采用 C/S 模式即客户端/服务器形式进行设计开发。现阶段服务器通常采用大型商用数据库 Oracle 加空间数据引擎 ArcSDE 的组合形式。通过 Oracle 的数据接口与应用程序相连，提高系统平台的稳定、安全、高效能力。

（二）系统结构

地价信息系统的技术平台采用以数据库为技术核心、地理信息系统为支持的 C/S 模式，即在系统软件和支撑软件的基础上，建立表现层/业务层/组件层/数据层四层架构，基础数据和专业数据由后台管理模块通过 Oracle 通用数据库接口和 ArcEngine 中间件夹提供数据的访问接口如图 6－2 所示。不同的服务层具有不同的应用特点，在处理系统建设中也具有不同程度的复用和更新。具体而言：

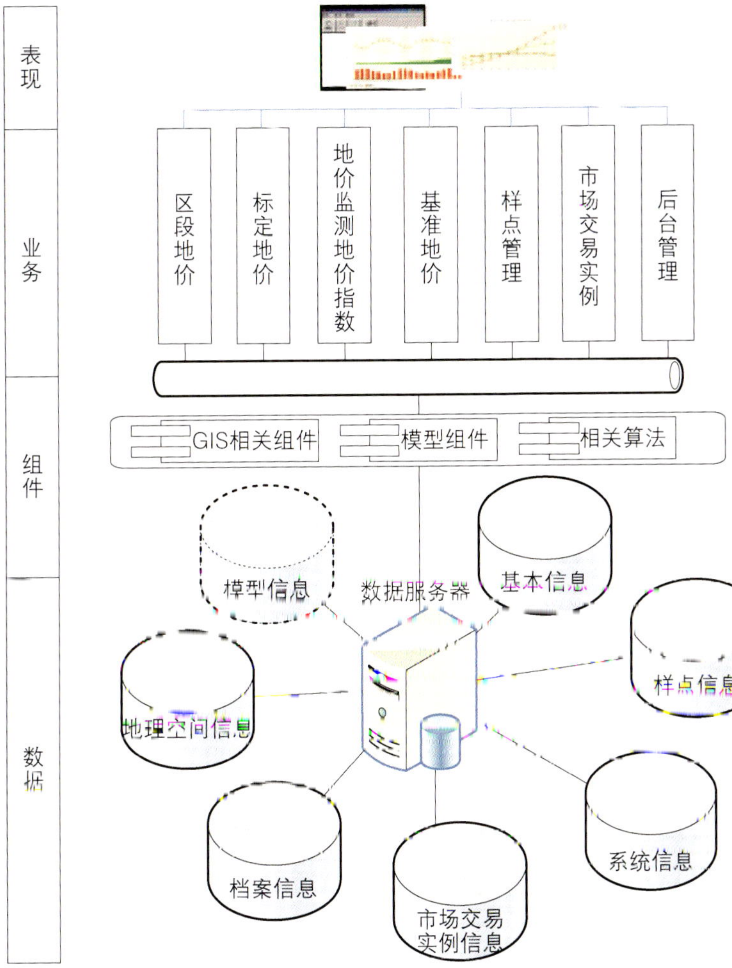

图 6－2　系统结构及技术平台

数据层主要提供整个系统的数据以及各种基础数据的存储和管理。这一层的服务是整个系统运行的基础。

组件层,主要提供业务层使用的相关组件,包括相关的模型和算法,是一种细粒度的服务。其中的各种算法会随着应用的深入不断完善,而且在未来升级时可进行完全重用。

业务层,主要提供面向最终用户使用的各类服务,其内容包括区段地价模块、标定地价模块、地价指数模块、基准地价模块、市场交易实例模块等,这个服务层次主要依赖于用户的需求。

表现层,主要包括人机交互服务和输入输出服务等。这一层次的服务和其他服务都有一定的相关性,但也具有很好的复用性,可以根据操作需求、设备需求的变化进行升级改造。

其中,数据层和组件层的通信采用数据库适配器技术,支持多源异构数据库的读取和存储。业务层通过对组件层的细粒度服务进行封装,提供简洁实用的业务操作服务。表现层通过二维、统计图表等形式表现,提供可视化的操作方式。

(三)功能模块

地价信息系统功能的设计开发将紧紧围绕需求分析,划分为以下功能模块:区段地价模块、标定地价模块、地价指数模块、基准地价模块、样点管理模块、市场交易实例模块和后台管理模块见图 6-3。

区段地价模块主要有地价区段范围划分和区段地价评估两个方面的内容。具体包括划分区段单元、拟合区段单元以及选取检测样点,评估检测样点地价几个步骤来完成区段地价的制定工作。

标定地价模块主要包括标定宗地的选取和评估、分布等,系统依据区段地价样点和地价监测点的选择范围确定标准宗地。估价师在地价工作系统的支持下进行标准宗地价格的评估。

地价指数模块主要动态反应地价变化规律和趋势,以城市地价动态监测数据为测算依据。完成地价动态指标的计算,编制地价指数,提供查询和专题图的输出。

基准地价模块主要完成 2 个定级方案的测算及拟合。经专家干预形成基准地价成果,通过数据库平台发布。完成基准地价的计算,基准地价的查询以及基准地价的专题图分析。

样点管理模块主要实现基准地价样点、区段地价样点、标准宗地以及地价监测点的入库、更新和管理。

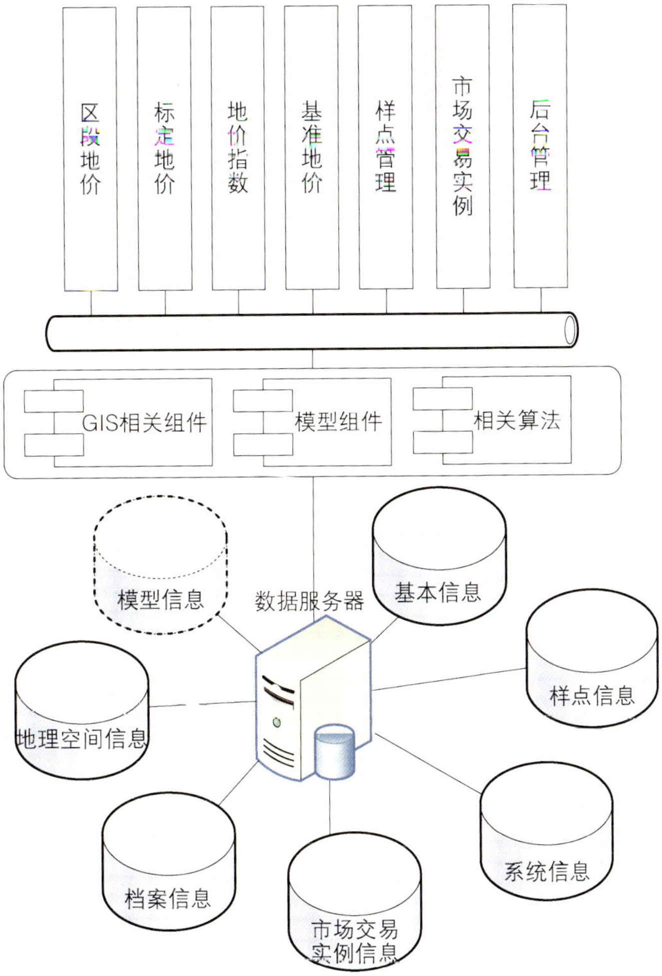

图 6－3　各个功能模块示意图

市场交易实例模块主要是提供市场交易的实例价格包括市场租金、房价、土地交易价格。通过相关算法来剥离房价得到土地价格，市场租金通过还原法来实现还原的价格，房价剥离地价通过剩余法来实现；土地交易价格通过修正系数来得到修正后的土地价格。

后台管理模块要为系统管理员所使用，可对系统用户的基本信息进行录入和修改，并为平台其他非管理员用户分配相应的角色权限，进行数据库的管理和系统的管理。

（四）运行逻辑

地价信息系统将业务层的各个模块有机地结合起来，利用数据库中现有数据结合相应的模型算法，实现业务层系统功能。图 6-4 为其逻辑视图。

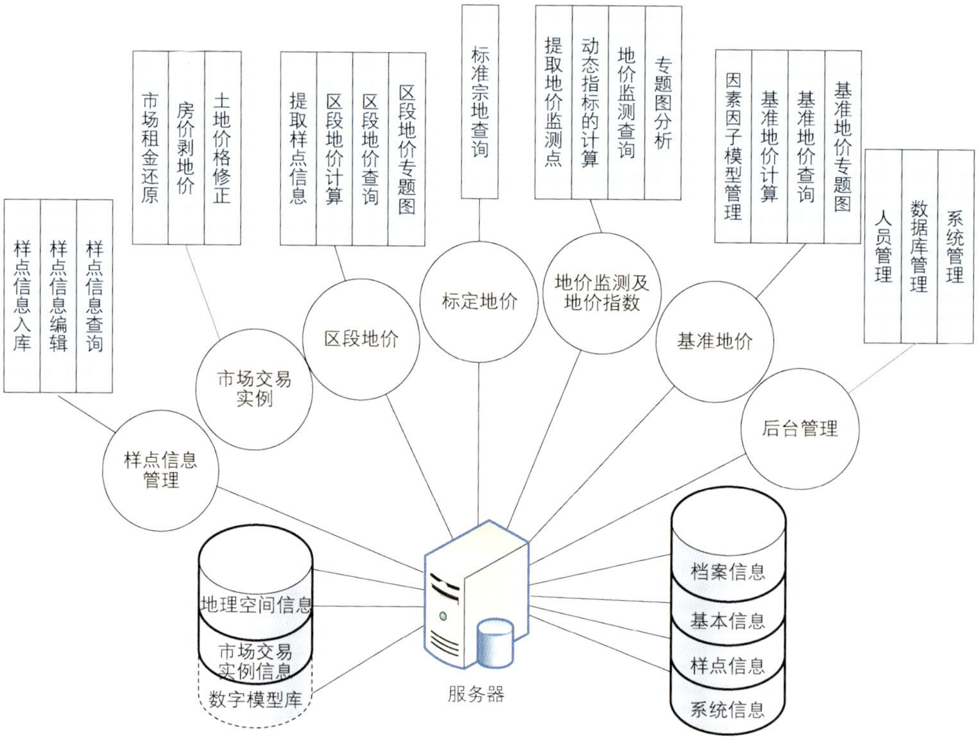

图 6-4　系统逻辑视图

（五）应用模式

地价平台系统具体应用模式如图 6-5 所示。

三、关键技术要点

（一）基于 GIS 的最短路径功能

基于 GIS 的最短路径功能主要解决阻隔地物对实际地价变化规律的影响，提高计算机模拟精度，使地价分析更加符合实际情况，定级估价的成果更加准确，利于接近实际。对于有江河、高架路等线状地物的城市尤其重要。

首先根据详尽的道路图层，生成最短路径数据，这是因素因子分值计算和空间插值计算的基础，依据多因素综合定级路线，计算各因素因子的作用分值，生成各个因素因子的作

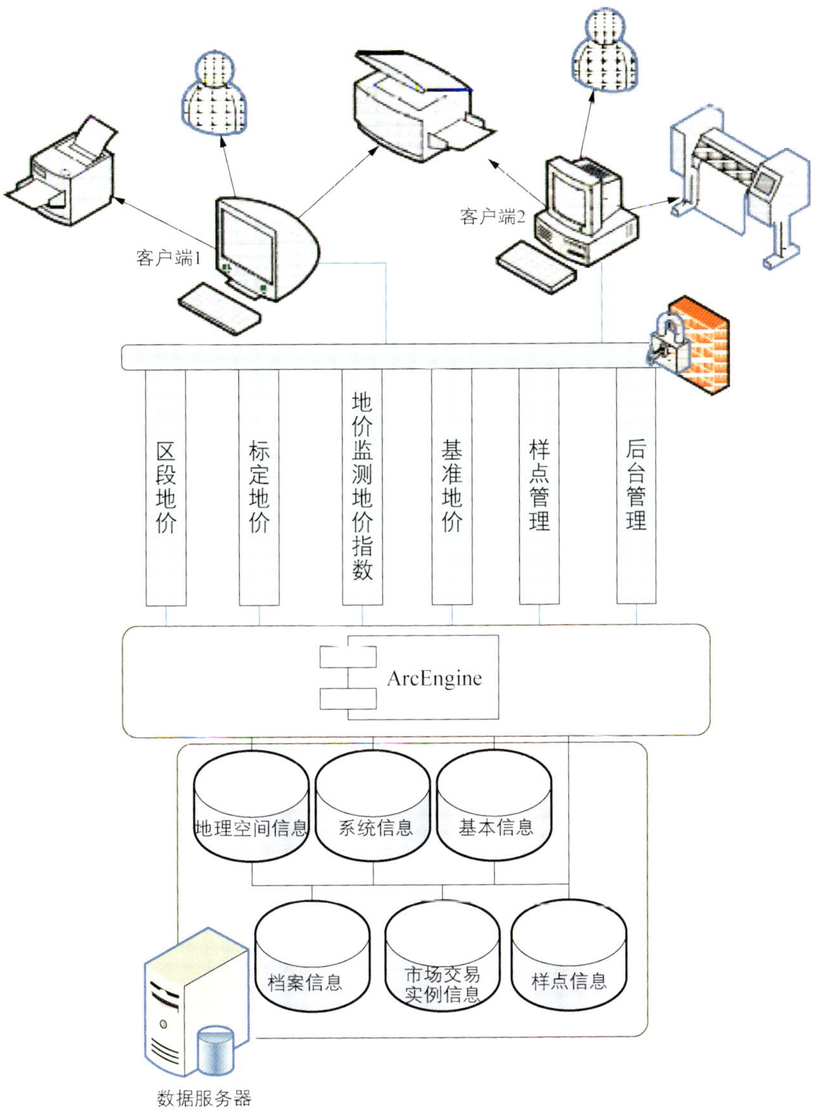

图 6－5 地价平台系统应用模式

用分值文件，由计算综合因素分值，生成各个综合因素分值文件；依据样点插值地价走从路线，从样点信息库中提取参与计算区段地价的样点信息，再根据提取的样点通过最短路径插值方法进行空间插值计算得到栅格地价，再将栅格地价反算到分值便于叠加分析，然后将插值结果和综合分值结果根据用户赋予的权重叠加到栅格，而后进行地价初始计算，将栅格地价反算到街区上，根据反算到街区的地价值进行地价分级设置，再根据分级结果计算各级别的平均地价。

最短路径的求解主要基于道路中心线网。通常的最短路径算法，都是建立在抽象的数学模型之上的，即网络模型。这种网络模型是一种理想化的模型，实际的地图数据和这种抽象模型有着很大的差别。在本系统中，最短路径算法需要考虑到许多特殊问题，最常见的几个难点是：①上路问题；②点到线的最短路长；③计算量庞大；④特殊道路的处理。

(1) 空间地价样点插值模型

已知参与插值的地价样点 S_1, S_2, …, S_k，样点的地价分别为 P_1, P_2, …, P_k，各样点到插值单元中心的距离(或最短路长)分别为 d_1, d_2, …, d_k, m 为距离 d_k 的幂，一般 m 取 1～3，通常取 $m=2$，那么插值单元的地价可以使用以下模型进行计算：

$$P=\frac{\sum_{i=1}^{k}\frac{P_i}{d_im}}{\sum_{i=1}^{k}\frac{1}{d_im}} \quad (6-1)$$

式中，k 为参与插值样点的个数。

插值时，根据插值最小数量要求，系统自动搜索插值单元周边单元的地价样点，参与插值的地价样点均为直接录入计算机系统的地价样点，不包括用这些地价样点经插值得到的插值地价点。

(2) 算法基本原理

传统的空间插值方法是基于直线距离进行的，如三角网空间插值法、移动区域插值法等，这些插值模型都是以假设整个插值空间是连续的为前提的。但是，考虑到阻隔地物的阻隔作用，地价样点的插值空间实际上是不连续的。因此，在土地价格的插值过程中，不能直接采用传统的空间插值方法。

基于最短路径的移动区域插值算法(以下简称“最短路径插值法”)正是为解决以上问题而提出的。该插值法继承了传统移动区域插值法的优点，同时，根据地价插值的特点，将最短路径引入到空间插值模型中。最短路径插值法的精髓主要在于参与插值的地价样点的选择方法，其处理方法是：以插值点为中心，选择到该插值点的最短路径最小的几个地价样点，来参与插值计算。

采用最短路径插值法进行可以成功的解决阻隔地物的影响问题。假设对土地单元 G 插值至少需要 4 个地价样点，在样点 S_5、S_6 和土地单元 G 之间，存在一条河流；由于河流的阻隔作用，河两岸的土地价格是不相关的，因此可能是不连续的，所以，虽然样点 S_5 和 S_6 到 G 点的直线距离比较近，却不能参与土地单元 G 的地价插值。如果采用比较最短路径来搜索样点，由于 S_5、S_6 到 G 的最短路长为 $+\infty$，故 S_5、S_6 是不可能被选择到的，而地价样点 S_1、S_2、S_3、S_4 则会被选用。

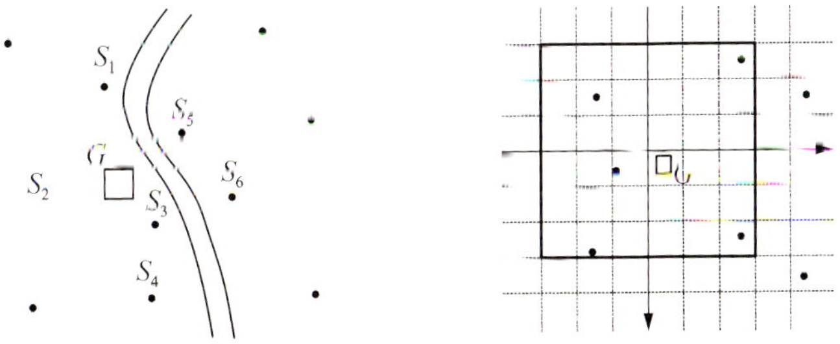

阻隔地物对插值的影响　　基于最短路径的区域扩张搜索法

图 6－6　最短路径插值法原理

(3) 经过改进的区域扩张法

为了提高地价样点的搜索效率，在移动平均插值时采用区域扩张法搜索已知样点。其基本思想是：以待插值栅格为中心，在一个较小的区域内搜索所有区域内所有样点，如果区域内样点个数小于规定的个数 N，则将搜索区域向四周扩张，直到搜索到的样点个数满足插值规定个数 N。搜索到的 N 个样点并不都参与样点插值计算，而是根据样点到待插值单元栅格的最短路径距离选择最短路径距离最小的 M 个样点参与插值计算。为了兼顾插值准确度与计算机实现效率，在计算机实现过程中取 $N > 5M$。详见图 6－6 与图 6－7。

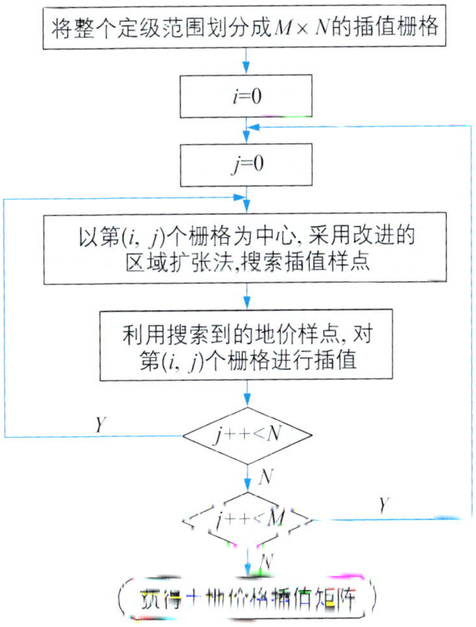

图 6－7　最短路径插值法的完整流程图

具体算法实现和基本过程如下：

1) 在系统初始化时，建立样点索引矩阵；

2) 将插值单元的中心点对应到相应位置的索引栅格 G 上；

3) 以栅格 G 为中心对称地向四周区域扩张，通过点到点的最短路径算法，搜索最短路长小于 L_w 的地价样点，直到搜索到的样点的个数达到 N 为止；

4) 从搜索到的 N 个地价样点中，选择最短路径最小的 n 个参与插值计算；这里 $N > 5n$。

(二) 引入多种插值方法

为了较好地模拟和提高地价由点到面的精度和科学性，建议引入多种地价空间插值算法。地价空间插值算法是利用已知样点地价来推算未知点的地价，实现由样点地价到区域地价的转变。空间插值的理论假设是：空间位置上越靠近的点，越可能具有相似的价格水平，离的越远的点，其价格水平相近的可能性越小。常用的插值方法有克里金插值方法、距离倒数加权法等。

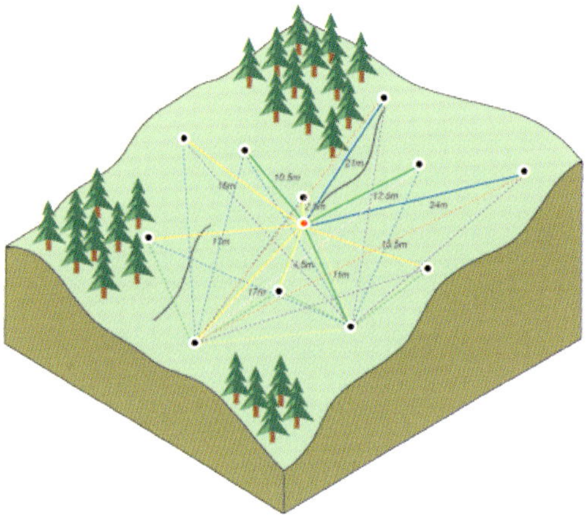

图 6－8　克里金方法插值的样点示意图

克里金插值方法的基本原理是将回归方法与空间连续性相结合，根据变量空间结构，利用相关邻域内的已知点的测量值来估计未知点的理论值。如图 6－8 所示。

距离倒数加权法是以待插值栅格为中心，在一定范围内从地价样点库内搜索地价样点，根据地价样点与待插值栅格之间的距离分配权重系数，地价样点的加权平均值就是待插值栅格的插值结果，并将该结果赋予待插值栅格。

（三）对接城市土地信息系统，实现地价要素的自动采集

当前多数城市仍以人工采集为主，开展基准地价评估工作，费时费力且准确性、完整性差，工作周期过长。若利用城市已有的土地系统，以地籍图和属性资料为基础，开发自动批量提取地价相关要素功能，后期只需及时更新地籍图和属性信息，就可以方便地提取商场、学校、医院、绿地等地物信息，能大大提高工作效率和工作质量，提取的地价要素空间位置、属性信息准确可靠。该功能对于上海、北京等大型城市来说，非常必要。

实施地价要素的自动采集，目的是为了提高“三价格一指数”地价体系评估自动化程度。第一步首先将城市土地信息系统作为工作底版，按照“统一数据服务”的要求，对“三价格一指数”地价体系成果数据按相关要求进行整理，并与数据用户管理、数据采集、数据计算、数据应用等一起纳入土地系统管理。第二步以地价样点为切入点，地价样点作为地价信息系统的基础层数据，一般为形状规则的独立宗地或者地块，以每个样点一地一档的形式，根据样点的定位信息或规范的宗地编号开发自动连接到土地系统的地籍数据，自动生成样点基本信息。为快速完成地价样点的维护和价格准确评估提供实现的可能，进而科学开展“三价格一指数”地价体系的更新。

实践篇

第 7 章

上海市基准地价成果编制与更新

一、上海市基准地价内涵

根据《城镇土地估价规程》，结合上海市具体情况，确定 2010 年上海市城区基准地价内涵定义为满足表 7－1 设定条件的土地使用权平均价格。

表 7－1　　上海市基准地价内涵

内容 用途	估价基准日	设定 容积率	开发程度	年限	使用权类型
住宅	2010 年 1 月 1 日	1.0～2.5	七通一平	70	出让国有建设用地使用权
商业	2010 年 1 月 1 日	1.2～4.0	七通一平	40	出让国有建设用地使用权
办公	2010 年 1 月 1 日	1.2～4.0	七通一平	50	出让国有建设用地使用权
工业	2010 年 1 月 1 日	1.0～2.0	五通一平	50	出让国有建设用地使用权

注：①“七通一平”指红线外通路、供电、通讯、通上水、通下水、通污水、通燃气及红线内场地平整；“五通一平”指红线外通路、供电、通讯、通上水、通下水及红线内场地平整。“七通”、“五通”不包括项目建设向有关部门缴纳的住宅建设配套费及市政管线的接入工程费用。② 土地级别不同，设定容积率也不同。

二、上海市土地级别划分

(一) 以市场交易资料进行土地级别划分

1. 住宅用途"以价定级"

(1) 住宅房价样点的确定及分布

由于上海住宅市场成熟度比较高,住宅项目在 19 个区县①广泛分布,相对于土地出让市场,房地产交易市场更为活跃,且市场数据极为丰富。所以,在此主要以住宅房价样本点作为以价定级的基础资料,用土地使用权的成交资料进行校核检验。

在上海市范围内选取住宅样本点(以楼盘为单位),样本选取时以区县为基础,结合 121 个住宅板块(上海房屋土地资源管理局官方发布的住宅板块),以均匀分布为原则,优选次新房,在样点不足的区域适量增补老公房,以代表区域特色。经筛选共选取样点 3 408 个。样点在各区县的分布情况如下:

表 7－2　参与运算的住宅样本点区域分布情况

区县	样点数	占全部样点数的比例	区县	样点数	占全部样点数的比例
宝山	196	6%	闵行	572	17%
长宁	200	6%	浦东(原南汇)	106	3%
崇明	50	1%	浦东(原)	534	16%
奉贤	51	1%	普陀	251	7%
虹口	204	6%	青浦	88	3%
黄浦	104	3%	松江	202	6%
嘉定	77	2%	徐汇	200	6%
金山	72	2%	杨浦	187	5%
静安	107	3%	闸北	146	4%
卢湾	61	2%	**合计**	**3 408**	**100%**

(2) 剥离后地价的容积率修正

1) 住宅用途容积率修正系数测算

在 3 400 多个通过房价剥离地价的住宅样点中,有 1 193 个样点获取了原始容积率数据。通过初步的统计模拟,发现容积率与楼面地价的关系基本分为三个区间:

① 2009 年 5 月 6 日,中国国务院已经批复,同意撤消上海南汇行政区域,将其并入上海浦东新区,上海区县个数调整为 18。同时,2011 年 6 月 8 日,撤销上海市卢湾区,将其行政区域并入上海市黄浦区,上海区县个数调整为 17。

第一区间：容积率 0.1～1，该容积率段的物业多为别墅和多层楼盘，随着容积率的变小，楼面地价剧增，这与别墅物业的稀缺性引发的土地增值紧密相关；

第二区间：容积率 1～2.5，该容积率段的物业为多层、小高层和高层，随着容积率增加，楼面地价减小，但变化幅度不大；

第三区间：容积率 2.5，以上该容积率段的物业集中在高层，正常情况下，容积率的增加表现为楼层的增加。随着容积率的增加，楼面地价减小的幅度很小。

修正系数的测算也分为三个区间进行，其中以容积率在 0.1～1 之间为例。

容积率在 0.1～1 之间的原始数据主要集中在外环外数据段，共有 78 条数据，经过筛选，将相对均质土地区域内的样点筛选出来，并进行异常点的剔除，采用 42 个数据点，将这 42 个数据点的容积率分区段取平均容积率，并得到对应的平均楼面地价，制作散点图，得到该区间容积率和楼面地价的拟合曲线如图 7－1 所示。其中相关性系数 $R^2=0.9882>0.9$，说明拟合的回归方程可靠。

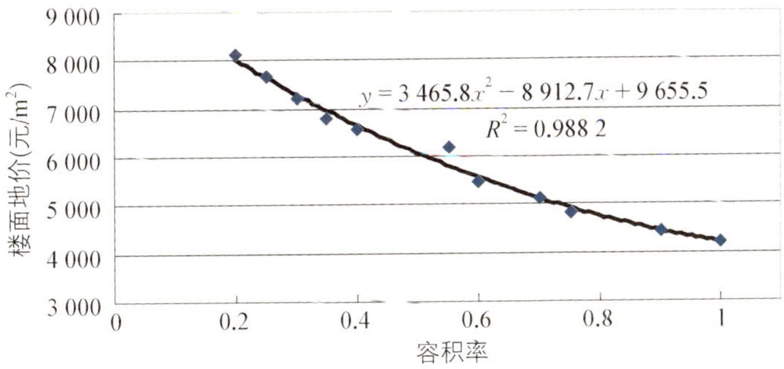

图 7－1　住宅用途楼面地价与容积率的关系(0.1～1)

以回归方程 $y=3465.8x^2-8912.7x+9655.5$ 插值(0.1～1)区间其他容积率对应的楼面地价。若以容积率为 1 时的楼面地价为基准，则容积率对楼面地价的修正关系如图 7－2 所示。

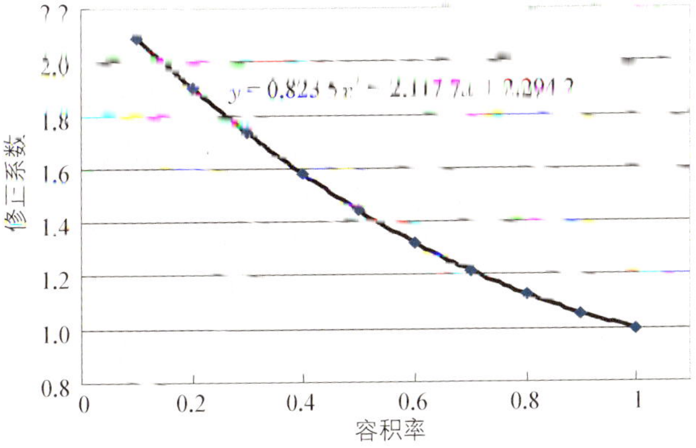

图 7－2　住宅用途容积率修正系数示意图(0.1～1)

即以容积率1为基准时，0.1～1之间的容积率修正系数可通过公式 $y=0.8235x^2-2.1177x+2.2942$ 计算得出。

2）住宅用途容积率修正系数表

① 基准容积率指标的设定。根据《上海市中心城区控制性详细规划》、各区县区域总体规划及相关控制性规划指标，通过计算求得各区域平均容积率。设定住宅平均容积率为2.5。即以容积率为2.5时的修正系数为1，确定其他容积率时的修正系数。该指标只是求取容积率修正系数相对关系的一个设定值。具体各级别基准地价设定容积率根据规划文件设定。

② 通过三区间容积率修正系数的测算

统一到2.5时修正系数为1，则各区间的修正系数计算公式为：

当容积率 < 1 时　　$y=(0.8235x^2-2.1177x+2.2942)\times 1.195$　　(7-1)

当容积率 = 1～2.5 时　　$y=0.0796x^2-0.4084x+1.5234$　　(7-2)

当容积率 > 2.5 时　　$y=-0.0478x+1.1196$　　(7-3)

式中，y 为修正系数；x 为容积率。

依此确定2010年住宅用途的容积率修正系数表，见表7-3。

表7-3　　住宅用途容积率修正系数

容积率	修正系数	容积率	修正系数	容积率	修正系数
0.1	2.498	1.6	1.074	3.1	0.971
0.2	2.275	1.7	1.059	3.2	0.967
0.3	2.071	1.8	1.046	3.3	0.962
0.4	1.887	1.9	1.035	3.4	0.957
0.5	1.722	2	1.025	3.5	0.952
0.6	1.577	2.1	1.017	3.6	0.948
0.7	1.452	2.2	1.010	3.7	0.943
0.8	1.347	2.3	1.005	3.8	0.938
0.9	1.261	2.4	1.002	3.9	0.933
1	1.195	2.5	1.000	4	0.928
1.1	1.170	2.6	0.995	4.1	0.924
1.2	1.148	2.7	0.991	4.2	0.919
1.3	1.127	2.8	0.986	4.3	0.914
1.4	1.108	2.9	0.981	4.4	0.909
1.5	1.090	3	0.976	4.5	0.905

续　表

容积率	修正系数	容积率	修正系数	容积率	修正系数
4.6	0.900	6.5	0.809	8.4	0.718
4.7	0.895	6.6	0.804	8.5	0.713
4.8	0.890	6.7	0.799	8.6	0.709
4.9	0.886	6.8	0.795	8.7	0.704
5	0.881	6.9	0.790	8.8	0.699
5.1	0.876	7	0.785	8.9	0.694
5.2	0.871	7.1	0.780	9	0.689
5.3	0.866	7.2	0.775	9.1	0.685
5.4	0.861	7.3	0.771	9.2	0.680
5.5	0.857	7.4	0.766	9.3	0.675
5.6	0.852	7.5	0.761	9.4	0.670
5.7	0.847	7.6	0.756	9.5	0.665
5.8	0.842	7.7	0.752	9.6	0.661
5.9	0.838	7.8	0.747	9.7	0.656
6	0.833	7.9	0.742	9.8	0.651
6.1	0.828	8	0.737	9.9	0.646
6.2	0.823	8.1	0.732	10	0.642
6.3	0.818	8.2	0.728		
6.4	0.814	8.3	0.723		

注：当容积率数据不在表格所列范围时，可依照所在区间适用的公式计算。

(3) 空间插值确定地价的空间分布

通过对 3 408 个住宅样本点剥离地价进行反距离空间插值，在插值过程中，采用计算机辅助手段，生成上海住宅用途地价图。

将近 27 000 个住宅插值点的数据运用统计学“分位点”进行划分，根据各分段价格情况和插值点频率分布情况，进行甄别，选择频率分布突变的价格作为分级价格界限，从而确定将上海住宅用途划分为 10 个级别。

(4) 提取地价等值线划分住宅用途的土地级别

根据确定的级别个数和分级价格界限，在上海全市域住宅用途平面地价图上，生成城市地价等值线剖面图，可以清晰反映上海市住宅用途价格空间分布变化趋势，也是住宅用途以价定级的初步成果。

在平面地价等值线剖面图的基础上，综合考虑上海市住宅地价现实水平，对插值形成的平面地价进行修正，使基准地价的级别划分更为合理和贴近实际；同时将级别曲线落实到具体的线性地物上，对级别边界进行调整，最终确定合理的住宅用途级别边界。

2. 商业用途“以价定级”

(1) 商业房价、租金样点的确定及分布

商业用途下相比土地出让市场，房地产交易市场的更为活跃，存量也更多。所以，在商业用途进行以价定级的工作中，主要选取商业房价、租金样本点作为基础资料。而土地市场招拍挂的成交资料，作为校核检验。

商业样本基本可分为三大类：

- 大型商场(如新世界、正大广场、来福士裙楼)或酒店物业，以一幢为一个样本点；
- 专业市场(如服饰城、眼镜城、灯具城、花鸟市场等)，以一个市场为一个样本点；
- 沿街和社区店铺(如南京路沿街店铺、大型社区底层商铺等)，以一个出租或出售单元为一个样本点。

商业样本数据中有大量商铺样本，这些样本分布广泛、数量众多，但是价格信息的市场公开性较差，很大程度上依赖一手调研数据。为保证调研数据的准确性和可靠性，需要对调研人员进行专业市场调研培训、明确详尽的调研要求、并由专人负责数据的审核。样本选取和调研以环线、区县、结合路段分布来控制总量分布，并保证分布的均匀性。有效样本的分布情况如表 7－4 和表 7－5 所示。

表 7－4　参与运算的各类型商业样本点环线分布情况

类型	内环内	内外环	外环外	合计
大型商场/酒店	321	101	7	429
专业市场	47	60	52	159
沿街/社区店铺	1 725	1 615	1 143	4 483
合计	**2 093**	**1 776**	**1 202**	**5 071**

表 7－5　参与运算的商业样本点区域分布情况

区县	样点数	占全部样点数的比例	区县	样点数	占全部样点数的比例
宝山	323	6%	金山	66	1%
长宁	336	7%	静安	310	6%
崇明	50	1%	卢湾	249	5%
奉贤	75	1%	闵行	403	8%
虹口	389	8%	浦东(原南汇)	107	2%
黄浦	354	7%	浦东(原)	555	11%
嘉定	163	3%	普陀	330	7%

续　表

区县	样点数	占全部样点数的比例	区县	样点数	占全部样点数的比例
青浦	91	2%	杨浦	329	6%
松江	225	4%	闸北	331	7%
徐汇	385	8%	合计	5 071	100%

(2) 商业租金样点的房价还原

由于商业样点采用实地调研的方式进行收集，样点的价格信息多样，对于租金信息运用收益还原法，将其还原到房价，才能统一使用。

对于还原利率的确定，具体如下：

按市场提取法分析，选取上海市近期发生出租出售交易的商业房地产案例，在市区土地定级的基础上，按照环线位置、商圈进行划分，案例的结构、层数、交易面积基本相似，收集他们的租金、售价、空置率、收益年限等多个指标，进行测算可得：内环内商业房地产还原利率为 6.07%，内环外商业房地产还原利率为 7.11%。

表 7-6　市场提取法分物业用途测算还原利率的样本分布情况

物业用途	合计样本数	内环内样本数	内环外样本数
商业	556	302	254

按安全利率加风险调整值的累加法分析，各风险调整值商业>办公>工业>住宅。其中安全利率，选取上海连续五年一年定期实质利率的平均数。由于近五年的一年定期实质利率呈现逐年上涨的趋势，取五年的平均值为安全利率 2.37%。

表 7-7　上海市近五年一年定期实质利率

年份	一年定期存款利率	利息税	物价指数	一年定期实质利率
2005 年	2.25%	20%	101	1.78%
2006 年	2.52%	20%	101.2	1.00%
2007 年	4.14%	5%	103.2	3.81%
2008 年	2.25%	0	105.8	2.13%
2009 年	2.25%	0	105.4	2.13%

通过分析综合来看，内环内住宅风险最低，风险调整系数取值为 3%，依据是：考虑到房地产作为一种投资产品，应该具备一定的保值作用，能够弥补通货膨胀带来的货币贬值影响，而根据官方统计信息，2005—2009 五年中国通货膨胀率约为 3%。

表 7－8　近五年全国通货膨胀率情况

年份	2005	2006	2007	2008	2009
通货膨胀率	1.8%	1.5%	4.8%	5.9%	－0.7%

其他各类型房地产的风险调整取值以此为基数，在众多估价师实际经验的基础上，结合德尔菲专家打分法确定。商业房地产风险比率内环内为5%、内环外为5.5%。

最终得到商业用途房地产的还原利率：内环内为7.14%、内环外为7.64%。

（3）交易样点的地价剥离

这里需要说明的是，商业样点调研获取的价格，因为交易情况的差异，有一定浮动，比如整体收购一般价格偏低、司法拍卖由于快速变现可能导致成交价格偏低、旺铺公开拍卖由于收到消费者追捧可能导致价格偏高等，这样案例都需要进行交易情况的修正。

另外，由于商业样点调研获取的价格对应的楼层各异，如有些是1层的均价，有些是1—2层的整体均价，有些是2—3层的整体均价等等，价格对应的楼层不同，价格内涵也有明显差异，只有修正到同一内涵下才能进行比较分析，从而以价定级。

因此，需要确定楼层价格系数。

在上海市在售的商业物业中，挑选出150个层数在两层以上的项目。在这些项目中，首先进行环线的区分，然后在各环线区间内，选择面积相近、档次相似的项目，便于在统一进行数据分析的时候，剔除其他价格干扰因素。共选取项目数量内环内23个、内外环间15个、外环外22个。对这些项目进行实地调研，了解分层销售报价，同时通过相关数据库查询成交价格，进行分层归总。在综合分析价格数据的基础上，得出表7－9中所示结论。

表 7－9　商业物业楼层价格系数

	$\frac{2F}{1F}$	$\frac{3F}{2F}$	$\frac{4F}{3F}$	$\frac{5F}{4F}$	$\frac{6F}{5F}$
内环内	0.65	0.67	0.82	0.85	0.9
内外环	0.64	0.74	0.8	0.9	0.95
外环外	0.67	0.76	0.79	0.95	1

这里给出了较为明确的商业物业一至六层的价格系数，对于六层以上的楼层价格，分析如下：

由于六层以上的商业，在客流吸引度上已经很小，差异不明显，所以一般商场类商业物业超过六层的数量有限，不适合用以统计分析楼层价格系数摸索规律。一般而言，六层以上的商业物业，多为宾馆酒店。在此，选取了上海市内数十家知名五星级酒店，如锦江饭店、华庭宾馆、花园饭店、四季大酒店、上海锦江汤臣洲际大酒店、浦东香格里拉酒店、上海希尔顿酒店、瑞吉红塔大酒店等，调研其客房价格，在客房面积及配置相同的情况下，楼层对客房房价基本没有影响。至此，本书认为超过六层以后，商业物业的楼层价格系数均可取值为 1。

再经过商业楼层价格系数的研究分析，将所有对应不同楼层的价格修正到 1 层均价后，用剩余法对样点 1 层房价进行地价剥离测算。测算模板与住宅地价剥离相似。

(4) 剥离后地价的相关修正

1) 交易期日修正

不同时点调研获悉的商业样点价格，剥离出来的地价也对应不同时点，需要进行交易期日修正。并根据国土资源部土地利用管理司、中国土地勘测规划院定期发布的“上海商业用途地价季度平均值”进行修正。

2) 使用年期修正

利用使用年期修正系数的计算公式进行修正。

3) 容积率修正

① 商业用途容积率修正系数测算

考虑到样本的代表性和容积率的分布情况，用来做容积率修正体系的商业样本共选取 429 个。这 429 个样点数据在环线中的分布如表 7 - 10 所示。

表 7 - 10　　商业容积率修正样点的环线分布

环线	环线分布	比例
内环内	321	75%
内外环	101	23%
外环外	7	2%
合计	429	100%

通过初步的统计模拟，发现容积率与商业楼面地价的关系可以分为两个区间：一是容积率≤4；二是容积率>4。其中，以容积率≤4 为例说明商业用途容积率修正系数测算。

在容积率≤4 区间中，选择其中样本数量最多的内环内的商业样点，剔除掉其中的异常值，留取 265 条数据，并通过统计的方法将其划分成不同的区段，取区段平均容积率和对应的平均楼面地价，制作散点图，得到楼面地价与容积率的拟合曲线如图 7 - 3 所示。其中相关性系数 $R^2 = 0.9964 > 0.9$，说明拟合的回归方程可靠。

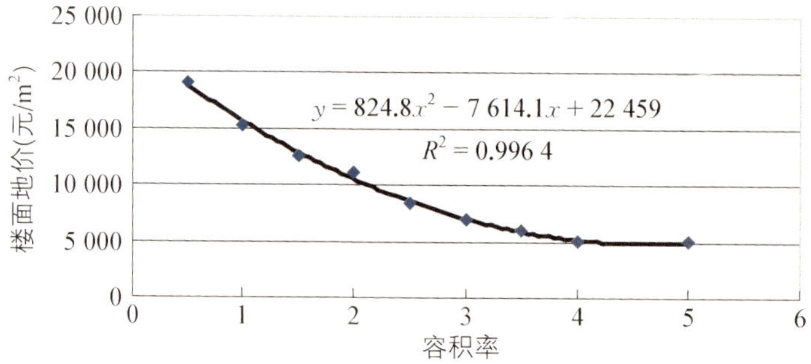

图 7 - 3　商业用途楼面地价与容积率的关系(≤4)

在容积率较小时，曲线的斜率较大，即随着容积率的增加，楼面地价减小的幅度较大。主要是因为商业房地产价格在较低楼层时，楼层修正系数较大(如 2 层和 1 层的楼层差较明显)；当容积率到达一定的数字之后，随着容积率的增加，楼面地价减小的幅度越来越小。这主要是因为随着商业楼层的增加，楼层差越来越不明显，反映在楼面地价上的差异也越来越小。

以回归方程 $y=824.8x^2-7\,614.1x+22\,459$ 插值(≤4)区间其他容积率对应的楼面地价，以容积率为 2 时的楼面地价为基准，则容积率对楼面地价的修正关系如图 7 - 4 所示。

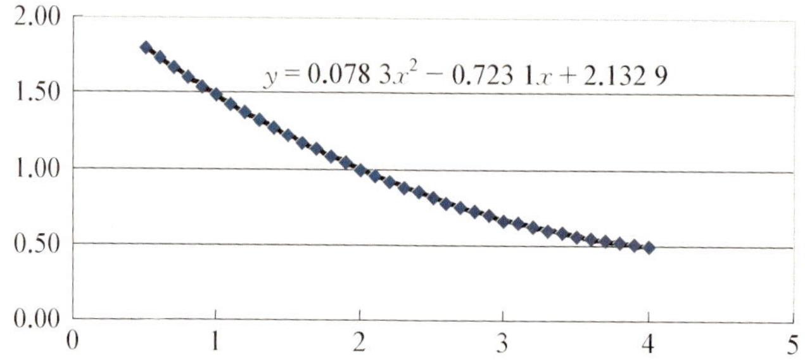

图 7 - 4　商业用途容积率修正系数示意图(≤4)

即以容积率 2 为基准时，容积率修正系数可通过公式 $y=0.078\,3x^2-0.723\,1x+2.132\,9$ 计算得出。

② 商业用途容积率修正系数表

统一到以容积率 2 为基准，商业容积率修正公式汇总如下：

$$\text{当容积率} \leqslant 4 \text{ 时}, y=0.078\,3x^2-0.723\,1x+2.132\,9 \quad (7-4)$$

$$\text{当容积率} > 4 \text{ 时}, y=(-0.082\,4x+1.329\,6)\times 0.493 \quad (7-5)$$

其中 x 为容积率，y 为修正系数。

根据上述计算的公式，得到 2010 年商业用途容积率修正系数如表 7-11 所示。

表 7-11　　商业用途容积率修正系数

容积率	修正系数	容积率	修正系数	容积率	修正系数
0.5	1.791	3.7	0.529	6.9	0.375
0.6	1.727	3.8	0.516	7	0.371
0.7	1.665	3.9	0.504	7.1	0.367
0.8	1.605	4	0.493	7.2	0.363
0.9	1.546	4.1	0.489	7.3	0.359
1	1.488	4.2	0.485	7.4	0.355
1.1	1.432	4.3	0.481	7.5	0.351
1.2	1.378	4.4	0.477	7.6	0.347
1.3	1.325	4.5	0.473	7.7	0.343
1.4	1.274	4.6	0.469	7.8	0.339
1.5	1.224	4.7	0.465	7.9	0.335
1.6	1.176	4.8	0.461	8	0.331
1.7	1.130	4.9	0.456	8.1	0.326
1.8	1.085	5	0.452	8.2	0.322
1.9	1.042	5.1	0.448	8.3	0.318
2	1.000	5.2	0.444	8.4	0.314
2.1	0.960	5.3	0.440	8.5	0.310
2.2	0.921	5.4	0.436	8.6	0.306
2.3	0.884	5.5	0.432	8.7	0.302
2.4	0.848	5.6	0.428	8.8	0.298
2.5	0.815	5.7	0.424	8.9	0.294
2.6	0.782	5.8	0.420	9	0.290
2.7	0.751	5.9	0.416	9.1	0.286
2.8	0.722	6	0.412	9.2	0.282
2.9	0.694	6.1	0.408	9.3	0.278
3	0.668	6.2	0.404	9.4	0.274
3.1	0.644	6.3	0.400	9.5	0.270
3.2	0.621	6.4	0.396	9.6	0.266
3.3	0.599	6.5	0.391	9.7	0.261
3.4	0.580	6.6	0.387	9.8	0.257
3.5	0.561	6.7	0.383	9.9	0.253
3.6	0.545	6.8	0.379	10	0.249

注：当容积率不在修正系数表所列范围时，可通过其适用的公式计算确定。

(5) 用地价确定商业用途的土地级别

同住宅以价定级，用 SUFER 软件对修正到基准地价内涵下的样点地价进行空间插值运算，确定商业用途地价的空间分布，并进而提取地价等值线划分商业用途的土地级别。

3. 办公用途“以价定级”

在办公用途进行以价定级的工作中，主要选取办公房价样本点为基础资料。土地市场招拍挂的成交资料，作为校核检验。

(1) 办公房价、租金样点的确定及分布

在上海市范围内选取办公样本点（以楼盘为单位），样本选取时以区县、环线结合办公用途的实际分布，以均匀分布、尽量全覆盖为原则，共选取样本数 722 个。具体分布情况如表 7 - 12 所示。

表 7 - 12　参与运算的办公样本点区域分布情况

区县	样点数	占全部样点数的比例	区县	样点数	占全部样点数的比例
宝山	13	2%	闵行	16	2%
长宁	69	10%	浦东（原南汇）	20	3%
崇明	3	0.4%	浦东（原）	109	15%
奉贤	21	3%	普陀	37	5%
虹口	35	5%	青浦	8	1%
黄浦	104	14%	松江	12	2%
嘉定	15	2%	徐汇	72	10%
金山	16	2%	杨浦	30	4%
静安	78	11%	闸北	31	4%
卢湾	33	5%	**合计**	**722**	**100%**

在办公样点中，通过市场调研，有的获取的是租金信息，有的获取的是售价信息，部分样点既有租金信息又有售价信息。其分布情况如表 7 - 13 所示。

表 7 - 13　参与运算的办公样本点价格类型

价格类型	样点数量	占总样点数比例
租金	647	90%
售价	250	35%
租金售价均有	175	24%

(2) 办公租金样点的房价还原

用收益法将办公样点的租金还原成售价，具体测算方法与商业相似。

对于还原利率的确定，具体如下：

按市场提取法分析，选取了上海市近期发生出租出售交易的办公房地产案例，在市区土地定级的基础上，按照环线位置、办公聚集区进行划分，案例的结构、层数、交易面积基本相似，收集他们的租金、售价、空置率、收益年限等多个指标，进行测算可得：内环内办公房地产还原利率为4.17%，内环外办公房地产还原利率为4.95%。

表7-14　市场提取法分物业用途测算还原利率的样本分布情况

物业用途	合计样本数	内环内样本数	内环外样本数
办公	129	80	49

按安全利率加风险调整值的累加法分析，与商业测算类似，得到办公房地产风险比率内环内为4%、内环外为4.5%。

最终，得到办公房地产的还原利率：内环内为6.14%、内环外为6.64%。

(3) 交易样点的地价剥离

用剩余法对样点房价进行地价剥离测算。测算模板与住宅地价剥离相似。

(4) 剥离后地价的相关修正

1) 交易期日修正

根据国土资源部土地利用管理司、中国土地勘测规划院定期发布的“上海综合用途地价季度平均值”进行修正。

2) 使用年期修正

利用使用年期修正系数的计算公式进行修正。

3) 容积率修正

① 办公用途容积率修正系数测算

在办公样点中，有原始容积率数据的共有722个。这722个样点数据在环线和物业档次中的分布情况如表7-15所示。

表7-15　办公容积率修正样点环线及物业档次分布情况

环线	环线分布	甲级超高层	甲级	乙级	丙级	其他
内环内	492	7	58	398	29	0
内中环	89	0	5	67	16	1

续 表

环线	环线分布	甲级超高层	甲级	乙级	丙级	其他
中外环	27	0	0	19	8	0
外环外	114	0	0	30	50	34
合计	722		63	514		35

通过初步划分样本数相对较多的均质区域(内环内甲级、内环内乙级、内中环乙级、外环外丙级),模拟其中的容积率与楼面地价的相应关系,四个均质区域内均呈现相同的规律:随着容积率的上升,楼面地价呈现先降后升的态势,容积率与楼面地价的拟合曲线是一条开口向上的抛物线。

这种趋势一方面是市场数据的反应。另一方面:在容积率上升到一定程度后(如容积率到6~7左右,对应近30层的办公楼),由于选择办公物业时地标性、可识别性、办公集聚度等的重要心理因素,使得楼层越高(对应容积率越高)的办公物业带来的附加价值越高(如第一高楼的高附加值等)。体现在单位建筑面积的土地价值上,由此高容积率规划条件的土地,其楼面地价也理应越高。

但通过原始数据做出的四个均质区域内的四条拟合曲线相关性系数均小于0.5,可靠性较差,这主要是由于原始数据未经过任何统计处理,离散性较大,因此不宜作为最终的拟合曲线。

在此选择其中样本数量最多的内环内乙级的办公样点,剔除掉其中的异常值,留取384条数据,并通过统计的方法将其划分成20个区段,取区段平均容积率和对应的平均楼面地价,制作散点图,得到楼面地价与容积率的拟合曲线如图7-5所示。其中相关性系数 $R^2 = 0.9015 > 0.9$,说明拟合的回归方程可靠。

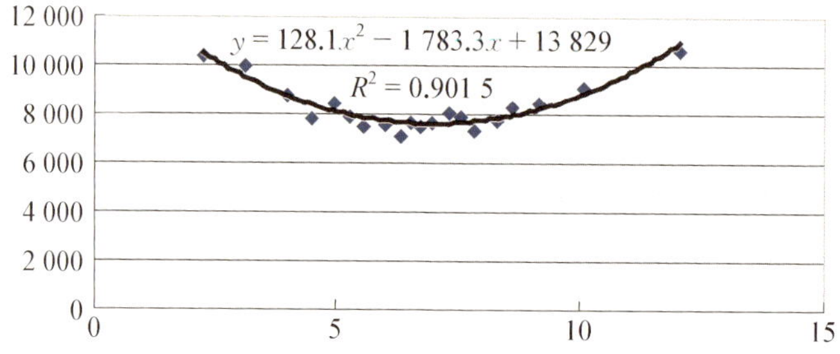

图7-5　办公用途楼面地价与容积率的关系

以回归方程 $y = 128.1x^2 - 1783.3x + 13829$ 插值该区间其他容积率对应的楼面地价,

以容积率为 4 时的楼面地价为基准，则容积率对楼面地价的修正关系如图 7－6 所示。

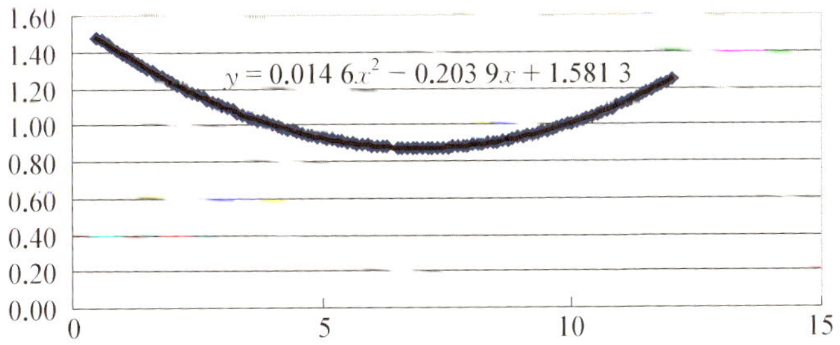

图 7－6　办公用途容积率修正系数示意图

即以容积率 4 为基准时，容积率修正系数可通过公式 $y=0.0146x^2-0.2039x+1.5813$ 计算得出。

② 办公用途容积率修正系数表

以容积率 4 为基准条件时，办公用途容积率修正系数为

$$y=0.0146x^2-0.2039x+1.5813 \tag{7-6}$$

根据上述计算的公式，得到 2010 年办公用途容积率修正系数如表 7－16 所示。

表 7－16　办公用途容积率修正系数

容积率	修正系数	容积率	修正系数	容积率	修正系数
0.5	1.483	2.1	1.217	3.7	1.027
0.6	1.464	2.2	1.203	3.8	1.017
0.7	1.446	2.3	1.190	3.9	1.008
0.8	1.428	2.4	1.176	4	1.000
0.9	1.410	2.5	1.163	4.1	0.991
1	1.392	2.6	1.150	4.2	0.982
1.1	1.375	2.7	1.137	4.3	0.974
1.2	1.358	2.8	1.125	4.4	0.967
1.3	1.341	2.9	1.113	4.5	0.959
1.4	1.324	3	1.101	4.6	0.952
1.5	1.308	3.1	1.090	4.7	0.945
1.6	1.292	3.2	1.078	4.8	0.939
1.7	1.277	3.3	1.067	4.9	0.933
1.8	1.262	3.4	1.057	5	0.927
1.9	1.247	3.5	1.047	5.1	0.921
2	1.232	3.6	1.036	5.2	0.916

续 表

容积率	修正系数	容积率	修正系数	容积率	修正系数
5.3	0.911	7.6	0.875	9.9	0.994
5.4	0.906	7.7	0.877	10	1.002
5.5	0.902	7.8	0.879	10.1	1.011
5.6	0.897	7.9	0.882	10.2	1.021
5.7	0.893	8	0.885	10.3	1.030
5.8	0.890	8.1	0.888	10.4	1.040
5.9	0.887	8.2	0.891	10.5	1.050
6	0.884	8.3	0.895	10.6	1.060
6.1	0.881	8.4	0.899	10.7	1.071
6.2	0.878	8.5	0.903	10.8	1.082
6.3	0.876	8.6	0.908	10.9	1.093
6.4	0.874	8.7	0.912	11	1.105
6.5	0.873	8.8	0.918	11.1	1.117
6.6	0.872	8.9	0.923	11.2	1.129
6.7	0.871	9	0.929	11.3	1.142
6.8	0.870	9.1	0.935	11.4	1.154
6.9	0.869	9.2	0.941	11.5	1.167
7	0.869	9.3	0.948	11.6	1.181
7.1	0.870	9.4	0.955	11.7	1.194
7.2	0.870	9.5	0.962	11.8	1.208
7.3	0.871	9.6	0.969	11.9	1.222
7.4	0.872	9.7	0.977	12	1.237
7.5	0.873	9.8	0.985		

特别说明：

修正系数只是一个相对关系。表中所列是以容积率4为基准条件，容积率为4的修正系数为1。当基准容积率不为4时，可通过下面的公式转换：

基准容积率为A时

$$K_{rA}=\frac{K_r}{K_A} \tag{7-7}$$

式中　K_{rA}——基准容积率为A时r的容积率修正系数；

K_r——基准容积率为4时r对应的修正系数；

K_A——基准容积率为4时A对应的修正系数。

例如：基准容积率为3.5时容积率3的修正系数为

$$K_{3\,3.5} = K_3/K_{3.5} = 1.101/1.047 = 1.052$$

(5) 用地价确定办公用途的土地级别

同住宅以价定级，用 SUFER 软件对修正到基准地价内涵下的样点地价进行空间插值运算，确定办公用途地价的空间分布，并进而提取地价等值线划分办公用途的土地级别。

4. 工业用途"以价定级"

不同于住宅、商业、办公的是，在工业市场上，土地交易要比房地产交易更为活跃，信息量也更大。所以在工业用途进行以价定级的工作中，主要选取工业土地招拍挂、协议出让样本点，房地产市场出租、出售的成交资料，作为校核检验。

(1) 工业土地使用权交易样点的确定及分布

在上海市范围内选取工业样本点，样本选取时考虑区县、环线结合工业园区的实际分布，以均匀分布、尽量全覆盖为原则，共选取样本数 4 119 个。具体分布情况如表 7 - 17、表 7 - 18 所示。

表 7 - 17　参与运算的工业样本点区域分布情况

区县	样点数	占全部样点数的比例	区县	样点数	占全部样点数的比例
宝山	495	12.0%	闵行	366	8.9%
长宁	27	0.7%	浦东(原南汇)	290	7.0%
崇明	86	2.1%	浦东(原)	418	10.1%
奉贤	170	4.1%	普陀	65	1.6%
虹口	7	0.2%	青浦	372	9.0%
黄浦	17	0.4%	松江	689	16.7%
嘉定	564	13.7%	徐汇	68	1.7%
金山	366	8.9%	杨浦	21	0.5%
静安	33	0.8%	闸北	48	1.2%
卢湾	17	0.4%	**合计**	**4 119**	**100%**

表 7 - 10　参与运算的工业样本点价格类型

价格类型	样点数量	占总样点数比例
房地产租金	543	13%
房地产售价	139	3%
土地使用权招拍挂	159	4%
土地使用权协议出让	3 278	80%

(2) 工业租金样点的房价还原

用收益法将工业样点的租金还原成售价，具体测算方法与商业相似。

对于还原利率的确定，具体如下：

按市场提取法分析，选取上海市近期发生出租出售交易的工业房地产案例(见表7-19)，在市区土地定级的基础上，按照环线位置、产业聚集区进行划分，案例的结构、层数、交易面积基本相似，收集他们的租金、售价、空置率、收益年限等多个指标，进行测算可得：工业房地产还原利率为4.80%。

表7-19　市场提取法分物业用途测算还原利率的样本分布情况

物业用途	合计样本数	内环内样本数	内环外样本数
工业	83	/	/

按安全利率加风险调整值的累加法分析，与商业测算类似，得到工业房地产风险比率为4%。

最终，得到工业房地产的还原利率为6.14%。

(3) 剥离后地价的相关修正

1) 交易期日修正

根据国土资源部土地利用管理司、中国土地勘测规划院定期发布的“上海工业用途地价季度平均值”进行修正。

2) 基础设施配套程度修正

根据样点地价对应的开发程度与基准地价设定开发程度的差异，根据差异部分的开发费用标准进行加减修正，使样点地价对应的开发程度达到基准地价设定的标准。

3) 容积率修正

工业用途不设容积率修正体系。

(4) 用地价确定工业用途的土地级别

同住宅以价定级，用SUFER软件对修正到基准地价内涵下的样点地价进行空间插值运算，确定工业用途地价的空间分布，并进而提取地价等值线划分工业用途的土地级别。

(二) 以多因素综合评价法进行土地级别划分

1. 土地定级因素因子征询以及权重的确定

为了保证土地定级因素体系能够客观反映上海市基准地价各类用途质量空间差异，根据《城镇土地分等定级规程》，以因素的显著性和差异性为原则，突出对土地级别影响的重要因素，结合上海市近年来城市建设发展和城镇居民生活习惯，并考虑近期规划的影响，采用了三轮“德尔菲法”，对上海市基准地价土地定级因素因子以及权重进行确定。

本次上海市土地定级，德尔菲法的主要工作是通过专家对土地定级因素因子进行确定以及对其权重做出统计估算，因此，专家的选择、测定是很重要的。在专家选取时主要以其专业性、权威性和代表性为原则。由于上海市是特大城市，本次定级因素因子以及权重打分征询面较广，专家主要包括有关政府部门，企业的技术、管理专家和高层决策人员以及高校的博导、教授，他们分别来自上海市各市、区、县房屋土地管理局以及用地科、上海市建设和交通委员会、上海市发展和改革委员会、上海市规划局、上海社会科学院房地产研究中心、上海易居房地产研究院、交通大学、同济大学、上海财经大学、上海市房地产估价师协会、上海地产(集团)有限公司等。

根据《城镇土地分等定级规程》的要求，编制了上海市基准地价项目土地定级因素权重打分意见征询表以及填表说明。各位专家按《上海市基准地价土地定级因素因子选择征询表》和《上海市基准地价土地定级因素因子权重征询表》的要求，运用德尔菲法对住宅、商业、办公和工业用途定级因素因子进行了确认和权重打分。

土地定级因素因子权重结果见表 7－20 至表 7－24。

表 7－20　　住宅用途定级因素因子确定以及权重结果

因素名称	权重	因素名称	权重	因素名称	权重
繁华程度	0.134 3	商服繁华度	0.134 3	商业中心	0.134 3
交通条件	0.260 2	道路通达度	0.086 9	城市道路	0.086 9
		公交便捷度	0.173 3	轨道交通站点	0.084 3
				公交站点	0.073
				轮渡站点	0.016
基本设施状况	0.235 1	基础设施完善度	0.117 6	供电	0.029 4
				供水	0.028 2
				供气	0.022 3
				电讯	0.016 5
				排污	0.021 2
		公用设施完备度	0.117 5	中学	0.010 6
				小学	0.015 3
				幼儿园	0.014 1
				医院	0.02
				公园	0.011 7
				邮局	0.007
				大学	0.007
				图书馆	0.005 9
				菜市场	0.016 4
				体育场馆	0.009 5

续 表

因素名称	权重	因素名称	权重	因素名称	权重
环境状况	0.198 8	环境质量优劣度	0.089 5	大气状况	0.033 1
				水状况	0.023 3
				噪声状况	0.033 1
		绿地覆盖度	0.073 6	绿地覆盖率	0.073 6
		自然条件优越度	0.035 7	江景	0.035 7
人口状况	0.084 9	人口密度	0.044 1		
		人口户数	0.040 8		
城市规划	0.086 7	商服规划	0.020 8		
		道路规划	0.016 5		
		公交规划	0.017 3		
		基础设施规划	0.014 7		
		公用设施规划	0.017 4		

表 7－21　商业用途定级因素因子确定以及权重结果

因素名称	权重	因素名称	权重	因素名称	权重
繁华程度	0.364 1	商服繁华度	0.244 5	商业中心	0.169 7
				旅游景点	0.074 8
		办公聚集度	0.119 6	办公聚集度	0.119 6
交通条件	0.260 2	道路通达度	0.084 1	城市道路	0.055 6
				停车场	0.028 5
		公交便捷度	0.131 9	轨道交通站点	0.073 8
				公交站点	0.058 1
		对外交通便利度	0.044 2	火车站	0.019 5
				长途汽车站	0.015 3
				客运码头	0.009 4
基本设施状况	0.165 5	基础设施完善度	0.165 5	供电	0.046 3
				供水	0.039 7
				供气	0.024 8
				电讯	0.029 8
				排污	0.024 9
人口状况	0.121	人口密度	0.077 4		
		人口户数	0.043 6		
城市规划	0.089 2	商服规划	0.033 9		
		道路规划	0.020 5		
		公交规划	0.019 6		
		基础设施规划	0.015 2		

表 7-22　　办公用途定级因素因子确定以及权重结果

因素名称	权重	因素名称	权重	因素名称	权重
繁华程度	0.253 5	商服繁华度	0.058 3	商业中心	0.058 3
		办公聚集度	0.126 7	办公聚集度	0.126 7
		行政机关集聚	0.068 5	行政机关集聚度	0.068 5
交通条件	0.257 1	道路通达度	0.090 6	城市道路	0.058 5
				停车场	0.032 1
		公交便捷度	0.120 3	轨道交通站点	0.067 2
				公交站点	0.053 1
		对外交通便利度	0.046 2	火车站	0.017 1
				长途汽车站	0.009 7
				机场	0.019 4
基本设施状况	0.229 6	基础设施完善度	0.124	供电	0.032 2
				供水	0.029 8
				供气	0.016 1
				电讯	0.023 6
				排污	0.022 3
		公用设施完备度	0.105 6	中学	0.010 6
				小学	0.009 5
				幼儿园	0.009 5
				医院	0.015 9
				公园	0.014 8
				邮局	0.008 5
				大学	0.014 8
				图书馆	0.009 5
				体育场馆	0.012 5
环境状况	0.155 9	环境质量优劣度	0.070 2	大气状况	0.025 3
				水状况	0.016 9
				噪声状况	0.028
		绿地覆盖度	0.049 9	绿地覆盖率	0.049 9
		自然条件优越度	0.035 8	地质状况	0.017 5
				江景	0.010 0
城市规划	0.103 9	商服规划	0.027		
		道路规划	0.022 9		
		公交规划	0.017 7		
		基础设施规划	0.019 7		
		公用设施规划	0.016 6		

117

表 7 - 23　　工业用途定级因素因子确定以及权重结果

因素名称	权重	因素名称	权重	因素名称	权重
交通条件	0.284 8	道路通达度	0.063 8	城市道路	0.063 8
		对外交通便利度	0.221	火车站	0.072 9
				港口	0.077 4
				机场	0.070 7
基本设施状况	0.262 4	基础设施完善度	0.262 4	供电	0.070 8
				供水	0.068 2
				供气	0.031 5
				电讯	0.039 4
				排污	0.052 5
环境状况	0.119 4	环境质量优劣度	0.119 4	大气状况	0.045 4
				水状况	0.041 8
				噪声状况	0.032 2
产业集聚度	0.241 4	工业园区等级	0.123 1		
		产业定位	0.059 3		
		关联产业聚集程度	0.059 0		
城市规划	0.092	道路规划	0.041 4		
		基础设施规划	0.050 6		

表 7 - 24　　综合定级因素因子确定以及权重结果

因素名称	权重	因素名称	权重	因素名称	权重
繁华程度	0.286 8	商服繁华度	0.147 0	商业中心	0.147 0
		办公聚集度	0.080 5	办公聚集度	0.080 5
		行政机关集聚	0.059 3	行政机关集聚度	0.059 3
交通条件	0.210 7	道路通达度	0.066 4	城市道路	0.042 9
				停车场	0.023 5
		公交便捷度	0.103 6	轨道交通站点	0.055 3
				公交站点	0.048 3
		对外交通便利度	0.040 7	火车站	0.013 3
				长途汽车站	0.009 3
				客运码头	0.003 9
				机场	0.014 2
基本设施状况	0.171 9	基础设施完善度	0.088 4	供电	0.021 4
				供水	0.020 2
				供气	0.010 6
				电讯	0.019 0
				排污	0.017 2

续　表

因素名称	权重	因素名称	权重	因素名称	权重
基本设施状况	0.171 9	公用设施完备度	0.083 5	中学	0.008 2
				小学	0.007 5
				幼儿园	0.007 1
				医院	0.012 7
				公园	0.011 0
				邮局	0.007 0
				大学	0.012 8
				图书馆	0.007 2
				体育场馆	0.010 0
环境状况	0.130 2	环境质量优劣度	0.060 1	大气状况	0.021 3
				水状况	0.018 9
				噪声状况	0.019 9
		绿地覆盖度	0.039 7	绿地覆盖度	0.039 7
		自然条件优越度	0.030 2	地质状况	0.013 3
				江景	0.016 9
人口状况	0.106 9	人口密度	0.106 9		
城市规划	0.0935	商服规划	0.022 0		
		道路规划	0.020 5		
		公交规划	0.018 3		
		基础设施规划	0.016 7		
		公用设施规划	0.016 0		

2. 土地定级因素因子影响分析

针对以上确定的土地定级因素因子,并结合上海市实际情况加以分析说明。

(1) 繁华程度

对于城镇土地定级而言,繁华程度是影响土地级别的一个很重要的基本因素,是反映土地经济区域的重要指标。衡量繁华程度有多项指标,其中商业、服务业(以下简称商服)、办公楼、行政机关等的密集程度和规模大小比较容易调查,也很直观,容易衡量并能客观地反映城镇的繁华程度。因此,在本次土地定级工作中以商服繁华度、办公集聚度、行政机关集聚度来衡量上海市的繁华程度。商服中心、旅游景点、办公集聚中心、行政机关集聚中心等构成繁华中心,是城镇中某些对人口流动和物质能量交换具有聚焦作用的特殊地段。本书以商服中心、旅游景点、办公集聚中心、行政机关集聚中心规模代替繁华中心规模、以其吸引半径代表繁华中心影响范围、以其吸引力随距离的衰减值来代表土地的繁华程度。

1）商服中心

上海市遵循《上海商业分级设置规范》，推进各级商业中心建设。目前，形成市商业中心有 8 个，重点发展形成的区域商业中心有 12 个，其余还有众多的住宅区商业中心。

2）旅游景点

按照旅游经济理论，发展旅游业能够增加国民收入、赚取外汇、回笼货币、扩大就业、带动相关产业发展，并促进社会经济发展和生态环境的保护和改善等。上海的都市旅游资源主要由人文资源、社会资源和自然资源构成。

3）办公集聚中心

现代服务业具有在中心城区高度集聚的特性，其产业集聚所带来的互补、共享等的外部经济效应十分明显，从而呈现区位集中的产业集群的发展趋势。以现代商务办公为主体的“楼宇经济”成为服务产业的重要支撑。

4）行政集聚中心

行政办公中心对城市空间和城市经济发展的作用不可小视，往往在某一产业的行政办公中心的邻近区域形成相关产业聚集区，成为带动经济发展的新亮点。当各级、各行业管理的行政办公中心集聚时，它们对经济发展的作用更加显著。行政文化中心的集聚辐射效应还扩展了服务业的功能内涵。

（2）交通条件

城市交通按照出行目的地可以分为市内交通和对外交通两个方面。市内交通与人们的生活息息相关，直接影响居民生活、生产出行的便利程度，从而影响土地的利用效益。对外交通的长途汽车站点、火车站和飞机场等一方面为外埠出行提供便利，同时也是人流、物流和信息流汇集的中心。交通条件的改善，交通设施的规模都影响着土地级别和地价水平。

1）道路通达度

道路通达度是城镇道路状况(包括道路等级、功能、宽度、道路网密度)和各区域道路通行能力的一种量度，其好坏取决于城市内道路体系和道路布局，是距离、耗时、运输费用的综合体现。上海市被境内的长江、黄浦江、苏州河等众多江河所分割，对整个城市的道路交通形成了分割影响。道路通达度对于上海市城区的市场保证、商业集聚条件、人们出行条件和产品运输等方面的条件具有重要影响。对商业用途来说道路越发达意味着人流量越大，相应的商品需求越大，用地效益越好，土地的级别也就越高。现代城市的住宅和办公分离，对住宅用途来说，上下班交通的便利程度就显得很重要，各种商业、文体等服务设施距离也是购房者的主要考虑因素，因此，道路交通对住宅用途极为重要。工业用途选址考虑的最大效益问题是原材料地和销售地与工厂之间以及生产过程中的运输问题。

与交通出行、道路通达相关的另一重要因子便是停车便利问题。停车场对于商场、办公楼等显得越来越重要。

因此，道路是土地定级中的主要影响因子，停车场是商业用途、办公用途土地定级中需要考虑的因子，而道路通达度是土地定级必选的因素。

2）公交便捷度

公共交通是目前城区内人流交通运输的主要方式，直接影响到市民和流动人口的出行，同时也影响一个地段的人流量。公交线路、公交站点多的地段，对商业集聚度有明显的影响。因此，公交便捷度影响对商业、办公、住宅用途极为重要。上海现有公共汽车、轨道交通、轮渡等多种公共交通方式，由于上海市区域范围广阔以及重要的黄浦江阻隔，公交便捷度主要由公交站点、轨道交通站点和轮渡站点状况来体现。

公交站点方面，营运公交车是市民目前日常出行比例最高的交通工具。

轨道交通站点方面，轨道交通线路不仅密布于中心城区，而且还“发散”到了广大的郊区，使上海市郊区和中心城区通过轨道交通网络紧密地联成一体。

轮渡站点方面，轮渡曾经是浦江两岸主要的过江方式。虽然随着上海交通运输设施的进一步完善，人们过江方式更为丰富，隧道、大桥、轨道交通分流轮渡的客流量，昔日繁荣的轮渡业开始萎缩，但是，由于隧道、大桥禁止非机动车通行，轮渡仍是部分驾驶非机动车的市民过江的唯一交通工具。因此，轮渡在相当长时间内还不会取消，轮渡站点是住宅用途土地定级中仍需要考虑的一个影响因子。

3）对外交通便利度

对外交通是城镇对外联系的交通总称，主要包括铁路、公路、水路和航空等运输形式。在城镇中对外交通便利度主要通过火车站、长途汽车站、港口码头、机场等设施的作用和分布状况对区域人流、物流向城市外移动的方便程度和频率高低来反映。

火车站方面，上海市主要的客运站有：上海站和上海南站，是全国特等客运站。上海站习惯称为新客站，位于闸北，列车多是北上的，客流很大，长途车去往长江以北的华北、东北、西北地区主要大中城市。上海南站是 2006 年开始使用的新站，是沪杭线的起点，列车多是南下的，去往华南、华中地区大中城市。上海市目前主要的货运站有位于上海市北部工业区的特等站北郊站，以及位于上海市西部的南翔站。南翔站是全国铁路特等编组站之一，也是上海铁路枢纽的心脏。火车站给商业用途带来较大的流动消费人群，为住宅、办公用途提供了一定的外出便利，为工业用途原材料运输、产品输出提供了对外交通便利。因此，本次土地定级考虑火车站的影响。

长途汽车站方面，上海市现有长途客运站 43 个，遍布市区和各郊区，省际班线 1 600 余班，发往全国 17 个省市，年旅客发送量超过 2 000 万人次。因此，本次土地定级考虑长途汽车站的影响。

港口码头方面，上海港是历史悠久的港口。上海地处长江三角洲，东靠东海、南濒杭州湾、北临长江入海口，正处我国南北海岸线的中部，地理位置优越。2009 年，上海港货物吞吐量达到 5.9 亿吨，继续保持全球第一；国际标准集装箱吞吐量达到 2 500.2 万标箱，继续名列全球第二；集装箱国际中转和水水中转比例分别达到 5.7%和 40.1%。随着旅客运输工具的发展变化和黄浦江两岸开发步伐的加快，传统水路客运逐步退出历史舞台，让位于水上高速客运、滚装客运和环球旅游客运。上海港国际客运中心完全按照第四代邮轮母港的要求设计，能够满足高等级国际客运。对于崇明三岛，随着长兴岛作为国家大型造船基地的动工建设和崇明三岛旅游资源的开发，市区来往崇明三岛的水上交通日益繁忙，宝杨路码头和石洞口码头重新定位改造。因此，土地定级考虑港口码头的影响。

机场方面，上海市目前有浦东国际机场和虹桥机场两大机场。2009 年共保障飞机起降 47.69 万架次，实现旅客吞吐量 5 699.96 万人次，货邮吞吐量 298.25 万吨，浦东机场货运量保持全球机场第三位。截至 2009 年底，有 74 家中外航空公司开通了上海的定期航班，与上海通航的国内外城市达到 183 个，为上海打造国际航空枢纽创造了条件。因此，本次土地定级考虑机场的影响。

(3) 基础公用设施状况

1) 基础设施完善度

基础设施完善度是投入土地社会化劳动量的直接体现，反映对城镇土地开发程度的高低。基础设施的配套程度、服务水平和保障率，是投资环境好坏的主要标志之一，影响城镇土地质量和价格的高低。主要包括供电、供水、供气、排水、排污、电讯等配套状况。

上海市基础设施完善度在区域间表现得并不一致。比如，由于历史原因，上海中心城区仍然有基础设施老化需要维护改造的现象，而新建区域基础设施完善度则较高。因此，本次土地定级考虑以上供电、供水、供气、电讯、排污等基础设施配套状况的影响。

2) 公用设施完备度

公用设施完备度是衡量投入土地的社会物化劳动量的指标之一。主要指与日常生活密切相关的幼儿园、小学、中学、大学、菜市场、医院、邮局等公用设施的完备程度，还包括公园、体育场馆、图书馆等设施完备度和分布状况对居民文化、娱乐、生活状况的影响。

公用设施的分布直接影响到人们生活的便利，由于其具有辐射影响的特征，因此在评估区域内因为距离的远近存在差异，所以，公用设施完备度是土地定级应考虑的因素。

(4) 环境条件

1) 环境质量优劣度

环境质量优劣度是反映环境条件的重要指标，以不同的生态效应和社会效应直接影响土地上所进行的社会、经济活动。随着生产的发展和物质文化生活水平的提高，人们追求安静、舒适、文明、和谐的工作环境和生活环境，上海对环境的要求越来越高。此次本着以人为本的原则，主要从人的视觉、嗅觉、听觉等主观感受上将其划分为大气状况、水状况、噪声状况等。

环境质量的优劣程度对人们的生产、生活造成影响，对土地质量好坏、土地价格的高低也有一定的影响。因此，环境质量优劣度是土地定级考虑的因素。

2) 绿地覆盖度

城市绿地在改善城市环境、提升城市形象以及维护城市生态系统平衡中起着极为重要的作用。上海中心城区人口密集、土地稀缺，而郊区人口密度低、土地供给相对丰裕，绿地覆盖率不同。因此，绿地覆盖度是土地定级考虑的因素。

3) 自然条件优劣度

自然条件优劣度主要通过地质状况和江景来反映。由于现代科学技术的高度发展，人们改造自然的能力越来越强，容易使人们轻视自然条件在城市环境容量中的地位和作用，但其基本作用仍然不可忽视。自然条件特别是景观对住宅、办公楼等有较大影响。上海市是临江沿海城市，人们对特定的滨江地理位置尤其是黄浦江形成了景观的审美感受，特别是，上海市早已组织国内外专家对黄浦江两岸景观进行了规划并形成相关法规。所以，住宅用途、办公用途的自然条件优劣度还考虑了景观因子。

(5) 人口状况

人口是一个内容复杂、综合多种社会关系的社会实体，由性别和年龄及自然构成，多种社会关系和经济关系构成。为了区分不同类型的人口对土地的不同影响，本次地土定级对人口状况从人口密度和人口户数两方面来考虑。

人口密度是指城市一定区域内单位面积的人口数量，反映了区域人口聚集的程度。住宅人口密度较高地区，相对应的居民需求就多，就会更好地促进各行业的发展，才会带动相应的商业和服务业配套设施的设置、完善或等级提升。因此，人口密度是商业、住宅用途需要考虑的因子。人口密度较高的区域，商业、服务业必然发达，也就是人气聚集的地方，这点对于商业来说尤其重要。但是，另一方面，人口密度过高会导致生活环境恶化，影响住宅区环境。所以，对于住宅用途来说，还必须考虑人口密度最佳值。

人口户数是指一定区域内以家庭立户的或者以无血缘关系而住宅在一起的人员立户的户口总数。家庭户是户口的最主要的形式。人口户数反映了区域家庭状况。家庭的大小以及消费习惯对区域的经济产生较大影响。因此，人口户数也是需要考虑的因子。

(6) 产业集聚规模

产业集聚规模指某一行业的集聚程度和规模大小，其指标大小反映土地对其产业布局生产的适宜程度，从某种角度也反映了不同用途的土地质量，尤其对工业用途影响比较明显，它是工业用途土地定级必须考虑的因素。产业集聚度用工业区等级和关联产业集聚度的指标来反映。

(7) 城市规划

城市规划对城市的建设和发展有指引作用，城市规划是城市建设和发展的蓝图，是建设和管理城市的基本依据。从土地市场的发展变化趋势上看，城市规划对土地价格的影响十分明显，而房地产开发商也越来越重视各种城市规划对土地增值的潜在影响。城市规划对城镇土地定级有重要的影响，因此，城市规划是本次土地定级必须考虑的基本因素。

3. 土地定级资料调查

在土地定级因素因子确定的基础上，根据《城镇土地分等定级规程》及上海市城区土地定级工作要求，调查专项工作小组通过相关单位资料搜集、实地调查等多种方式，开展土地定级资料调查工作。收集到了《上海市中心城总体规划》图件、中心城以外的《区域总体规划》图件(不含浦东新区)、《上海统计年鉴 2009》、《上海市地质环境图集》以及与定级相关的商业中心、旅游景点、办公楼、行政机关、道路状况、停车场、公交线路、轨道交通线路、轮渡线路、银行、学校、医院、公园、邮局、图书馆、体育场馆等资料，汇总情况如表 7－25 所示。

表 7－25　　定级因子调查资料一览表

相关因子	资料说明
商服中心	根据《上海商业发展第十个五年计划纲要》划分市商业中心 8 个、区域商业中心 13 个、社区级商业中心 61 个
规划商服中心(5 年内)	根据上海市以及各区“十一五”商业规划，划分规划市商业中心 2 个、区域商业中心 19 个、社区级商业中心 69 个
旅游景点	搜集旅游景点 177 个，包含国家 5A 级旅游景区等

续　表

相关因子	资 料 说 明
办公集聚中心	搜集 700 多个办公楼数据，划分成 20 个办公集聚区
行政机关集聚	搜集 650 多个行政机关数据，划分成 18 个行政机关集聚区
道路	按照上海测绘院编制的《上海市道路交通指南》，整理上海市 6 883 条道路，划分为：快速路、主干道、次干道、支路
规划道路	规划道路 61 条，包括在建的高等级道路
停车场	参照上海市停车服务业行业协会主办的“上海停车网”的信息，搜集 546 个停车场资料
公交站点	搜集 13 384 个公交站点信息
轨道交通站点	搜集 12 条线路、284 个轨道交通站点的信息
规划轨道交通站点(5 年内)	搜集 2 条线路、59 个规划以及在建的轨道交通站点的信息
轮渡站点	搜集 19 条线路、36 个轮渡站点的信息
长途汽车站	搜集 41 个长途汽车站信息，国家有汽车站评定等级标准
火车站	搜集 26 个火车站信息，包括客运、货运和编组站，国家有火车站评定等级标准
客运码头	搜集 8 个客运码头信息，包括进出崇明三岛的码头
货运码头(港口)	搜集 19 个货运码头(港口)信息
机场	浦东国际机场和虹桥机场
供电	按照上海市中心城区总体规划和各区区域总体规划相关图件，整理变电站信息
供水	按照上海市中心城区总体规划和各区区域总体规划相关图件，整理供水上水管线信息
电信、电讯营业厅	搜集上海电信、上海移动、上海联通等 605 个营业厅
燃气	按照上海市中心城区总体规划和各区区域总体规划相关图件，整理供气管线信息
排污	按照上海市中心城区总体规划和各区区域总体规划相关图件，整理排污管线信息
规划供水	按照上海市中心城区总体规划和各区区域总体规划相关图件，整理规划供水上水管线信息
规划燃气	按照上海市中心城区总体规划和各区区域总体规划相关图件，整理规划供气管线信息
规划排污	按照上海市中心城区总体规划和各区区域总体规划相关图件，整理规划排污管线信息
人口密度	《上海统计年鉴 2009》中各区数据
人口户数	《上海统计年鉴 2009》中各区数据
大学	搜集 94 个大学本部以及其他校区的信息
中学	搜集 928 个中学以及中等职业学校的信息
小学	搜集 729 个小学的信息
幼儿园	搜集 948 个幼儿园的信息，国家有幼儿园评定等级标准
医院	搜集 514 个医院的信息，国家有医院评定等级标准
体育场馆	搜集 67 个市、区、街道体育场馆的信息
邮政局(所)	搜集 587 个邮政局所的信息，包括邮政支局、邮政所、邮政服务处
规划邮政局(所)	按照上海市中心城区总体规划和各区区域总体规划相关图件，整理规划邮政局所的信息
图书馆	搜集 239 个市、区、街道图书馆的信息

续 表

相关因子	资料说明
公园	搜集137个公园的信息，上海市有公园星级评定标准
菜市场	按照上海市中心城区总体规划和各区区域总体规划相关图件，整理标准化菜市场信息
规划菜市场	按照上海市中心城区总体规划和各区区域总体规划相关图件，整理规划的标准化菜市场信息
地面水状况	按照上海市水功能区划，整理水状况信息
大气状况	搜集上海市公布的API空气污染指数，整理大气状况资料
噪声状况	按照上海市噪声污染区划，整理噪声状况信息
绿地覆盖率	搜集各区统计年鉴相关数据
地质条件	按照《上海市地质环境图集》，整理地质条件信息
江景	按照上海市地方标准《黄浦江两岸滨江公共环境建设标准》，整理黄浦江两岸江景信息
工业园区	按照《上海市开发区地图》，整理国家级、市级工业园区资料
工业园区等级	搜集上海市89个工业园区等级信息，包括国家级、市级、区级

4. 土地定级因素因子整理与指标分析

(1) 繁华程度

1) 商服繁华度——商服中心

确定商服中心和等级划分。商服中心是根据《上海商业发展第十个五年计划纲要》中确定的现有商业中心界定，加以适当修正、调整来确定的。本次土地等级更新确定了82个商服中心，其中包括8个市商业中心，13个区域商业中心和61个居住区商业中心。

商服中心功能分计算。商服中心指标分级统计，规模指数：市商业中心为100、区域商业中心为42、居住区商业中心为12，再根据式(2-7)将商服中心功能分进行分割，结果见表7-26。

表7-26　　商服中心指标分析结果

因素等级	商服中心级别	数目(个)	功能分	作用半径(m)
1	市商业中心	8	58	9 660
2	区域商业中心	13	30	5 962
3	社区级商业中心	61	12	3 017

2) 商服繁华度——旅游景点

根据国家旅游局、文物局等对旅游景点评定的级别指标来区分旅游景点的差异，结果见表7-27。

表 7－27　旅游景点指标分析结果

因素等级	旅游景点级别	功能分	作用半径(m)
1	国家 5A 级旅游景区等	100	10 327
2	国家 4A 级旅游景区等	80	8 261
3	国家 3A 级旅游景区等	60	6 196
4	国家 2A 级旅游景区等	40	4 131
5	其他	20	2 065

3）办公集聚

根据办公面积和租金水平等级别指标来区分办公集聚的差异，结果见表 7－28。

表 7－28　办公集聚指标分析结果

因素等级	位　　置	功能分	作用半径(m)
1	南京西路、淮海路、小陆家嘴	100	6 000
2	虹桥、环人民广场、徐家汇、世纪大道、中山公园	74	4 556
3	延安西路、外滩、黄浦区中部、肇嘉浜路、不夜城	52	3 333
4	五角场、海宁路吴淞路、中山北路、长寿路	38	2 556
5	张江、金桥	28	2 000

4）行政机关集聚

根据市、区行政区域财政收入和服务人口等级别指标来区分行政机关集聚的差异，结果见表 7－29。

表 7－29　行政机关集聚指标分析结果

因素等级	行政区域	功能分	作用半径(m)
1	上海市	100	27 322
2	浦东新区	16	10 796
3	闵行区	10	8 688
4	宝山区、杨浦区、普陀区	7	6 192
5	嘉定区、徐汇区、松江区、南汇区	5	7 432
6	闸北区、奉贤区、青浦区、崇明县、长宁区、金山区	4	0 201
7	卢湾区	1	1 601

(2) 交通条件

1）道路通达度——城市道路

道路等级的划分。根据第二次修订的《上海城市道路管理条例》，上海市的城市道路分为快速路、主干路、次干路和支路。

道路功能分确定。各类用途的道路通达度指标分析结果见表7-30。

表7-30 各类用途道路通达度指标分析结果

等级	道路等级	功能分	作用半径(m)
1	快速路	100	1 437
2	主干道	79	673
3	次干道	63	817
4	支路	35	134

2）道路通达度——停车场

根据停车场类型和营业时间等级别指标来区分停车场的差异，结果见表7-31。

表7-31 停车场指标分析结果

等级	位置	功能分	作用半径(m)
1	应氏大厦等	100	2 238
2	港务大厦等	75	1 674
3	仲盛大厦等	55	1 232
4	船舶大厦等	44	990

3）公交便捷度——公交站点

指标统计分析结果见表7-32。

表7-32 公交站点指标分析结果

等级	功能分	作用半径(m)	等级	功能分	作用半径(m)
1	100	800	6	30	425
2	72	652	7	24	394
3	52	546	8	18	362
4	41	488	9	12	331
5	35	456	10	6	300

4）公交便捷度——轨道交通站点

根据轨道交通线路数、站流量、出入口数量等级别指标来区分轨道交通站点的差异，结果见表7-33。

表 7－33　轨道交通站点指标分析结果

等级	功能分	作用半径(m)	等级	功能分	作用半径(m)
1	100	3 000	5	33	1 307
2	77	2 425	6	29	1 191
3	55	1 868	7	25	1 093
4	44	1 581	8	21	1 000

5）公交便捷度——轮渡站点

根据轮渡营运时间、夜宵线、车渡等级别指标来区分轮渡点的差异，结果见表 7－34。

表 7－34　轮渡站点指标分析结果

等级	站点个数	功能分	作用半径(m)
1	9	100	3 181
2	16	48	1 518
3	11	38	1 207

6）对外交通——火车站

根据火车站等级来区分火车站的差异，结果见表 7－35。

表 7－35　火车站指标分析结果

等级	车站等级	综合指标	作用半径(m)
1	特等	100	15 774
2	一等	45	7 069
3	二等	22	3 535
4	三等	11	1 767

7）对外交通——长途汽车站

根据长途汽车站等级、发车目的地、日发班次等级别指标来区分长途汽车站的差异，结果见表 7－36。

表 7－36　长途汽车站指标分析结果

等级	个数	功能分	作用半径(m)
1	4	100	13 661
2	9	68	9 341
3	12	51	7 006
4	4	35	4 826
5	12	21	2 802

8）对外交通——客运码头

根据客运码头的客运量、车运量、泊位数等级别指标来区分客运码头的差异，结果见表 7－37。

表 7－37　　客运码头指标分析结果

等级	位置	功能分	作用半径(m)
1	吴淞客运码头	100	10 000
2	南门港	67	6 700
3	堡镇港客运站	39	3 900
4	芦潮港车客渡码头等	18	1 841

9）对外交通——货运港口

根据货运港口的货运吞吐量、泊位数等级别指标来区分货运港口的差异，结果见表 7－38。

表 7－38　　货运港口指标分析结果

等级	个数	功能分	作用半径(m)
1	2	100	19 320
2	3	48	9 337
3	5	31	6 022
4	4	18	3 449

10）对外交通——机场

根据机场的起降架次、旅客吞吐量、货邮吞吐量等级别指标来区分机场的差异，结果见表 7－39。

表 7－39　　机场指标分析结果

等级	位置	功能分	作用半径(m)
1	浦东国际机场	100	27 322
2	虹桥机场	55	15 074

（3）基础设施完善度

《城镇土地分等级定级规程》对基础设施完善度指标和作用分的确定都有相关规定。由于目前搜集相关的应有设施类型、区域水平系数、区域使用保证率等资料比较困难，因此对基础设施中的因素因子选择替代指标、做替代计算。

1）供电状况

根据现状变电站规模等级别指标来区分上海市供电状况的差异，结果见表 7－40。

表 7－40　供电状况指标分析结果

等级	功能分	作用半径(m)
1	100	10 327
2	44	4 544

2）供水状况

根据现状供水管线规模等级别指标来区分上海市供水状况的差异，结果见表 7－41。

表 7－41　供水状况指标分析结果

等级	功能分	作用半径(m)
1	100	918

3）供气状况

根据现状供气管线规模等级别指标来区分上海市供气状况的差异，结果见表 7－42。

表 7－42　供气状况指标分析结果

等级	功能分	作用半径(m)
1	100	891

4）电讯状况

根据电讯营业厅的营业时间、业务种类等级别指标来区分上海市电讯状况的差异，结果见表 7－43。

表 7－43　电讯状况指标分析结果

等级	数量	功能分	作用半径(m)
1	59	100	3 557
2	356	69	2 454
3	190	58	2 063

5）排污状况

根据现状排污管线规模等级别指标来区分上海市排污状况的差异，结果见表 7－44。

表 7-44　排污状况指标分析结果

等级	功能分	作用半径(m)
1	100	1 345

(4) 公用设施完备度

1) 大学

搜集上海市 94 个大学本部以及其他校区的信息。其属性指标包括国家“985”、“211”工程等评定等级、本/专科、占地面积、建筑面积、教职工人数、学生人数。主要依据国家“985”、“211”工程等评定等级以及本/专科属性。结果见表 7-45。

表 7-45　大学指标分析结果

等级	个数	功能分	作用半径(m)
1	12	100	7 887
2	11	75	5 915
3	15	50	3 944
4	25	38	2 958
5	31	25	1 972

2) 中学

搜集上海市 928 个中学以及中等职业学校的信息。其属性指标包括示范性高中等评定等级、占地面积、建筑面积、教职工人数、学生人数。主要依据示范性高中等评定等级。结果见表 7-46。

表 7-46　中学指标分析结果

等级	功能分	作用半径(m)	等级	功能分	作用半径(m)
1	100	3 864	3	75	2 898
2	80	3 091	4	60	2 318

3) 小学

搜集上海市 729 个小学的信息,其属性指标包括名校以及特色学校评定等级、占地面积、建筑面积、教职工人数、学生人数。主要依据名校以及特色学校评定等级。结果见表 7-47。

表 7-47　小学指标分析结果

等级	功能分	作用半径(m)	等级	功能分	作用半径(m)
1	100	2 746	3	60	1 648
2	80	2 197			

4）幼儿园

搜集上海市 848 个幼儿园的信息，其属性指标包括幼儿园评定等级、占地面积、建筑面积、教职工人数、学生人数和班级数。主要依据幼儿园评定等级。结果见表 7－48。

表 7－48　幼儿园指标分析结果

等级	级别	作用分	作用半径(m)
1	示范园	100	2 095
2	一级	90	1 885
3	二级	75	1 571
4	一般	60	1 257

5）医院

搜集上海市 514 个医院的信息。其属性指标包括医院评定等级、医务人员数、病床数。主要依据国家评定的医院等级。结果见表 7－49。

表 7－49　医院指标分析结果

等级	因子级别	因子个数	平均功能分	作用半径(m)
1	三级	55	100	3 684
2	二级	145	64	2 340
3	一级	314	29	1 084

6）体育场馆

搜集上海市 67 个体育场馆的信息。其属性指标包括场馆类别、占地面积、建筑面积、观众席位数。结果见表 7－50。

表 7－50　医院指标分析结果

等级	数量	级别	平均功能分	作用半径(m)
1	6	市级	100	11 154
2	30	区级	46	5 112
3	31	街道级	22	2 440

7）邮政局(所)

搜集上海市 587 个邮政局(所)的信息。其属性指标包括邮政局(所)级别、占地面积、建筑面积、营业时间。主要依据级别和营业时间。结果见表 7－51。

表 7-51　　邮政局(所)指标分析结果

等级	因子个数	计算确定功能分	作用半径(m)
1	224	100	1 829
2	284	69	1 266
3	79	37	678

8) 图书馆

搜集上海市 239 个图书馆的信息。其属性指标包括图书馆级别、建筑面积、藏书量、电子阅览室。结果见表 7-52。

表 7-52　　图书馆指标分析结果

等级	数量	级别	平均功能分	作用半径(m)
1	2	市级	100	19 320
2	20	区级	60	6 109
3	217	街道级	26	1 855

9) 公园

搜集上海市 137 个公园的信息。其属性指标包括公园评定星级等级、占地面积。结果见表7-53。

表 7-53　　公园指标分析结果

等级	数量	功能分	作用半径(m)
1	13	100	7 578
2	27	68	5 142
3	13	50	3 789
4	11	29	2 165
5	73	18	1 353

10) 菜市场

按照上海市中心城区总体规划和各区区域总体规划相关图件,整理标准化菜市场信息。搜集 464 个标准化菜市场的信息。结果见表 7-54。

表 7-54　　菜市场指标分析结果表

等级	功能分	作用半径(m)
1	100	675

(5) 环境状况

1) 环境质量优劣度——大气状况

搜集上海市公布的 API 空气污染指数，整理大气状况资料，确定大气环境等级，结果见表 7－55。

表 7－55　大气污染指标分析结果

等级	API(大气污染指数平均)	作用分	等级	API(大气污染指数平均)	作用分
1	57～62	100	3	70 以上	7
2	63～69	33			

2) 环境质量优劣度——地面水状况

按照上海市水功能区划，整理地面水状况信息，确定水环境等级，结果见表 7－56。

表 7－56　地面水状况指标分析结果

等级	水功能分类	作用分	等级	水功能分类	作用分
1	Ⅱ类	100	3	Ⅳ类	33
2	Ⅲ类	67	4	Ⅴ类	0

3) 环境质量优劣度——噪声状况

按照上海市噪声污染区划，整理噪声状况信息，确定噪声状况等级，结果见表 7－57。

表 7－57　噪声状况指标分析结果

等级	噪声类别	评价指数	作用分
1	1 类	55	100
2	2 类	60	67
3	3 类	65	33
4	4 类	70	0

4) 绿化覆盖率

搜集各区统计年鉴相关数据，结果见表 7－58。

表 7－58　绿化覆盖率指标分析结果

等级	区域	等级作用分	等级	区域	等级作用分
1	松江、青浦、宝山	100	4	卢湾、奉贤、徐汇、普陀	45
2	闵行、嘉定、南汇	88	5	虹口、杨浦、崇明	20
3	浦东、金山、长宁	77	6	闸北、黄浦	7

5）自然条件优劣度——地质状况

按照《上海市地质环境图集》，整理地质条件信息，以工程地质条件分成七个不同的区域，作用分计算同地面水状况。结果见表 7-59。

表 7-59　地质状况指标分析结果

等级	地质分区	功能分	等级	地质分区	功能分
1	Ⅰ1	100	5	Ⅱ2	68
2	Ⅰ2	92	6	Ⅱ3	59
3	Ⅰ3	84	7	Ⅲ	50
4	Ⅱ1	76			

6）自然条件优劣度——江景

按照上海市地方标准《黄浦江两岸滨江公共环境建设标准》，整理黄浦江两岸江景信息。结果见表 7-60。

表 7-60　江景状况指标分析结果

等级	区　域	功能分	作用半径(m)
1	杨浦大桥至南浦大桥	100	943
2	翔殷路隧道至杨浦大桥、南浦大桥至卢浦大桥	75	707
3	吴淞口至翔殷路隧道、卢浦大桥至徐浦大桥	50	471

(6）人口状况

1）人口密度

搜集《上海统计年鉴》中各区相关数据。人口密度对商业用途和住宅用途影响不同。按照《城镇分等定级规程》要求，商业用途定级时涉及的人口密度资料为客流人口，住宅用途定级时涉及的人口密度资料为居住(常住及暂住)人口密度。

商业用途居住人口密度作用分处理结果见表 7-61。

表 7-61　商业用途居住人口密度指标分析结果

等级	区域	平均作用分	等级	区域	平均作用分
1	黄浦	100	4	普陀、杨浦、徐汇、长宁	44
2	静安、卢湾、虹口	81	5	其他区域	5
3	闸北	61			

根据《上海市人口和计划生育事业发展“十一五”规划》要求，保持人口规模与城市资源

环境的承载能力和经济社会发展水平相适应。到2010年，全市常住人口规模与资源环境相协调，预期为1 900万人左右。住宅用途最佳居住人口根据最适宜居住城市人口密度确定为2 997人/km^2左右。

住宅用途居住人口密度作用分处理结果见表7-62。

表7-62　住宅用途居住人口密度指标分析结果

等级	区域	平均作用分
1	嘉定	100
2	松江、南汇	58
3	青浦、宝山、奉贤、金山、闵行	34
4	浦东	5
5	其他区域	0

2）人口户数

搜集《上海统计年鉴》中各区相关数据。商业用途和住宅用途的作用分计算同人口密度。

商业用途人口户数作用分处理结果见表7-63。

表7-63　商业用途居住人口户数指标分析结果

等级	区域	平均作用分
1	黄浦	100
2	静安、卢湾、虹口	84
3	闸北	55
4	杨浦、徐汇、普陀、长宁	37
5	其他区域	2

住宅用途人口户数作用分处理结果见表7-64。

表7-64　住宅用途居住人口户数指标分析结果

等级	区域	平均作用分
1	宝山	100
2	浦东、闵行	80
3	南汇、嘉定	22
4	奉贤、金山、松江	8
5	其他区域	0

(7) 产业规模

1) 关联产业集聚度

按照《上海市开发区发布图》,整理国家级、市级工业园区资料。指标处理结果将产业集聚规模度分为5个等级,结果见表7-65。

表7-65　关联产业集聚度指标分析结果

因素等级	功能分	作用半径(m)
1	100	13 661
2	60	8 159
3	35	4 771
5	8	1 055
4	21	2 935

2) 工业区等级

搜集上海市89个工业园区等级信息,包括国家级、市级、区级。结果见表7-66。

表7-66　工业区指标分析结果

因素等级	级别	作用分	作用半径(m)
1	国家级	100	6 109
2	市级	67	4 093
3	区级	33	2 016

(8) 城市规划

1) 商服规划

根据上海市以及各区"十一五"商业规划,规划新增市商业中心2个、区域商业中心19个、社区级商业中心69个。结果见表7-67。

表7-67　规划商服中心指标分析结果

因素等级	规划商服中心级别	功能分	作用半径(m)
1	市商业中心	21	9 660
2	区域商业中心	13	5 962
3	社区级商业中心	8	3 017

2) 道路规划

搜集上海市61条规划道路的信息,包括在建的高等级道路。结果见表7-68。

表 7－68　　道路规划指标分析结果

等级	道路等级	功能分	作用半径(m)
1	快速路	80	1 437
2	主干道	63	673
3	次干道	51	817
4	支路	28	134

3）公共交通规划

搜集上海市 2 条轨道交通线路、59 个规划以及在建的轨道交通站点的信息。结果见表 7－69。

表 7－69　　公共交通规划指标分析结果

等级	功能分	作用半径(m)
1	46	1 868
2	30	1 307
3	24	1 191
4	22	1 093
5	21	1 000

4）基础设施规划

按照上海市中心城区总体规划和各区区域总体规划相关图件，整理规划供水上水、供气、排污管线信息。结果见表 7－70。

表 7－70　　公共交通规划指标分析结果

设施	等级	功能分	作用半径(m)
供水	1	40	1 398
供气	1	40	1 122
排污	1	40	2 154

5）公用设施规划

按照上海市中心城区总体规划和各区区域总体规划相关图件，整理规划邮政局(所)、标准化菜市场信息。结果见表 7－71。

表 7－71　　公共设施规划指标分析结果

设施	等级	功能分	作用半径(m)
邮电支局	1	80	1 829
标准化菜市场	1	75	675

(9) 因素、因子属性及功能分设定

1) 因素因子实体输入(图 7－7)

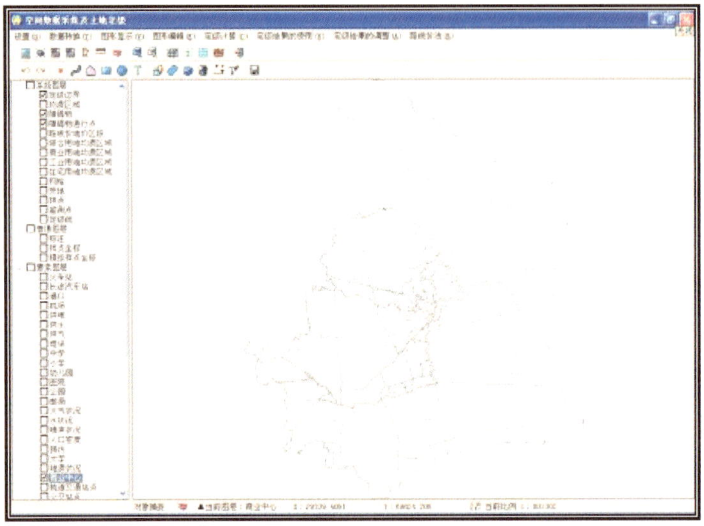

图 7－7　因素因子实体输入图(以商业中心为例)

2) 因素因子属性输入(图 7－8)

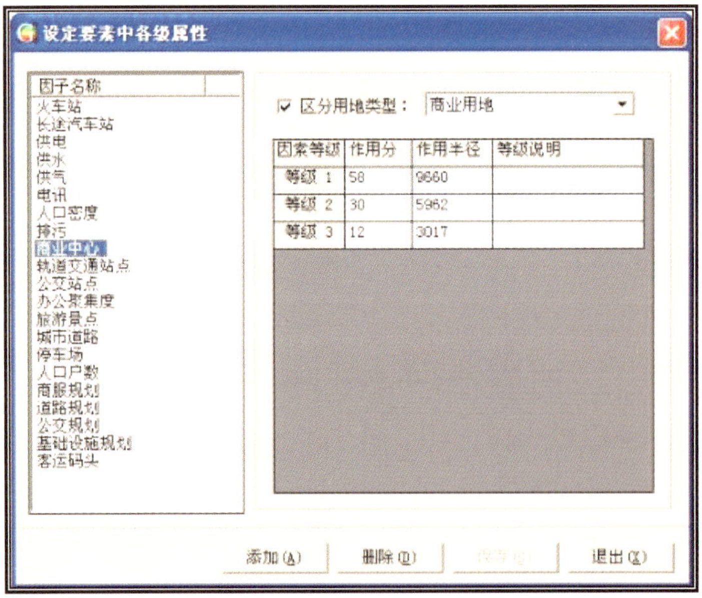

图 7－8　因素因子属性输入(以商业中心为例)

3）因素因子划分等级（图 7－9）

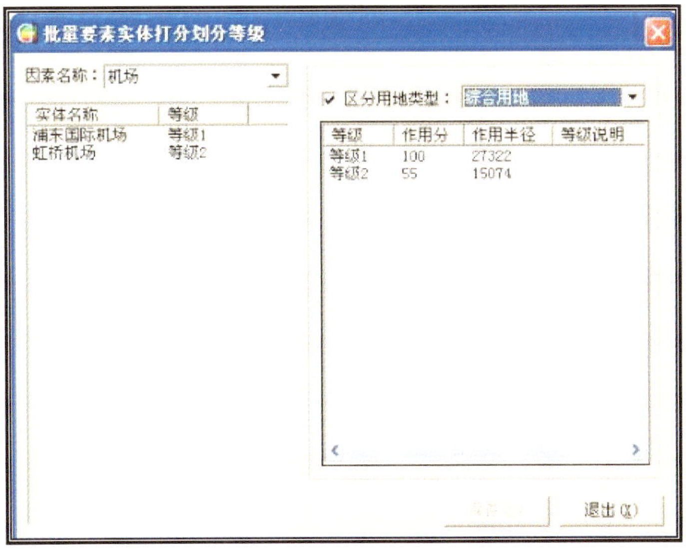

图 7－9　因素因子划分等级（以机场为例）

4）因子算法及衰减模型（图 7－10）

本次上海市基准地价土地定级采用了凯立德“土地定级级别及基准地价动态更新系统”里面提供的四种作用分计算方法。

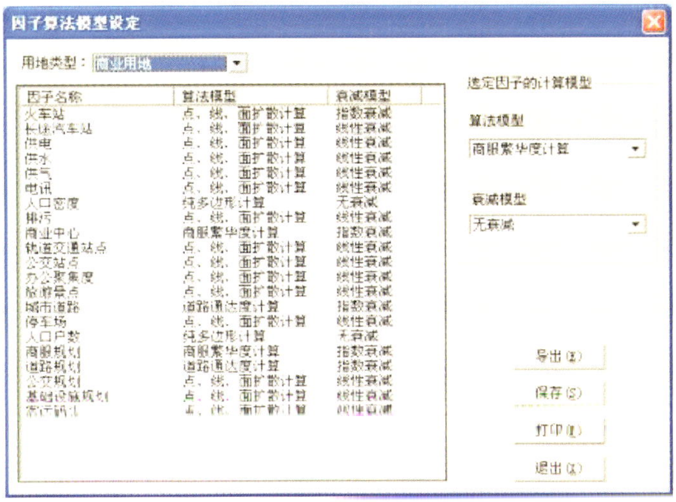

图 7－10　各因素算法及衰减模型

商服繁华度计算：主要是针对商服中心进行计算，以商服中心边缘为起点衰减，同时受多个同级功能影响时，取最高的商服功能影响作用分，同时存在多级功能影响时，对各级商服功能影响作用分仅取一次，并进行加和。

道路通达度计算：主要是针对道路通达度进行计算，分为主干道、次干道、支路等，以道路边缘向外衰减。

点、线、面扩散计算：以点、线、面为中心内部直接取值，由边缘向外衰减。

纯多边形计算：直接在内部取值，外部无衰减。

5. 土地级别单元分值计算

(1) 评价单元因子作用分计算

部分因子及其作用分值区间图示意如图 7－11 和图 7－12 所示。

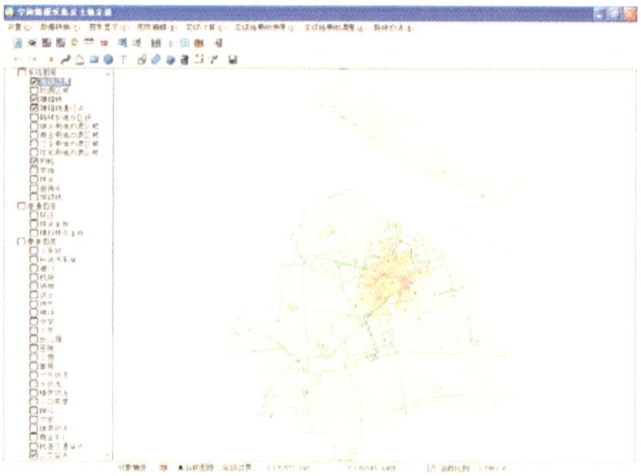

图 7－11　办公用途公交站点作用分等值线图

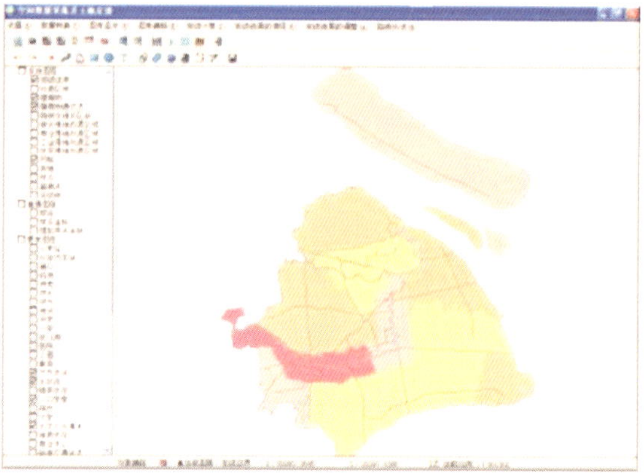

图 7－12　住宅用途地面水状况作用分等值线图

(2) 评价单元因素总分值计算

各类用途总作用分值确定见图 7－13。

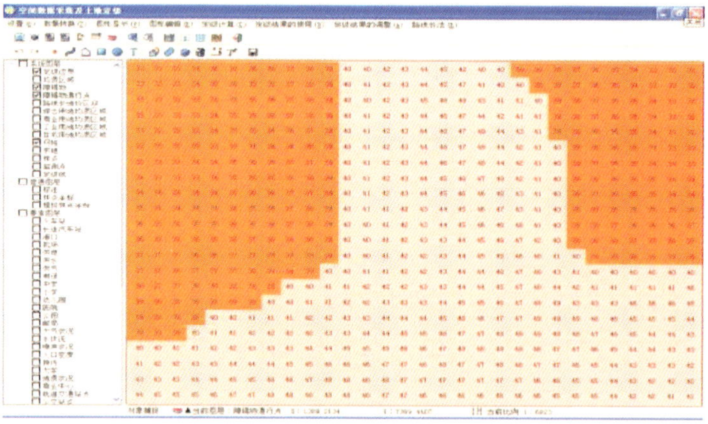

图 7－13　各类用途总作用分值确定

6. 土地级别划分

(1) 级别总分值界限的确定

采用以总分频率曲线法，对总分值作频率统计，绘制频率直方图，根据住宅、商业、办公、工业用途定级作用分总分频率图的分布情况，取频率图中总分值分布突变处作为土地级别的分值界限，划分住宅、商业、办公、工业用途土地级别。

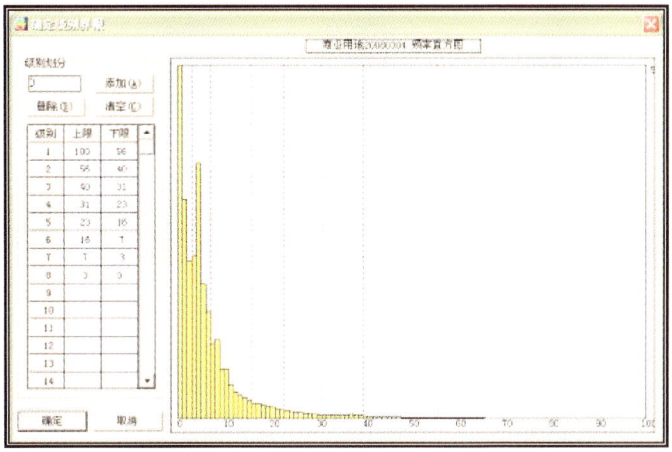

图 7－14　确定级别界限、频率直方图(以商业用途为例)

(2) 土地级别边界的初步确定

利用凯立德定级软件初步确定各类土地级别边界，并生成相关图件。

7. 土地级别检验和调整

(1) 土地级别的检验

从图 7－15 可以看出，各类用途样点均价与土地级别的对应折线都向右下角倾斜，说

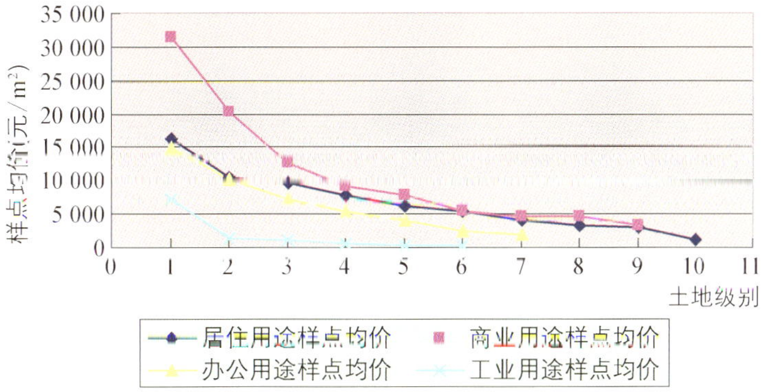

图 7－15　各用途土地对应样点均价与初步土地级别关系图(分类定级)

明软件初步划分的土地级别在区位条件方面和经济效益方面反映了各种用途土地质量的差异,土地级别的初步划分是合理、客观的。

(2) 土地级别的调整

土地级别调整主要从以下几个方面进行:软件划分土地级别界线调整;与原基准地价土地级别图进行比较、调整级别边界;根据自然地物如道路、河流等调整级别边界;根据地价突变区域以及规划区域来调整。

8. 土地级别确定和边界落实

在检验和调整的基础上,结合专家咨询意见,最终确定各分类级别。

(三) 上海市土地级别划分方案确定

根据目前上海市土地发展的现状,本次上海市 2010 年基准地价更新,采用分类定级,运用多因素定级和以价定级两种途经进行。

各用途土地各级别范围面积(城市全域行政面积)情况如表 7-72 所示。

表 7-72　不同用途土地各级别范围面积及比例

用途	住宅		商业		办公		工业	
级别	面积(km^2)	比例	面积(km^2)	比例	面积(km^2)	比例	面积(km^2)	比例
1	16	0.24%	1	0.01%	11	0.16%	16	0.24%
2	55	0.82%	3	0.04%	37	0.55%	63	0.94%
3	70	1.04%	67	1.00%	43	0.64%	139	2.07%
4	122	1.82%	69	1.03%	85	1.27%	106	1.58%
5	149	2.22%	184	2.75%	194	2.89%	374	5.58%
6	297	4.43%	408	6.09%	326	4.86%	604	9.01%
7	754	11.25%	732	10.92%	768	11.46%	1 307	19.50%
8	1 154	17.22%	986	14.71%	936	13.96%	2 881	42.98%
9	2 222	33.15%	2 391	35.67%	2 441	36.42%	1 215	18.13%
10	1 864	27.81%	1 863	27.79%	1 863	27.79%		

由于使用分类定级,同一区域不同土地用途的级别不同,建议可在后期成果发布时建立电子化的信息查询平台,直接输入地址,即可显示宗地所处级别和相应价格。这与上海先进的土地管理水平和方式也是相匹配的。

三、上海市基准地价评估与确定

（一）基准地价评估方法确定

本次基准地价编制是对上海市 2003 版(征求意见稿)土地级别和基准地价成果进行的完全更新。

根据《城镇土地估价规程》规定,基准地价评估可采用多种技术途径。由于目前上海市各类用途房地交易市场已比较成熟,具有大量的房屋成交、出租价格信息,上海市土地公开招拍挂交易也已实施多年,积累了一定的土地价格信息,房价与地价之间存在密切的联动关系,可以通过剥离房地产价格来确定相应的土地价格。故本次上海市基准地价的编制,以土地定级(或均质地域)为基础,以市场交易地价资料为依据,评估基准地价。

（二）估价资料的整理汇总

本次上海市基准地价评估工作中,调查、收集了 20 000 余条样点资料和数据。30 多位外业调查人员均经过了专业培训,调查资料以调查表格的形式汇总,并经过二级审核通过后输入相关数据库。根据样点设置的要求,如专业市场以一个地址为一个样点,调查时同一专业市场调查的铺位样点有 10～20 个不等,通过确定的技术方案,处理成 1 个样点;另有部分样点价格明显偏离市场价格,且不能通过相关修正达到正常市场价格,则做摒弃处理。

此外,考虑样点分布的均匀性和代表性,样点数据的时效性(主要采用近 2 年内数据)等,经过严格甄别、筛选和处理后,用于“以价定级”和最终级别价格测算和校验的有效样点共计 13 558 个(有效样点数达 68%)。其中住宅样点 3 463 个,商业样点 5 199 个,办公 777 个,工业样点 4 119 个。而根据相关统计数据,上海市住宅小区总量为 10 232 个,办公楼总幢数为 23 155 幢(包括自用型等所有类型,样点中的一个项目可能包含数幢、甚至数十幢),商场和店铺总幢数为 30 924 幢,工业园区总地块数为 6 824 块。除办公由于总量中含大量自用型、不对外出租出售物业外,另三类样点的覆盖率都达到 15%以上。分类样点详细情况如表 7－73 所示。

表 7－73　样点资料分类统计

用途类型	土地使用权资料	房地产租售资料	合计
住宅	55	3 408	3 463
商业	128	5 071	5 199
办公	55	722	777
工业	3 437	682	4 119
合计	3 675	9 883	13 558

土地使用权资料以一宗交易地块为一个样本点。在房地产租售资料中：商业样点分为三类：大型商场以一个商场为一个样本点；专业市场以整个专业市场为一个样本点；沿街店铺/社区商铺以一个可出售/租单位为一个样本点。办公类型以一幢物业为一个样本点单位，住宅类型以一个楼盘或社区作为一个样本点单位，工业以一个可出售/租单位为一个样本点。

其中住宅、商业、办公的房地产租售资料主要用来测算级别基准地价，土地使用权资料则主要用来检验和校核、调整级别价格；工业用途由于土地使用权交易资料较多，覆盖面较广，可与房地产租售资料一起，用来直接参与测算级别价格。参与级别价格测算的样点数共计 13 320 个（另外 238 个住宅、商业、办公土地使用权样点只用于校验，不参与级别价格测算）。

在基准地价工作底图中建立相应的样点图层，通过空间查询，统计参与基准地价级别价格测算的样点在环线、区县的分布情况如表 7－74 和表 7－75 所示。

表 7－74　参与基准地价级别价格测算的样点环线分布　单位：个

环线	住宅	商业	办公	工业	合计
内环内	903	2 093	492	96	2 681
内外环间	1 389	1 776	116	520	2 412
外环外	1 116	1 202	114	3 503	4 819
合计	3 408	5 071	722	4 119	13 320

表 7－75　参与基准地价级别价格测算的样点区县分布　单位：个

区县	住宅	商业	办公	工业	合计
宝山	196	323	13	495	1 027
长宁	200	336	69	27	632
崇明	50	50	3	86	189
奉贤	51	75	21	170	317

续　表

区县	住宅	商业	办公	工业	合计
虹口	204	389	35	7	635
黄浦	104	354	104	17	579
嘉定	77	163	15	564	819
金山	72	66	16	366	520
静安	107	310	78	33	528
卢湾	61	249	33	17	360
闵行	572	403	16	366	1 357
浦东(原南汇)	106	107	20	290	523
浦东(原)	534	555	109	418	1 616
普陀	251	330	37	65	683
青浦	88	91	8	372	559
松江	202	225	12	689	1 128
徐汇	200	385	72	68	725
杨浦	187	329	30	21	567
闸北	146	331	31	48	556
合计	3 408	5 071	722	4 119	13 320

(三) 基准地价的测算及确定过程

1. 住宅用途

根据土地定级的成果，住宅用途共分为 10 个级别，其中在确定级别设定容积率时，可用级别实际平均容积率作为设定容积率。但考虑到上海市的实际情况：第一，一些旧里、新里、售后公房等实际容积率数据难以获取；第二，大量的待开发土地(如世博园区)等，面临拆迁和重新开发，其现状的实际容积率已无太多的参考意义；第三，各区域均有相关规划及控制性规划指标，且新建商品房基本都按照控制指标的容积率上限施行，实施的可能性较大。综合上述考虑，在确定级别容积率时，将区域规划控制指标的容积率作为实际平均容积率有一定的现实意义。本次级别设定容积率即依此确定。

最终，住宅各级别样点剔除情况如表 7－76 所示，住宅用途基准地价成果详见表 7－81。

表 7－76　　住宅各级别样点剔除情况

级别	级别样点数	参与计算的样点数	剔除样点数	标准差倍数剔除	剔除样点比例
1	67	58	9	1	13%
2	180	144	36	1	20%

续 表

级别	级别样点数	参与计算的样点数	剔除样点数	标准差倍数剔除	剔除样点比例
3	353	261	92	1	26%
4	428	418	10	2	2%
5	509	483	26	2	5%
6	541	378	163	1	30%
7	366	273	93	1	25%
8	381	300	81	3	21%
9	458	364	94	1	21%
10	125	109	16	1	13%
合计	3 408	2 788	620		18%

2. 商业用途

根据土地定级的成果，商业用途共分为 10 个级别，商业各级别样点剔除情况如表 7－77 所示，商业用途基准地价成果详见表 7－81。

表 7－77　　商业各级别样点剔除情况

级别	级别样点数	参与计算的样点数	剔除样点数	标准差倍数剔除	剔除样点比例
1	43	42	1	2	2%
2	89	82	7	2	8%
3	1 430	1 362	68	1	5%
4	698	697	1	3	0%
5	998	985	13	3	1%
6	816	803	13	3	2%
7	796	767	29	2	4%
8	135	133	2	1	1%
9	31	30	1	1	3%
10	35	32	3	1	9%
合计	5 071	4 933	138		3%

对于商业特殊用途基准地价的确定参考本章第五节基准地价更新成果。

3. 办公用途

根据土地定级的成果，办公用途共分为 10 个级别，办公各级别样点剔除情况如表 7－78 所示，办公用途基准地价成果详见表 7－81。

表 7－78　　办公各级别样点剔除情况

级别	级别样点数	参与计算的样点数	剔除样点数	标准差倍数剔除	剔除样点比例
1	71	53	18	1	25%
2	253	247	6	3	2%
3	109	107	2	3	1%
4	64	62	2	3	3%
5	35	30	5	1	14%
6	66	48	18	1	27%
7	32	30	2	1	6%
8	50	48	2	1	4%
9	42	39	3	1	7%
合计	722	664	58		8%

其中 10 级用途(崇明县城桥镇以外区域)无样点，其价格参照 9 级价格的一定比例、同区域住宅用途价格、土地取得成本等综合确定。

此外，对于其他办公类用途基准地价的确定，在此选取了近年来上海市 19 个区县科教文卫用地协议出让和房地产补地价共计 2 437 个样本点，对其进行分析测算，以寻找到科教文卫用地与同级别办公用途的价格比例关系，具体情况如下：

表 7－79　　科教文卫样点区县分布

区县	土地样点数	房地产样点数	合计数
宝山	7	52	59
长宁	13	80	93
崇明	3	29	32
奉贤	3	198	201
虹口	9	27	36
黄浦	/	115	115
嘉定	17	566	583
金山	2	66	68
静安	1	69	70
卢湾	/	97	97
闵行	9	22	31
南汇	22	42	64

续 表

区县	土地样点数	房地产样点数	合计数
浦东	7	47	54
普陀	2	375	377
青浦	5	39	44
松江	3	92	95
徐汇	11	42	53
杨浦	15	303	318
闸北	2	45	47
合计	131	2 306	2 437

对于办公特殊用途基准地价的确定参考本章第五节基准地价更新成果。

4. 工业用途

根据土地定级的成果，工业用途共分为 9 个级别，工业各级别样点剔除情况如表 7 - 80 所示，工业用途基准地价成果详见表 7 - 81。

表 7 - 80 工业各级别样点剔除情况

级别	级别样点数	参与计算的样点数	剔除样点数	标准差倍数剔除	剔除样点比例
1	38	35	3	2	8%
2	60	56	4	2	7%
3	109	104	5	2	5%
4	233	230	3	3	1%
5	585	577	8	3	1%
6	2 139	2 126	13	3	1%
7	814	790	24	3	3%
8	109	104	5	3	5%
9	32	31	1	3	3%
合计	4 119	4 053	66		2%

四、上海市基准地价成果

最终，各用途各级别的基准地价价格成果见表 7 - 81，成果图见图 7 - 16 及图 7 - 17。

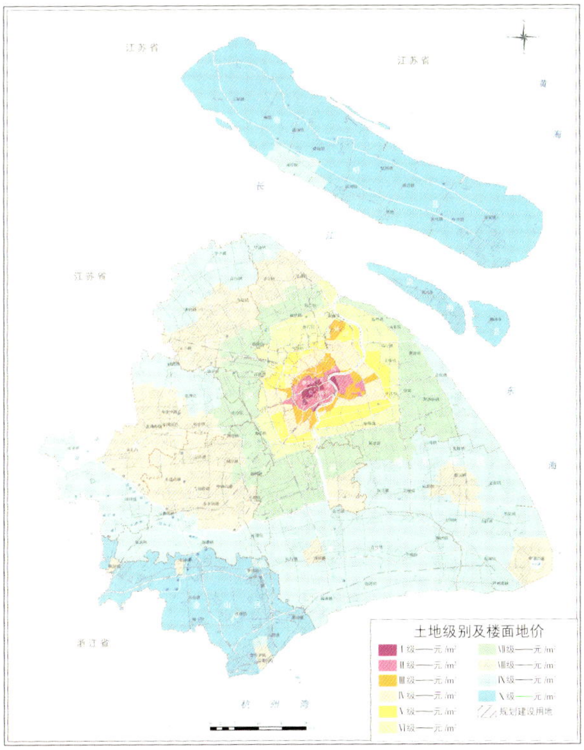

图 7 - 16　上海市住宅用途基准地价成果示意图

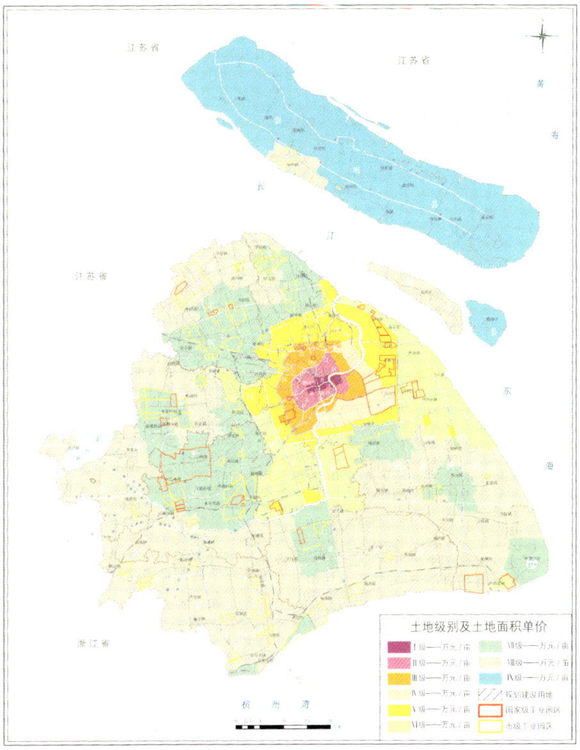

图 7 - 17　上海市工业用途基准地价成果示意图

表 7 - 81　　上海市基准地价成果

基准日:2010 年 1 月 1 日

用途	住宅(楼面价)(元/m²)		商业(楼面价)(元/m²)		办公(楼面价)(元/m²)		工业(地面价)(万元/亩)	
级别	价格	设定容积率	价格	设定容积率	价格	设定容积率	价格	设定容积率
1	—	2.5	—	4.0	—	4.0	—	2.0
2	—	2.5	—	4.0	—	4.0	—	2.0
3	—	2.0	—	2.0	—	4.0	—	1.6
4	—	2.0	—	2.0	—	3.5	—	1.6
5	—	2.0	—	1.8	—	3.5	—	1.6
6	—	1.8	—	1.8	—	3.5	—	1.2
7	—	1.8	—	1.6	—	2.5	—	1.0
8	—	1.4	—	1.6	—	2.5	—	1.0
9	—	1.4	—	1.2	—	1.2	—	1.0
10	—	1.0	—	1.2	—	1.2		

注:①表中价格均为相应用途之法定最高出让年限的国有出让土地使用权价格;②住宅、商业和办公用途设定的土地开发程度为"七通一平"、工业用途设定的土地开发程度为"五通一平";③办公、商业特殊用途及地下空间土地使用权基准地价确定详见本章第五节。

五、上海市最新一轮基准地价更新

（一）上海市基准地价更新方式

1. 基准地价更新思路

上海市自2010年基准地价更新后至今已三年，土地价格在整体水平和局部区域的空间格局上均发生了相应的变化，同时根据上海目前研发总部类产业发展的形势需要，出台了《关于增设研发总部类用地相关工作的试点意见》(沪规土资地〔2013〕153号)，基准地价报告中需要相应提出“研发总部”用途类别，并确定各级别地价水平。由此，依据国家和上海的相关规定，以及上海近年的土地市场变化，于2013年3月开始更新2010年基准地价成果，以增强基准地价的合理性、时效性和可操作性。

根据基准地价更新的原则，确定本次基准地价更新的主要内容包括以下三个方面：

一是调整基准地价基准日，提高基准地价成果的时效性。本次基准地价的基准日为2013年1月1日，包括基准地价级别范围和级别价格调整两方面。

二是增设研发总部类用途基准地价，解决研发总部类用途的地价管理问题。本次基准地价在原住宅、商业、办公和工业四类用途的基础上，增加研发总部类用途基准地价。

三是更新基准地价的应用说明，切实增强成果的可操作性。本次基准地价对土地参考用途分类、部分特定用途土地价格标准、容积率的修正体系、地下建设用地使用权基本价格的处理等进行调整。

2. 基准地价内涵确定

基准地价的内涵除基准日调整外，其他内涵与上轮基准地价成果内涵一致。具体的地价内涵为：

基准地价是分用途各级别国有建设用地在一定设定条件下的土地使用权平均价格。

(1) 基准日为2013年1月1日。

(2) 使用年限为对应用途的法定最高出让年限。

(3) 土地利用强度为各用途各级别的设定容积率。

(4) 住宅、商业、办公用途开发程度为“七通一平”，指红线外通路、供电、通讯、通上水、通下水、通污水、通燃气及红线内场地平整；研发总部类和工业用途开发程度为“五通一平”，指红线外通路、供电、通讯、通上水、通下水及红线内场地平整；“七通”、“五通”不包括项目建设向有关部门缴纳的住宅建设配套费及市政管线的接入工程费用。

（二）上海市基准地价更新程序

1. 级别范围的确定

近期影响住宅用途价格水平的规划主要有世博地区，原南汇区并入浦东新区，长江大桥通车，普陀区长风生态商务区，奉贤区南桥新城、青浦区华新镇、金山区朱泾镇和枫泾镇的建设等，见图 7－18。因此，住宅用途基准地价级别范围调整区域主要包括：世博局部区域调整为 3 级；普陀区长风生态商务区局部区域调整为 4 级；浦东新区川沙镇、唐镇局部区域调整为 6 级；浦东新区高桥镇港城路、中高路以北区域调整为 7 级；浦东新区航头镇、新场镇、宣桥镇、六灶镇和祝桥镇（原南汇区并入浦东新区）调整为 8 级；青浦区华新镇、奉贤区南桥新城调整为 8 级；崇明县陈家镇、长兴岛（长江大桥通车）调整为 9 级；金山区朱泾镇和枫泾镇局部区域调整为 9 级；青浦区朱家角 G50 以南区域调整为 9 级（原朱家角镇区规划现改为社区规划）。

上海市住宅土地级别调整图

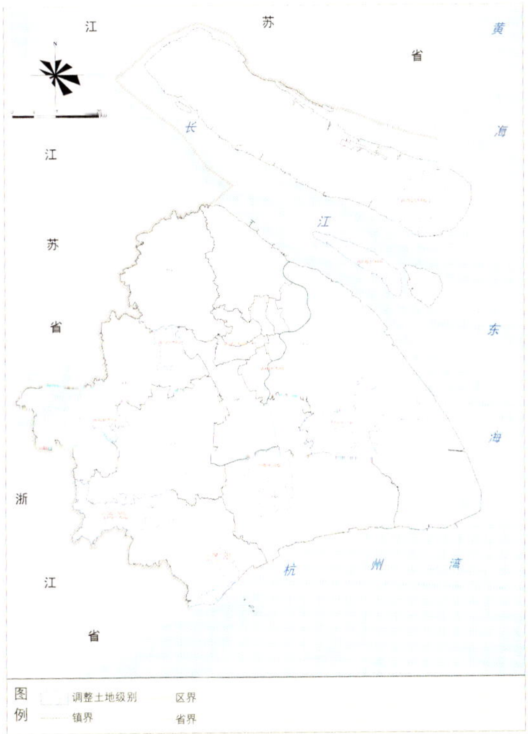

图 7－18　上海市住宅用途级别调整区域图

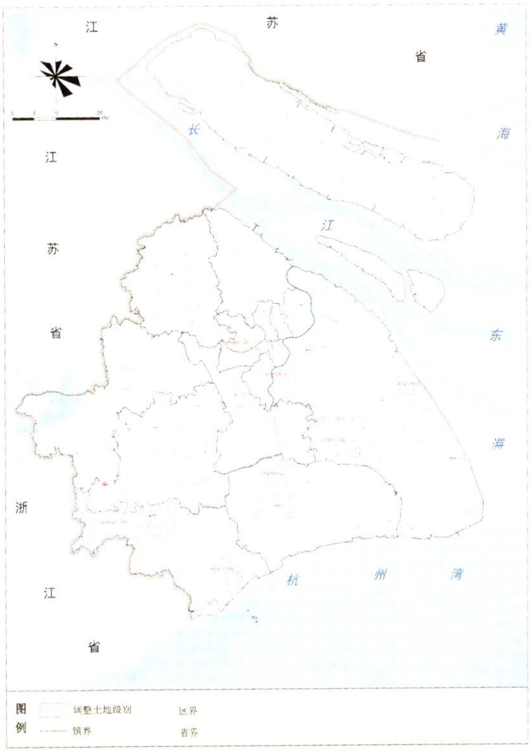

图 7－19　上海市商业用途级别调整区域图

近期影响商业用途价格水平的规划主要有世博地区，原南汇区并入浦东新区，闵行区莘庄商务区，普陀区真北商圈，奉贤区南桥新城、金山区朱泾镇和枫泾镇的建设等，详见图 7－19。因此，商业用途基准地价级别范围调整区域主要包括：世博局部区域调整为 4 级；普陀区真北商圈局部区域调整为 4 级；莘庄商务区局部区域调整为 5 级；浦东新区川沙镇、唐镇局部区域调整为 6 级；浦东新区高桥镇港城路、中高路以北区域调整为 7 级；浦东新区航头镇、新场镇和机场镇(原南汇区并入浦东新区)调整为 8 级；奉贤区南桥新城调整为 8 级；金山区朱泾镇和枫泾镇局部区域调整为 9 级。

近期影响办公用途价格水平的规划主要有世博地区，原南汇区并入浦东新区，奉贤区南桥新城、金山区朱泾镇和枫泾镇的建设等，详见图 7－20。因此，办公用途基准地价级别范围调整区域主要包括：世博局部区域、徐汇滨江局部区域、杨浦滨江局部区域调整为 4 级；虹桥商务区局部区域调整为 6 级；浦东新区川沙镇、唐镇局部区域调整为 6 级；浦东新区高桥镇港城路、中高路以北区域调整为 7 级；浦东新区航头镇、新场镇，奉贤区南桥新城调整为 8 级；金山区朱泾镇和枫泾镇局部区域调整为 9 级。

工业用途仅调整外环线周边的跳级区域和原一个产业区块包含两个或以上级别的区域，详见图 7－21。工业用途基准地价级别范围调整区域主要包括：外环线周边局部区域

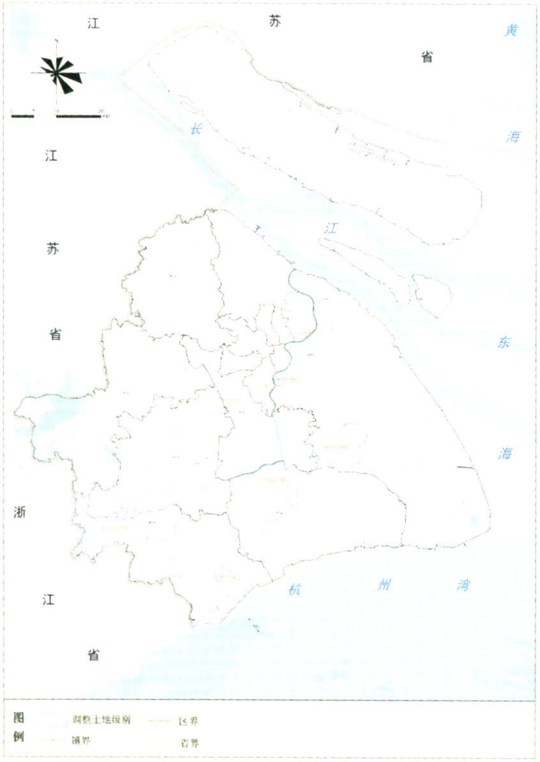

图 7－20　上海市办公用途级别调整区域图

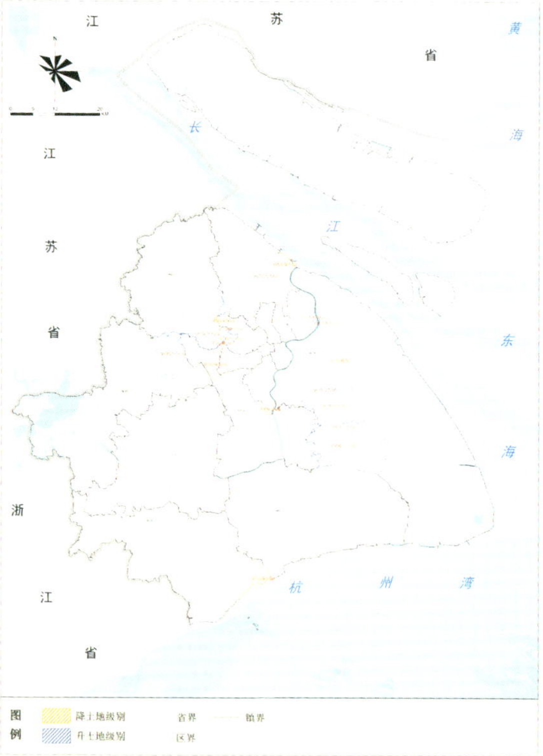

图 7－21　上海市工业用途级别调整区域图

由 7 级或 5 级调整为 6 级;北蔡城镇工业地块、机场镇临空产业园区均调整为 5 级;吴淞工业基地、闵行经济技术开发区调整为 6 级;宝山城市工业园区、康桥工业园区、南汇工业园区、祝桥空港工业园区调整为 7 级;上海化学工业区调整为 8 级。

根据上海市《关于增设研发总部类用地相关工作的试点意见》中研发总部类用途的布局原则,“研发总部类用地以 104 产业区块的新增和存量用地为主,且优先满足以战略性新兴产业、先进制造业为主的产业用地需求”。可以确定研发总部类用地与工业用地均在 104 产业区块内,且影响其土地级别的因素与工业用途相似。因此,研发总部类用途级别范围与工业用途级别范围一致。

2. 级别价格的确定

为反映当前上海市的土地价格水平,全面更新了各级别价格。其中住宅、商业和办公用途依据 2013 年区段地价成果加权平均更新各级别价格;工业用途外环外区域(6～9 级)依据区段地价成果加权平均更新级别价格,外环内区域(1～5 级)近期均没有地块出让,级别价格保持原有地价水平。

“研发总部类用地以 104 产业区块的新增和存量用地为主,且优先满足以战略性新兴产业、先进制造业为主的产业用地需求”,且影响其土地级别的因素与工业用途相似。因此,研发总部类用途级别范围与工业用途级别范围一致。

依据 2009 年至 2011 年一季度土地市场招拍挂中土地用途为工业用地、规划用途(准入产业)为研发总部或研发中心的成交地块(22 幅),将其成交价格与所在区域对应的工业基准地价价格水平(修正到与成交地块同容积率条件下)进行比较,计算得出该类用途的出让价格为同区域工业基准地价的 1.3～1.8 倍。根据以上思路开展研发总部类基准地价研究,将之与同区域的办公基准地价进行比较,发现研发总部类用途价格占同区域办公用途价格的 35%～70%。

得到 2013 年基准地价各用途各级别价格,见表 7 - 82。

表 7 - 82　　上海市基准地价成果表(楼面地价)

基准日:2013 年 1 月 1 日　单位:元/m²

用途	住宅		商业		办公		研发总部		工业	
级别	价格	设定容积率	价格	设定容积率	价格	设定容积率	价格	设定容积率	价格	设定容积率
1	—	2.5	—	4.0	—	4.0	—	3.0	—	2.0
2	—	2.5	—	4.0	—	4.0	—	3.0	—	2.0
3	—	2.0	—	2.0	—	4.0	—	3.0	—	1.6
4	—	2.0	—	2.0	—	3.5	—	3.0	—	1.6

续 表

用途	住宅		商业		办公		研发总部		工业	
级别	价格	设定容积率	价格	设定容积率	价格	设定容积率	价格	设定容积率	价格	设定容积率
5	—	2.0	—	1.8	—	3.5	—	3.0	—	1.6
6	—	1.8	—	1.8	—	3.5	—	2.0	—	1.2
7	—	1.8	—	1.6	—	2.5	—	2.0	—	1.0
8	—	1.4	—	1.6	—	2.5	—	2.0	—	1.0
9	—	1.4	—	1.2	—	2.0	—	2.0	—	1.0
10	—	1.2	—	1.2	—	2.0				

注:①由于本轮地价更新成果尚未向政府报批,本书目前不便公开,特此说明。②该表不可独立理解和使用,须与基准地价级别范围说明和成果应用说明结合使用。

3. 基准地价修正体系的更新

在本次基准地价中主要对容积率、区域因素和个别因素修正以及地下建设用地使用权基本价格进行调整。

(1) 容积率修正

住宅、商业和办公用途基准地价容积率修正,主要采用数理统计学原理,在调查样点数据基础上,通过建立数学模型,编制得到修正系数表,形成了不同用途不同级别下容积率修正系数,如住宅用途容积率修正见表 7 - 83。

表 7 - 83　住宅用途容积率修正系数

住宅容积率	1~2 级	3~5 级	6~7 级	8~9 级	10 级	住宅容积率	1~2 级	3~5 级	6~7 级	8~9 级	10 级
0.3	3.956	3.789	3.675	3.363	3.210	2.1	1.029	0.988	0.959	0.881	0.831
0.5	2.482	2.377	2.306	2.110	2.014	2.2	1.017	0.978	0.951	0.872	0.822
0.8	1.645	1.576	1.528	1.398	1.335	2.3	1.008	0.971	0.943	0.865	0.815
1.0	1.488	1.332	1.256	1.111	1.060	2.4	1.003	0.968	0.939	0.861	0.811
1.1	1.402	1.269	1.206	1.076	1.029	2.5	1.000	0.965	0.936	0.859	0.810
1.2	1.333	1.220	1.163	1.048	1.000	2.6	0.993	0.958	0.929	0.852	0.804
1.3	1.274	1.177	1.124	1.022	0.972	2.7	0.986	0.951	0.922	0.846	0.796
1.4	1.224	1.139	1.093	1.000	0.948	2.8	0.980	0.945	0.917	0.841	0.791
1.5	1.180	1.105	1.064	0.977	0.925	2.9	0.972	0.938	0.910	0.833	0.785
1.6	1.143	1.078	1.041	0.955	0.906	3.0	0.965	0.930	0.903	0.827	0.779
1.7	1.111	1.052	1.018	0.936	0.885	3.1	0.958	0.923	0.896	0.820	0.773
1.8	1.084	1.031	1.000	0.919	0.869	3.2	0.952	0.917	0.890	0.816	0.767
1.9	1.063	1.015	0.984	0.904	0.855	3.3	0.945	0.912	0.884	0.809	0.760
2.0	1.044	1.000	0.971	0.891	0.842	3.4	0.938	0.904	0.877	0.803	0.754

续　表

住宅容积率	1～2 级	3～5 级	6～7 级	8～9 级	10 级	住宅容积率	1～2 级	3～5 级	6～7 级	8～9 级	10 级
3.5	0.930	0.897	0.870	0.796	0.749	4.8	0.841	0.809	0.784	0.714	0.668
3.6	0.923	0.890	0.862	0.790	0.740	4.9	0.833	0.801	0.777	0.709	0.662
3.7	0.917	0.884	0.858	0.784	0.736	5.0	0.827	0.797	0.771	0.703	0.656
3.8	0.910	0.877	0.851	0.778	0.730	5.1	0.820	0.790	0.764	0.697	0.650
3.9	0.903	0.870	0.843	0.771	0.723	5.2	0.813	0.783	0.758	0.690	0.644
4.0	0.896	0.862	0.836	0.765	0.718	5.3	0.806	0.775	0.751	0.684	0.637
4.1	0.890	0.856	0.830	0.759	0.712	5.4	0.798	0.768	0.743	0.677	0.631
4.2	0.883	0.851	0.825	0.752	0.705	5.5	0.793	0.762	0.738	0.671	0.626
4.3	0.875	0.843	0.817	0.746	0.699	5.6	0.785	0.755	0.732	0.665	0.619
4.4	0.868	0.836	0.810	0.739	0.692	5.7	0.778	0.748	0.725	0.658	0.613
4.5	0.861	0.829	0.803	0.733	0.685	5.8	0.771	0.740	0.717	0.652	0.607
4.6	0.855	0.823	0.797	0.727	0.681	5.9	0.764	0.735	0.710	0.645	0.599
4.7	0.848	0.816	0.791	0.722	0.674	6.0	0.758	0.729	0.704	0.640	0.595

注：①住宅容积率低于 0.3 时，按容积率为 0.3 对应的地面价计算；商业、办公、研发总部类容积率低于 1.0 时，按容积率为 1.0 对应的地面价计算；②住宅、商业、办公容积率高于 6.0 时按容积率为 6.0 对应的楼面价计算；③当宗地容积率介于上述所列的容积率之间时，可用直线插值法确定其对应的修正系数。

(2) 区域因素和个别因素修正

住宅、商业、办公和工业用途基准地价区域因素和个别因素修正不变，保持与 2010 年基准地价成果相一致。

研发总部类用途因目前成交案例较少，不能根据成交案例编制完整的区域因素和个别因素修正系数表，同时因研发总部类用途兼顾办公和工业用途的特点，因此，参考办公和工业用途区域因素和个别因素修正系数制定研发总部类用途因素修正系数表。最终，形成针对不同等级的研发总部用途区域因素和个别因素修正体系，其中 1～5 级研发总部用途修正如表 7-84，表 7-85 所示。

研发总部用途因素修正说明：

1) 交通条件

道路类型的划分：快速路、主干道、次干道、支路四级。一块宗地距区域内的高等级道路越近表明其交通条件越好。评判标准的距离参数通过分析研发总部类用途相应各级别区域内的道路状况得出。

轨道交通站点以及公交站点对研发总部类用途的作用与周边道路类型同理。若无具体说明，指一条以上线路的站点。

表 7-84　　研发总部用途因素修正系数指标说明(1～5 级)

影响因素			优	较优	一般	较劣	劣
区域因素	交通条件	周围道路类型	300m 内有主干道	500m 内有主干道	500m 内有次干道	500m 外有次干道	—
		距快速路匝口距离(km)	<0.5	[0.5, 1)	[1, 1.5)	[1.5, 2)	≥2
		距停车场距离(km)	<0.1	[0.1, 0.2)	[0.2, 0.3)	[0.3, 0.5)	≥0.5
		距轨道交通站点距离(km)	300 米内有两条线路以上的站点	<0.5	[0.5, 1)	[1, 1.5)	≥1.5
		距公交站点距离(km)	200 米内有十条以上线路的站点	200 米内有五条以上线路的站点	<0.3	[0.3,0.5)	≥0.5
		距火车站距离(km)	<3	[3, 5)	[5, 10)	[10, 15)	≥15
		距长途汽车站距离(km)	<2	[2, 4)	[4, 6)	[6, 10)	≥10
		距机场距离(km)	<5	[5, 10)	[10, 15)	[15, 20)	≥20
	基本设施状况	基础设施	保障率高	保障率较高	保障率一般	保障率较低	保障率低
		配套设施	配套齐全	具备 5～6 项	具备 3～4 项	具备 1～2 项	无配套
	环境状况	环境状况	优越	良好	一般	较差	差
	城市规划	城市规划	有利	较有利	无影响	较不利	不利
个别因素	临街状况	临街状况	三面临街	两面临街	一面临街	袋地	袋地(严重影响利用)
		临街道路类型	主干道	次干道	支路(三、四车道)	支路(二车道以下)	—
	宗地形状	宗地形状	规则，利用合理	较规则，有利于利用	无不利影响	不规则，影响利用	不规则，严重影响利用
	宗地面积	宗地面积(m^2)	≥25 000	[15 000, 25 000)	(8 000, 15 000)	(3 000, 8 000]	≤3 000

表 7-85　　研发总部用途因素修正系数(1～5 级)

影响因素			优	较优	一般	较劣	劣
区域因素	交通条件	周围道路类型	1.7%	0.9%	0.0%	-0.9%	—
		距快速路匝口距离	0.2%	0.1%	0.0%	-0.1%	-0.2%
		距停车场距离	0.9%	0.4%	0.0%	-0.4%	-0.9%
		距轨道交通站点距离	1.0%	0.5%	0.0%	-0.5%	-1.0%
		距公交站点距离	0.8%	0.4%	0.0%	-0.4%	-0.8%
		距火车站距离	1.6%	0.8%	0.0%	-0.8%	-1.6%
		距长途汽车站距离	0.5%	0.3%	0.0%	-0.3%	-0.5%
		距机场距离	1.6%	0.8%	0.0%	-0.8%	-1.6%

续 表

影响因素			优	较优	一般	较劣	劣
区域因素	基本设施状况	基础设施	7.8%	3.9%	0.0%	-3.9%	-7.8%
		配套设施	2.4%	1.2%	0.0%	-1.2%	-2.4%
	环境状况	环境状况	3.6%	1.8%	0.0%	-1.8%	-3.6%
	城市规划	城市规划	2.7%	1.4%	0.0%	-1.4%	-2.7%
个别因素	临街状况	临街状况	10.0%	5.0%	0.0%	-5.0%	-10.0%
		临街道路类型	5.0%	2.5%	0.0%	-2.5%	—
	宗地形状	宗地形状	3.0%	1.5%	0.0%	-1.5%	-3.0%
	宗地面积	宗地面积	3.0%	1.5%	0.0%	-1.5%	-3.0%
	宗地面积	宗地面积	3.0%	1.5%	0.0%	-1.5%	-3.0%

火车站、长途汽车站、机场等对外交通设施对研发活动提供便利。

2）基本设施状况

基础设施的保障率是指是否有道路严重拥堵、拉电、电压不稳、电话容量限制等、供水限制、大雨积水等情况，衡量指标以定性为主。

配套设施指银行、便利店、员工餐厅、公园、大学、邮局、健身馆等设施。

3）环境状况

环境状况指环境质量、绿化覆盖、环境景观等。环境质量主要指大气污染、水污染、噪声污染等优劣度。环境景观主要是指滨江、大型绿地、湿地等自然景观。环境状况的评价综合前述因素一并考虑。衡量指标以定性为主，分为优越、良好、一般、较差、差。

4）城市规划

研发总部用途的城市规划指城市道路、城市内部公共交通、对外交通、主要基本设施、环境状况等规划。

城市规划的正面影响依程度分为有利、较有利，负面影响依程度分为较不利、不利。

对研发总部用途而言，程度为有利的城市规划有区域内高等级的城市道路的规划新增、改扩建；轨道交通站点（线路）和公交站点（线路）的规划新增新建；高等级的对外交通设施和交通枢纽的规划新建、升级；主要基础设施的高标准的规划新增、改扩建、升级；规划使大气、水、噪声环境质量将有明显改善等。

程度为较有利的城市规划有区域内一般等级的城市道路的规划新增、改扩建；轨道交通站点（线路）和公交站点（线路）的运营时间延长、发车间隔时间缩短；一般等级的对外交通设施的规划新建、升级；主要基础设施的一般标准的规划新增、改扩建、升级；规划使大气、水、噪声环境质量将有改善等。

城市规划可能对某一特定的区域造成不利或较不利影响的情况有：规划的改变将使双向道路变为单向道路；原道路没有隔离带将变成有隔离带；规划建设的附近封闭式道路将使某区域的通达性变差；规划建设的大型卖场将增加周边区域道路的车流量，造成拥堵和噪声。

(3) 地下建设用地使用权基本价格

为进一步鼓励和规范使用地下空间，本次基准地价修订对于地下建设用地使用权基本价格有两方面调整，一是增加工业和仓储用地对应的地下一层基本价格与基准地价比例关系；二是进一步下调外环外区域地下一层基本价格占基准地价的比例。

地下一层基本价格以基准地价为依据，区分不同用途和相应级别，参照地上同类用途基准地价的下述比例关系确定(指楼面地价比例关系)，地下二层按地下一层的60%确定，地下三层及以下按上一层的70%确定。

表7-86　　地下一层基本价格与基准地价比例关系

级别	1	2	3	4	5	6	7	8	9	10
商业	50%	50%	50%	50%	40%	40%	20%	20%	20%	20%
办公	20%	20%	20%	15%	15%	15%	10%	10%	10%	10%
工业	15%	15%	15%	10%	10%	6%	6%	6%	6%	—
停车库参照商业	15%	15%	15%	15%	10%	10%	6%	6%	6%	6%

注：上表的比例基数以不同用途相应级别的基准地价成果表中的楼面地价为准。停车库包括各类经营性地下停车库。

4. 应用说明的调整

本轮基准地价更新为加强基准地价各类用途与实际出让用地类型的衔接，进一步完善和细化基准地价用途分类及特定用途土地价格标准，实现基准地价指导范围的全覆盖。依据《土地利用现状分类》(GB/T 21010—2007)、《城市用地分类与规划建设用地标准》(GB/J 137—90)和《上海市城市规划管理技术规定》(2003)，将通常意义上土地用途四类划分，扩展为了住宅、商业、办公、工业和研发总部用途。具体说明详见表7-87。

根据土地市场成交案例与基准地价价格水平的比较关系，进一步细化确定特定用途土地基准地价标准。特定用途与基准地价的比照关系规定如下：

1. 大型超市(专业店、折扣店)特指营业面积一般在5 000 m^2 以上的超市(专业店、折扣店)，该类用途的基准地价不低于同级别商业基准地价的70%。

表 7 - 87　　基准地价土地用途分类表

参考用途	范　围
住宅	指主要用于人们生活居住的场所及其附属设施等用地。包括商品住宅用地等。
商业	批发零售用地：指主要用于商品批发、零售的用地。包括百货店、批发市场、大型超市(专业店、折扣店)*、菜场(农产品批发市场、农贸市场、社区菜市场)*、购物中心、超市、加油站等各类商业网点用地。 住宿餐饮用地：指主要用于提供住宿、餐饮服务的用地。包括旅馆用地*和餐饮用地，其中旅馆用地包括宾馆、酒店、旅馆、招待所、度假村等用地；餐饮用地包括饭店、餐厅、酒吧、酒楼、饭庄、快餐店等用地。 商业金融用地*：指主要用于金融、保险行业等用地。包括金融、保险、证券等用地。 其他商服用地：指上述用地以外的其他商业用地。包括洗浴场、俱乐部、康乐中心、歌舞厅、高尔夫球场和停车场(楼)*等用地。
办公	商务办公用地：指企业、服务业等办公场所，以及经营性的办公场所用地。包括经营性写字楼，办公楼、服务业的办公场所等用地。 科研用地*：指用于各类独立的科研、勘测、设计、技术推广、科普等用地。包括各类科研设计等用地。 文体、教育用地*：指用于各类文化、体育、教育及公共场所等用地。包括各类教育、培训、新闻出版、文化艺术、广播电视、图书馆、会展中心、博物馆、影剧院、体育场馆和训练场地等用地。 医疗卫生用地*：指用于医疗保健、医检药检、福利救助等用地。包括各类医院、休养所、疗养院、福利院、养老院等用地。 养老用地*：指用于老龄人居住、保健、护理活动等服务设施用地。包括各类老年公寓、敬老院、老龄护理院和老龄活动中心等。
研发总部	研发总部用地：指用于研发设计、企业总部、信息技术服务等新型产业用地，且需通过相关部门的认定。
工业	工业用地：指工业生产及直接为工业生产服务的附属设施用地。包括产业类用地、农产品加工类*、标准厂房类*等用地。 仓储用地：指用于物资储备、中转的场所及其相应附属设施用地。 交通运输用地：指用于运输通行的地面线路、厂站等的土地。包括机场、港口、码头、地面运输管道和各种道路用地。

注：1. 其他未列入用途归入性质相似的类别；
2. * 注是特定用途土地。

2. 菜场用地基准地价不低于同区域工业基准地价。

3. 旅馆业用地基准地价不低于同级别商业基准地价的 80%。

4. 商业金融业用地基准地价不低于同级别商业基准地价的 80%。

5. 停车场(楼)用地基准地价不低于同级别办公基准地价的 30%。

6. 文体、科研用地基准地价不低于同级别办公基准地价的 80%。

7. 教育、医疗卫生和养老用地基准地价不低于同级别办公基准地价的 60%。

8. 农产品加工类基准地价不低于同级别工业用途基准地价的 70%。

9. 标准厂房类工业用途基准地价不低于同级别工业用途基准地价的 130%。

第8章

上海市区段地价成果编制与更新

一、上海市区段地价内涵

上海市于2010年6月启动区段地价制定工作，其区段地价是指在一定设定条件下，根据住宅、商业、办公、工业四类用途，按照土地利用与区位条件相近，地价水平相当，空间连续的封闭均质区域或均值路线设定条件下的平均价格。

具体内涵及设定条件如表8-1所示。

表8-1　　区段地价内涵及设定条件一览表

基准日:2011年1月1日

设定用途	使用年限	价格类型	开发程度	用途类型	土地利用状况
住宅	70	楼面地价	“七通一平”	商品住宅用地	设定容积率*
商业	40	楼面地价	“七通一平”	整宗商业用地	设定容积率*
办公	50	楼面地价	“七通一平”	经营型办公用地	设定容积率*
工业	50	地面价	“五通一平”	制造业用地 研发类工业用地	设定容积率*

注:原则上保持与级别基准地价设定容积率一致;但特殊的容积率变化区域或规划区域，应分别采用现状平均容积率和规划容积率。

二、上海市区段地价编制程序

（一）区段子单元划分

2011 年区段地价成果中，上海市共划分住宅用途区段子单元 5 345 个，平均 0.48 km^2/个，商业用途区段子单元 4 742 个，平均 0.54 km^2/个；办公用途区段子单元 4 642 个，平均 0.55 km^2/个；工业用途区段子单元 643 个，实现了对工作范围的最小细分。全市子单元划分呈现如下特点：

1. 住宅用途划分细致，各板块差异显现

上海市住宅、商业、办公用途子单元是在共同的底图范围内划分的，住宅用途子单元总量分别比商业、办公用途高出 13%、15%。近年来，上海市房地产市场发展迅速，特别是住宅供应量与需求量同步增长。在供需两旺的态势下，住宅地价攀升速度明显高于商业、办公两类用途，部分区域出现了价格倒挂的现象，市场对住宅用途的关注程度明显高于其他用途土地。因此，对住宅用途子单元进行范围细分是体现住宅板块差异性的必要做法。

从绝对数量和密度分布来看，全市住宅子单元数量 5 345 个，平均 0.48 km^2/个，面积最大的住宅子单元位于浦东新区，为 46.37 km^2，最小的位于虹口区，为 0.008 km^2（0.8 公顷），见图 8－1。

2. 商办用途略粗，着重刻画商业中心与商务区

与住宅用途相比，商办用途子单元划分略粗。这主要是由于商办用途对交通、规划、人流量、商业繁华度等因素更为敏感，全市商业中心和商务办公区在传统商圈基础上呈现空间跳跃式布局。除市级商业中心等影响力较大的商圈外，大部分规模较小，较为分散。另外，商办地价衰减速度快，与其他区域形成明显分隔，非商办集中区内部商办地价较为均衡。因此，在划分商业、办公用途子单元时，根据各区域不同的商办发展基础，重点针对中心城区和郊区新城的商业繁华、办公集聚的区域进行细致刻画。

从绝对数量和密度分布来看，全市商业子单元数量 4 742 个，平均 0.54 km^2/个，面积最大的商业子单元位于浦东新区为 46.37 km^2，最小的位于黄浦区为 0.000 9 km^2（0.09 公顷），如图 8－2 所示。

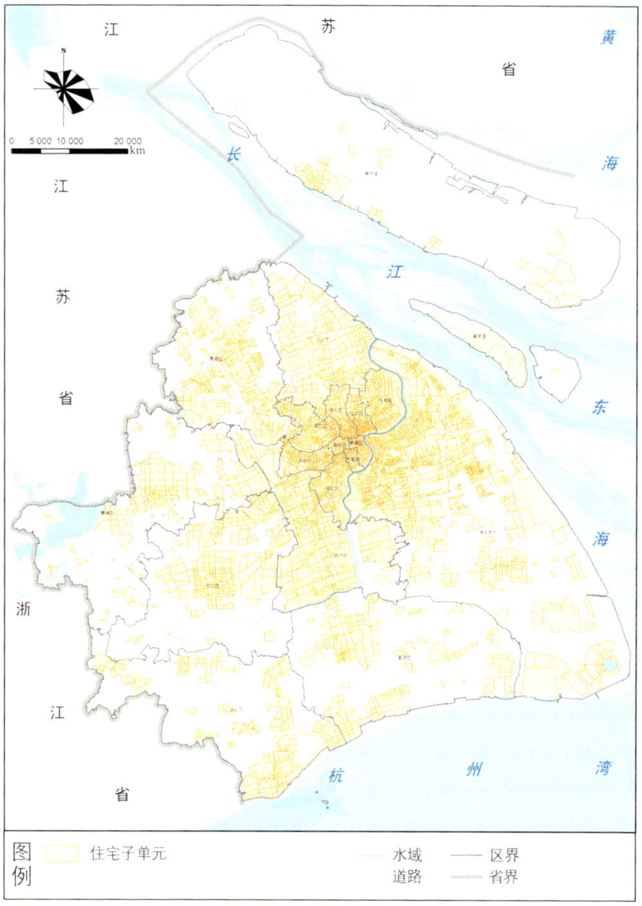

图 8－1　上海市子单元划分情况(住宅用途)

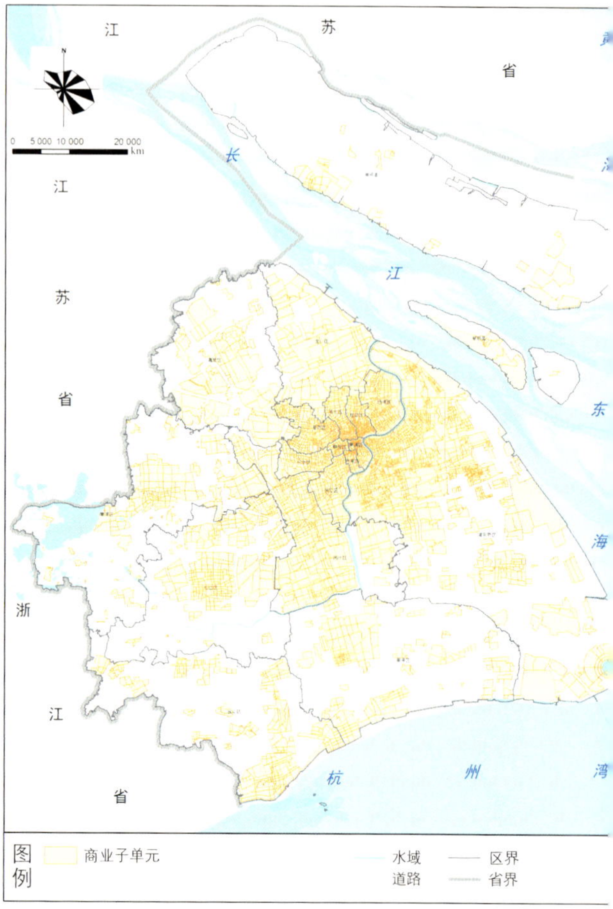

图 8－2　上海市子单元划分情况(商业用途)

从子单元分布的绝对数量和密度来看，全市办公子单元数量 4 642 个，平均 0.55 km^2/个，面积最大与最小的办公子单元均位于浦东新区，分别为 46.37 km^2、0.001 km^2(0.1 公顷)，如图 8－3 所示。

3. 工业用途划分突出产业差异

本次工业用途的工作范围为 41 个公告开发区和 104 个产业区块。一般情况下，以传统制造业为主的工业园区内部土地开发利用条件相似，除沿主干道路的地块外，地价水平差别不大，子单元划分可以主干道路为界线划分，数量较少、单个子单元面积较大。近年来，上海市旧城改造与“退二进三”步伐推进较快，中心城区土地利用结构不断优化，工业用途比例持续下降，为数不多的工业园区也大部分向研发类、创意类产业园区转变，园区内部由于经营产业不同，地价分化较为明显。另外，上海市一批高新科技产业开发区、经济技术开发区等园区范围较大，引入产业类型丰富，区域内地价水平存在差异。在上述区域内，工业子单元的划分相对细致，如漕河泾开发区、紫竹高新技术产业园区、闵行经济技术开发区等，如图 8－4 所示。

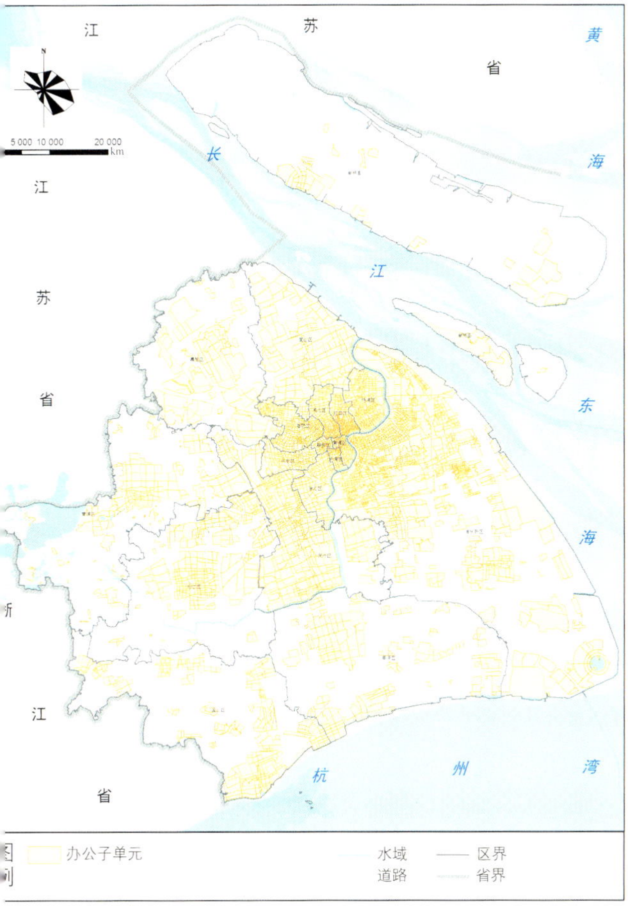

图 8-3　上海市子单元划分情况(办公用途)

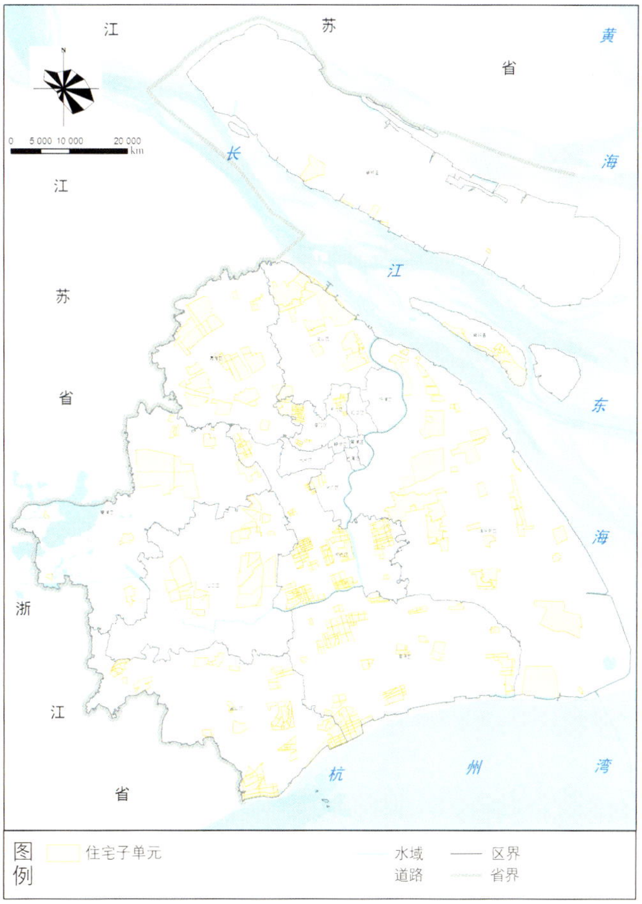

图 8-4　上海市子单元划分情况(工业用途)

4. 中心城区整体密度较为均衡,郊区组团式分布

由于中心城区道路系统完善,路网密集,为子单元实现均衡划分奠定了基础。另外,上海中心城区建设已基本完成,区域稳定性较强,进行子单元细分有助于更加清晰描述中心城区的地价分布规律,提高确定地价均质区域的精确度。但同时,考虑如黄浦区这样的老城厢地区,道路基本为支路及弄路,如果直接以道路划分的街区作为子单元将造成:①划分的子单元面积太小,容易形成碎片;②相邻子单元同质性强。对于这种情况,对黄浦区、静安区、卢湾区等老城区的子单元划分操作采取:将道路状况结合土地利用现状,在不破坏主干道的前提下将四周道路围合区域适当进行扩大,主要以二级道路来划分子单元。

与中心城区相比,上海市郊区的子单元划分在范围上略粗,呈现组团式分布,在未来更新中将随着郊区道路系统的建设完善而不断细分。其中闵行区、宝山区、嘉定区等所包含的与中心城区相衔接的区域,受辐射和带动作用明显,发展较为成熟,基础设施完善,交通路网相对密集,因此这些区域子单元划分的细致程度与中心城区接近。同时,松江区、青浦区、金山区、奉贤区等远郊区，一般以新城或区政府所在乡镇为发展核心，是区域内的行政、文化、经济中心。在这些区域，子单元细化程度明显高于其他距离中心城区和新城均较远的区域。

中心城区各用途子单元划分密度普遍高于郊区，全市外环线内划分住宅子单元2 996个，平均密度0.22 km^2/个；商业子单元2 764个，平均密度0.24 km^2/个；办公子单元2 764个，平均密度0.25 km^2/个，明显高于全市平均密度水平，见表8－2至表8－4。

表8－2　　上海市各区县及外环线内外子单元分布情况比较(住宅用途)

序号	区县	子单元数量(个)	子单元密度(km^2/个)
1	黄浦区	119	0.10
2	卢湾区	75	0.11
3	徐汇区	309	0.18
4	长宁区	244	0.15
5	静安区	49	0.15
6	普陀区	334	0.17
7	闸北区	210	0.14
8	虹口区	266	0.09
9	杨浦区	263	0.23
10	宝山区	229	0.93
11	闵行区	411	0.62
12	嘉定区	335	0.65
13	浦东新区	1 411	0.50
14	奉贤区	251	0.72
15	松江区	300	0.72
16	金山区	278	0.61
17	青浦区	189	0.90
18	崇明县	72	2.23
外环内		2 996	0.22
外环外		2 349	0.81
全市		5 345	0.48

注：表中计算子单元分布密度的区县面积为国有建设用地面积，下同。

表8－3　　上海市各区县及外环线内外子单元分布情况比较(商业用途)

序号	区县	子单元数量(个)	子单元密度(km^2/个)
1	黄浦区	146	0.09
2	卢湾区	92	0.09
3	徐汇区	161	0.34
4	长宁区	126	0.30

续　表

序号	区县	子单元数量(个)	子单元密度(km^2/个)
5	静安区	70	0.11
6	普陀区	334	0.17
7	闸北区	210	0.14
8	虹口区	281	0.08
9	杨浦区	263	0.23
10	宝山区	111	1.93
11	闵行区	408	0.62
12	嘉定区	91	2.39
13	浦东新区	1 433	0.49
14	奉贤区	199	0.91
15	松江区	300	0.72
16	金山区	279	0.61
17	青浦区	189	0.90
18	崇明县	49	3.28
外环内		2 764	0.24
外环外		1 978	0.97
全市		4 742	0.54

表 8-4　　上海市各区县及外环线内外子单元分布情况比较(办公用途)

序号	区县	子单元数(个)	子单元密度(km^2/个)
1	黄浦区	108	0.12
2	卢湾区	73	0.11
3	徐汇区	129	0.43
4	长宁区	141	0.26
5	静安区	56	0.14
6	普陀区	334	0.17
7	闸北区	210	0.14
8	虹口区	281	0.08
9	杨浦区	263	0.23
10	宝山区	140	1.53
11	闵行区	407	0.63
12	嘉定区	91	2.39
13	浦东新区	1 430	0.49
14	奉贤区	172	1.06
15	松江区	300	0.72
16	金山区	279	0.61

续 表

序号	区县	子单元数(个)	子单元密度(km^2/个)
17	青浦区	189	0.90
18	崇明县	39	4.12
外环内		2 689	0.25
外环外		1 953	0.98
全市		4 642	0.55

(二) 区段地价样点选取和价格评估

本次上海市各类用途共选取区段地价样点 8 410 个，其中住宅样点 4 658 个，商业样点 2 331 个，办公样点 818 个，工业样点 603 个。

1. 住宅用途区段地价样点

住宅样点采集 4 658 个，分布以中心城区为主，外环内区域有样点 2 710 个，占上海市总量的 58%；外环外区域有样点 1 948 个，占上海市总量的 42%。上海市住宅样点平均密度为 0.55 km^2/个，平均每个区段子单元含样点 0.9 个(表 8－5)。具体分布情况，如图 8－5 所示。

表 8－5　　上海市各区县及外环线内外样点分布情况比较(住宅用途)

序号	区县	样点数量(个)	样点密度(km^2/个)
1	黄浦区	60	0.21
2	卢湾区	41	0.20
3	徐汇区	330	0.17
4	长宁区	250	0.15
5	静安区	43	0.18
6	普陀区	304	0.18
7	闸北区	176	0.17
8	虹口区	323	0.07
9	杨浦区	347	0.17
10	宝山区	233	0.92
11	闵行区	508	0.50
12	嘉定区	537	0.41
13	浦东新区	739	0.95
14	奉贤区	338	0.54
15	松江区	150	1.43
16	金山区	144	1.18

续　表

序号	区县	样点数量(个)	样点密度(km^2/个)
17	青浦区	94	1.81
18	崇明县	41	3.92
	全市	4 658	0.55
	外环内	2 710	0.24
	外环外	1 948	0.98

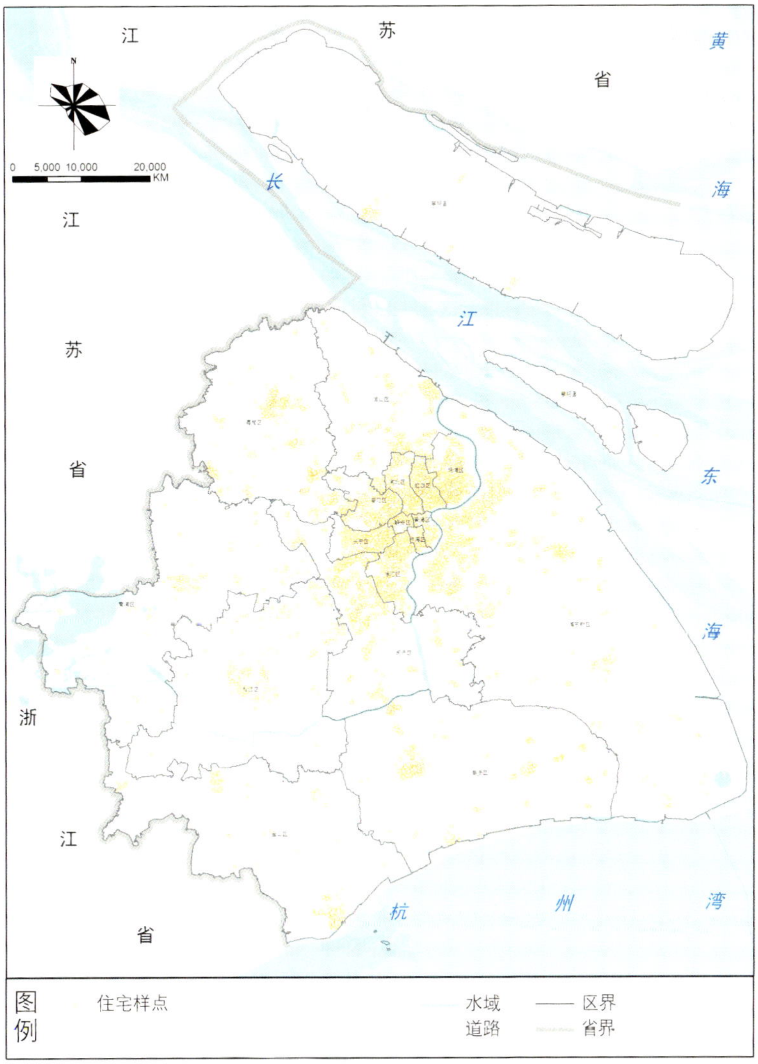

图 8－5　上海市区段地价样点分布(住宅用途)

2. 商业用途区段地价样点

商业样点采集 2 331 个，分布以中心城区的商业中心和郊区新城为主，外环内区域有样点 1 526 个，占上海市总量的 65%，高于住宅样点比例。上海市商业样点平均密度为 1.11 km^2/个，低于住宅样点分布密度，平均每个区段子单元含样点 0.5 个(表 8-6)。具体分布情况，如图 8-6 所示。

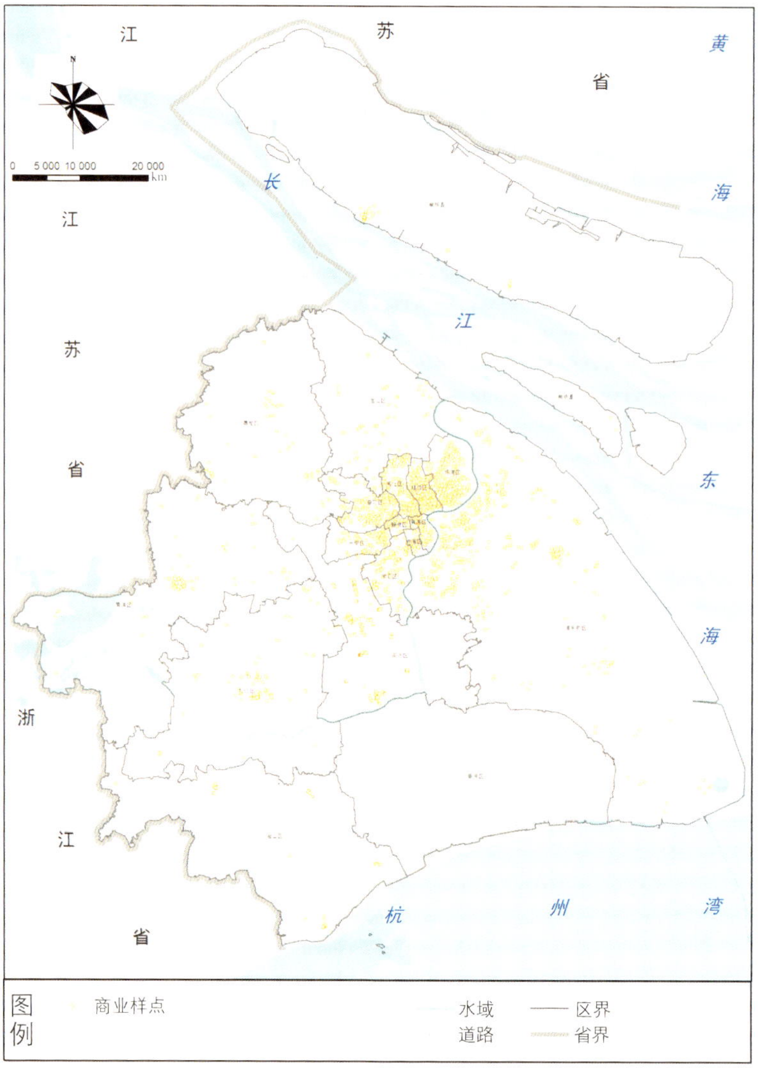

图 8-6　上海市区段地价样点分布(商业用途)

表 8-6　上海市各区县及外环线内外样点分布情况比较(商业用途)

序号	区县	样点数量(个)	样点密度(km^2/个)
1	黄浦区	61	0.20
2	卢湾区	31	0.26
3	徐汇区	106	0.52
4	长宁区	82	0.45

续　表

序号	区县	样点数量(个)	样点密度(km^2/个)
5	静安区	30	0.25
6	普陀区	176	0.32
7	闸北区	130	0.22
8	虹口区	333	0.07
9	杨浦区	205	0.30
10	宝山区	57	3.75
11	闵行区	165	1.54
12	嘉定区	66	3.30
13	浦东新区	437	1.61
14	奉贤区	181	1.00
15	松江区	82	2.62
16	金山区	80	2.12
17	青浦区	75	2.26
18	崇明县	34	4.73
外环内		1 526	0.43
外环外		805	2.38
全市		2 331	1.11

大型商场与纯商业用途宗地集中分布在市级、区级商业中心，而一般商铺、营业网点则分布在居住小区等非商业集中区域。

3. 办公用途区段地价样点

办公样点采集 818 个，分布仍以中心城区为主，外环内区域有样点 625 个，占上海市总量的 76%。上海市办公样点平均密度为 3.15 km^2/个，明显低于住宅和商业样点分布密度，平均每个区段子单元含样点 0.18 个(表 8 - 7)。具体分布情况，如图 8 - 7 所示。

表 8 - 7　　上海市各区县及外环线内外样点分布情况比较(办公用途)

序号	区县	样点数量(个)	样点密度(km^2/个)
1	黄浦区	59	0.21
2	卢湾区	36	0.22
3	徐汇区	60	0.91
4	长宁区	53	0.70
5	静安区	51	0.15
6	普陀区	49	1.13
7	闸北区	42	0.69
8	虹口区	95	0.25
9	杨浦区	57	1.06

续 表

序号	区县	样点数量(个)	样点密度(km^2/个)
10	宝山区	20	10.69
11	闵行区	11	23.13
12	嘉定区	38	5.73
13	浦东新区	117	6.03
14	奉贤区	25	7.26
15	松江区	50	4.30
16	金山区	21	8.07
17	青浦区	30	5.66
18	崇明县	4	40.18
外环内		625	1.06
外环外		193	9.91
全市		818	3.15

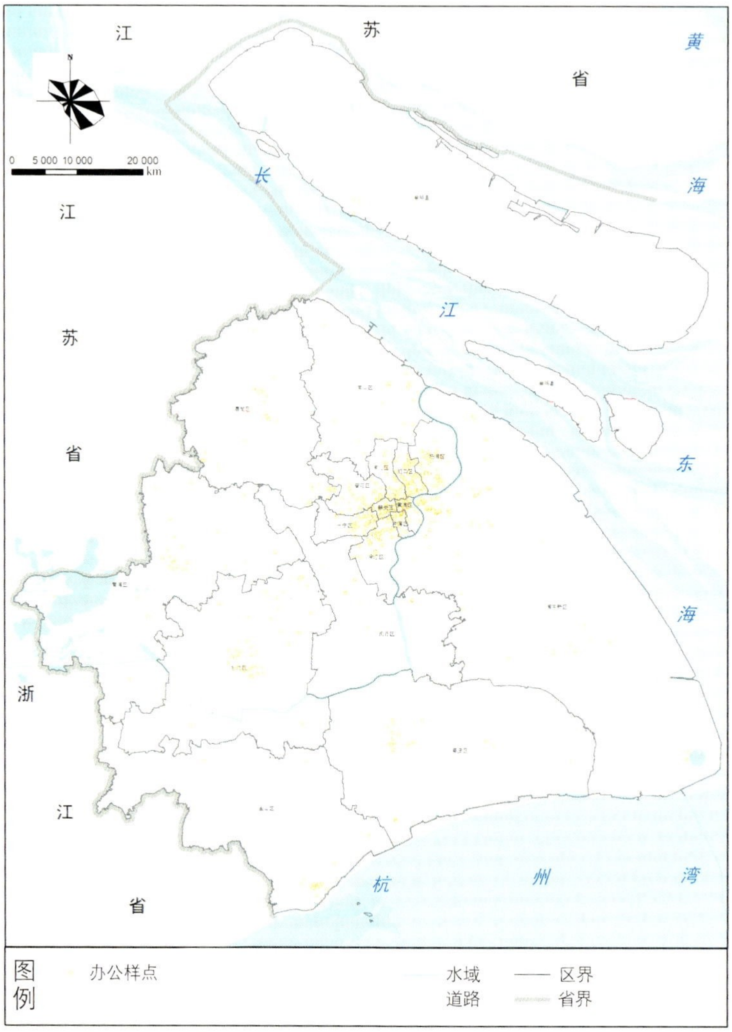

图 8-7　上海市区段地价样点分布(办公用途)

在商业中心和商务区中的办公样点质量较好，基本为甲级写字楼，如南京西路、静安寺、中山公园、虹桥开发区等区域；郊区新城办公样点数量较少，部分开发区存在一定数量的商务办公用途，除此以外的郊县区域基本无办公样点分布。

4. 工业用途区段地价样点

上海市 41 个公告开发区和 104 个产业区共采集工业样点 603 个，其中土地交易样点有 455 个，占全市总量的 75%，其余为工业企业厂房样点。上海市工业区主要集中在郊区县，随着“退二进三”的不断推进，工业企业向工业园区集中，中心城区工业用途数量持续减少。本次工业样点采集其中金山区样点最多达 163 个，占上海市总量的 27%。全市平均每个工业区段子单元含样点 0.95 个。具体分布情况，如图 8-8 所示。

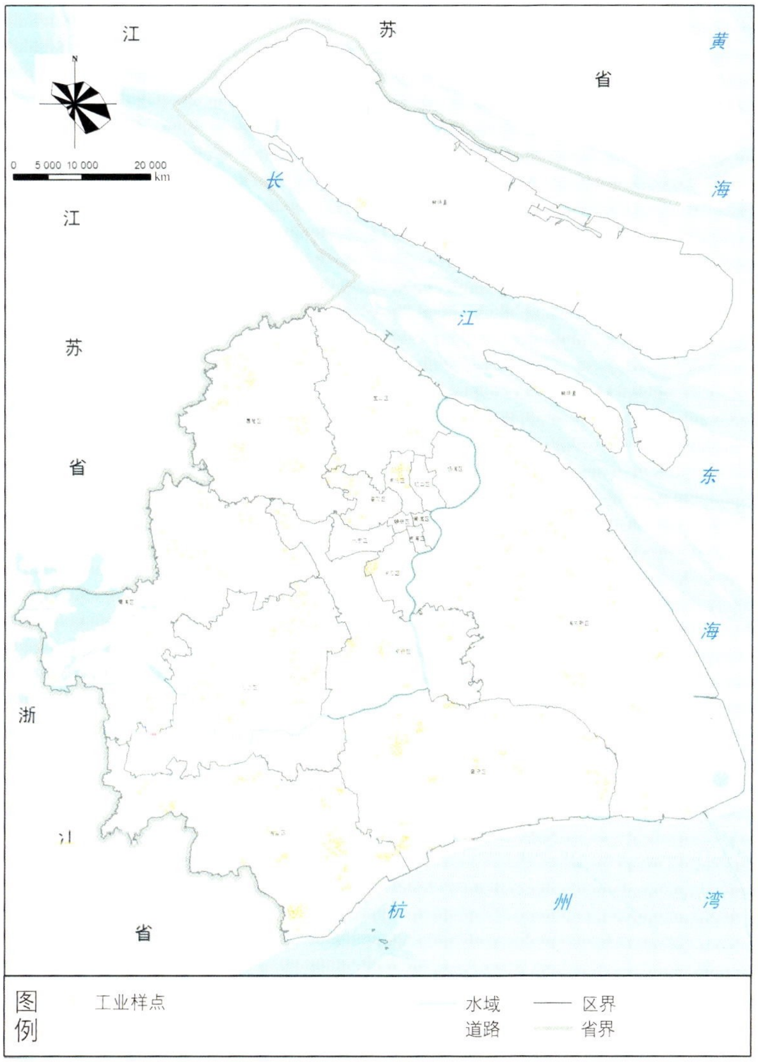

图 8-8　上海市区段地价样点分布(工业用途)

明确各用途区段地价样点后，采用市场比较法、收益还原法、剩余法等评估方法，对各用途区段地价样点进行价格评估，并容积率、土地使用权年期、土地开发程度等条件修正，从而最终得到样点在设定条件下的地价。

（三）区段单元划分

根据上海市的具体情况和《城镇土地分等定级规程》的要求，本次初步划分区段单元范围采用多因素综合评价法，并利用子单元归并法、经验判别法、实地踏勘调整法进行修正的技术路线。

1. 基于多因素综合评价法划分区段单元

（1）因素选取与权重确定

由于本次区段地价划分区段单元范围是在基准地价更新成果的基础上展开的，确定基准地价级别范围时考虑的因素已十分全面，因此本次选取影响因素时是根据因素选择原则，主要选取有决定性作用及变化明显的因素，而其他对地价影响程度较为均质性的因素则根据简化原则未纳入指标体系。分别按照住宅、商业、办公、工业四类用途，考虑各类土地的差异有侧重的确定了因素、因子体系。

在初步确定因素因子体系后，采用特尔菲法确定因素权重。本次邀请的专家覆盖土地及房地产估价、城市规划、土地管理、土地经济、房地产管理等领域，共 20 余人。根据专家征询结果的离散状况，共进行了两轮打分。第一轮主要是因素因子打分，针对每个因素做出评价，对打分结果进行统计处理，求出总体意见的概率分布，并制定第二轮征询表；第二轮主要是信息反馈与再征询。

第二轮征询后标准差小于 0.1，符合分值离散度的要求，说明各位专家对各因素的权重值大小意见基本一致，以第二轮打分结果作为因素权重值。各类用途因素因子指标体系及权重详见表 8－8 至表 8－11。

表 8－8　　住宅用途因素因子指标体系及其权重

因素	权重	因子	权重	要素	权重
繁华程度	0.205	商服繁华影响度	1	商业中心	1
交通便捷度	0.324	道路通达度	0.398	道路等级	1
		公共交通便捷度	0.602	轨道交通站点	1
基本设施	0.287	公用设施完备度	0.739	大学	0.212
				中小学	0.412
				医院	0.376
		基础设施完善度	0.261	基础设施完善度	1

续　表

因素	权重	因子	权重	要素	权重
环境条件	0.184	区域环境状况	1	公园绿地	0.568
				江海水景	0.432

表 8－9　　商业用途因素因子指标体系及其权重

因素	权重	因子	权重	要素	权重
繁华程度	0.46	商服繁华影响度	1	商业中心	0.425
				现代服务业集聚区	0.356
				旅游景点	0.219
交通便捷度	0.353	道路通达度	0.42	道路等级	1
		公共交通便捷度	0.58	轨道交通站点	1
基本设施	0.187	基础设施完善度	1	基础设施完善度	1

表 8－10　　办公用途因素因子指标体系及其权重

因素	权重	因子	权重	要素	权重
繁华程度	0.372	商服繁华影响度	0.456	商业中心	1
		办公集聚度	0.544	现代服务业集聚区	1
交通便捷度	0.422	道路通达度	0.485	道路等级	1
		公共交通便捷度	0.515	轨道交通站点	1
基本设施	0.206	基础设施完善度	1	基础设施完善度	1

表 8－11　　工业用途因素因子指标体系及其权重

因素	权重	因子	权重	要素	权重
交通便捷度	0.426	道路通达度	0.658	道路等级	1
		对外交通便利度(货运)	0.342	火车站	0.368
				码头	0.318
				机场	0.314
产业集聚	0.324	产业集聚影响度	1	工业园区等级	1
基本设施	0.25	基础设施完善度	1	基础设施完善度	1

(2) 因素因子资料收集整理

商服繁华影响度是商业服务业的规模等级及其对土地利用的影响程度。商业中心、现代服务业集聚区、旅游景点等是城镇中人口流动和物质交换聚集的特殊地段，因此，本次区段单元范围评价选取此三个要素体现区段子单元的繁华程度。根据相关资料，整理出上海市“市级、地区级、社区级”三级商业中心休系共 247 个区域范围，见图 8－9。现代服务业集聚区在商业和办公用途中分别对应商服繁华影响度和办公集聚度2类因子。本次共选取了22个现代服务业集聚区，如图8-10所示。旅游景点是游客参观、游览、休闲的聚集场所。通过调查统计，主要选取上海市主要旅游景点41个，其中国家4A级以上28个，如图8-11所示。

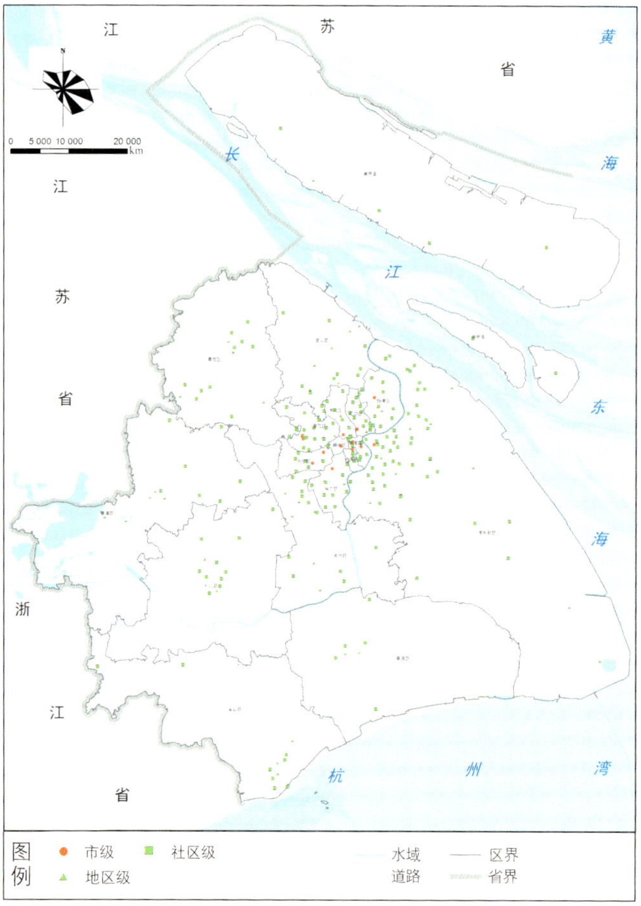

图8-9 上海市商业中心分布图

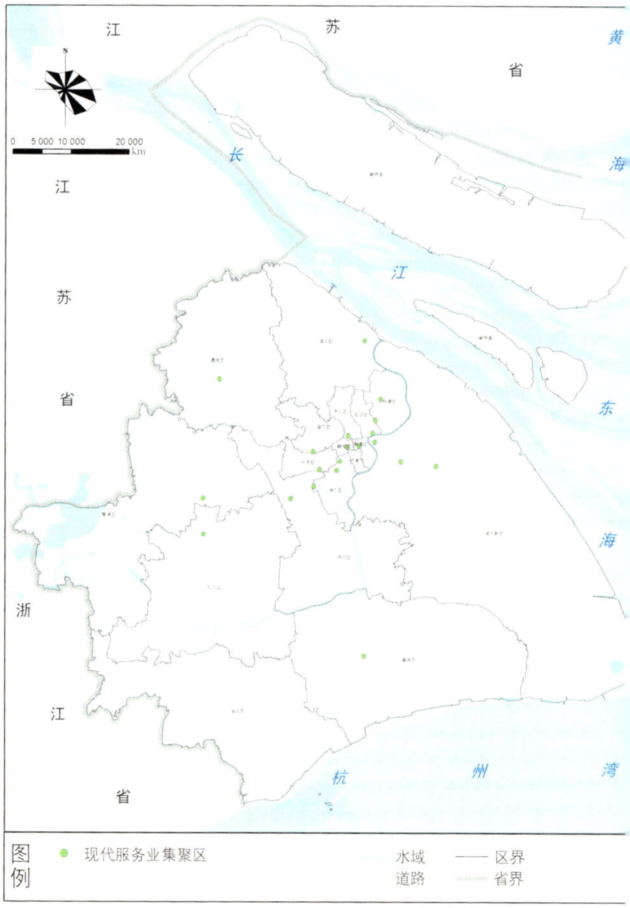

图8-10 上海市现代服务业集聚区分布图

交通便捷度主要是通过道路交通情况反映直接影响居民生活、生产出行的便利度，对土地利用方式、强度、价格水平均产生明显影响。主要根据上海市测绘院编制的上海市城区交通图、上海市旅游交通图等地图资料（图8-12，图8-13），选取道路、轨道交通站点、火车站、码头、机场作为区段单元划分的重要要素，以道路为例，共选取4 656条，包括快速干道、主干道、次干道、支路等四种类型（图8-14）。

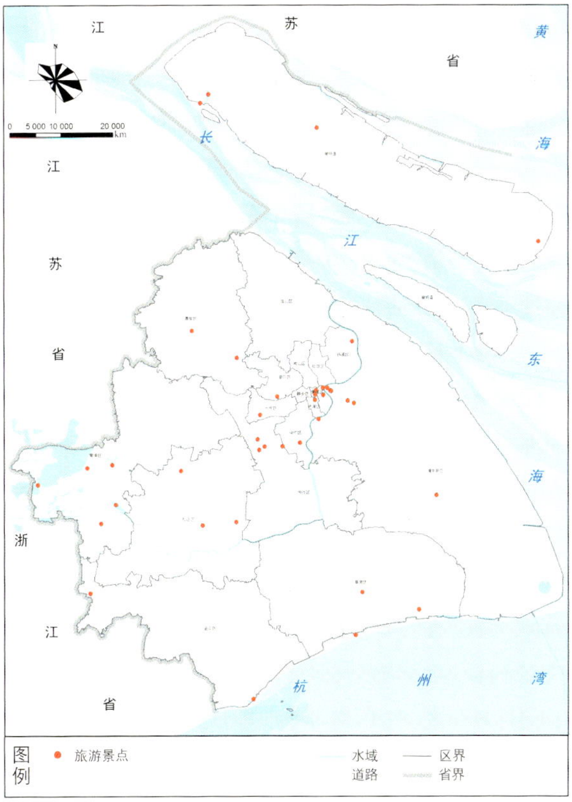

图 8 - 11　上海市主要旅游景点分布图

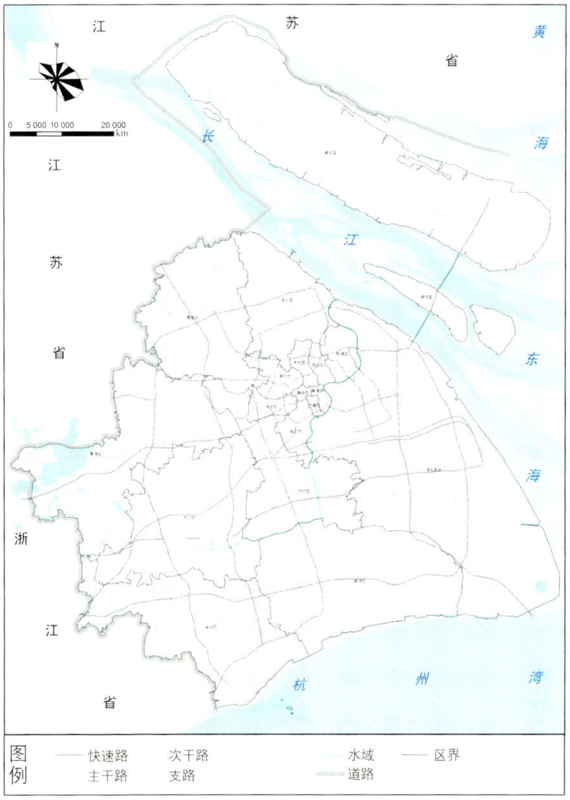

图 8 - 12　上海市道路分布图

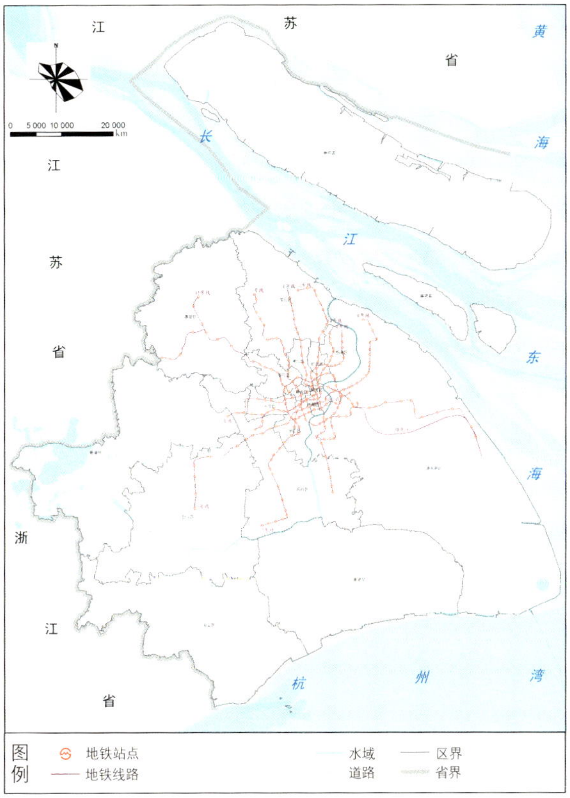

图 8 - 13　上海市轨道交通站点分布图

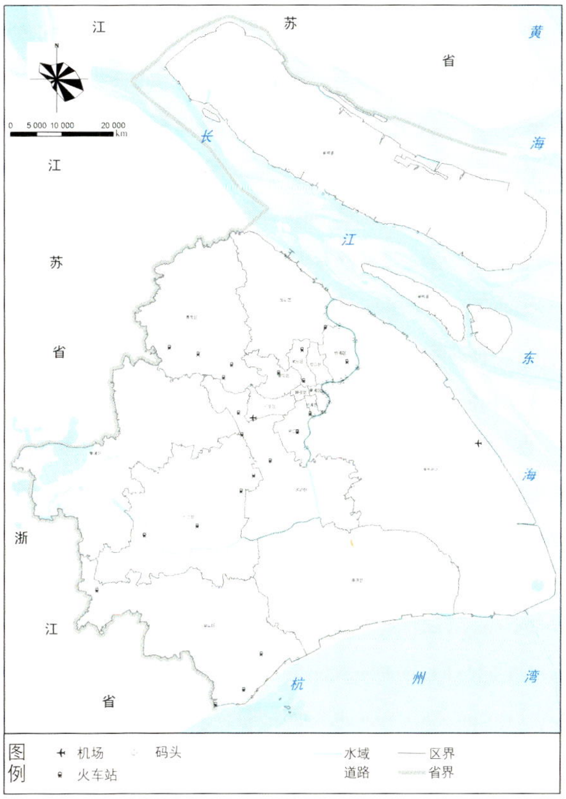

图 8 - 14　上海市火车站、码头、机场分布图

基本设施包括公用设施和基础设施两大类，其中公用设施完备度主要对住宅地价产生明显影响，因此在住宅用途中将学校、医院作为重点要素，调查其数量、分布、规格等。而基础设施完备度则主要考虑供水、供电、供气、通讯、邮政、文化设施等基础市政设施在上海的分布情况，适用于各用途地价影响因素评价，见图 8－15 和图 8－16。

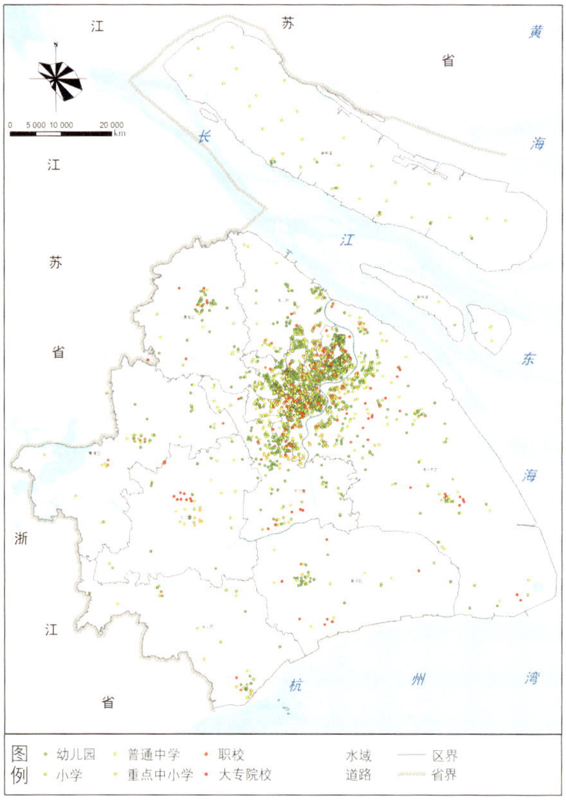

图 8－15　上海市学校分布图

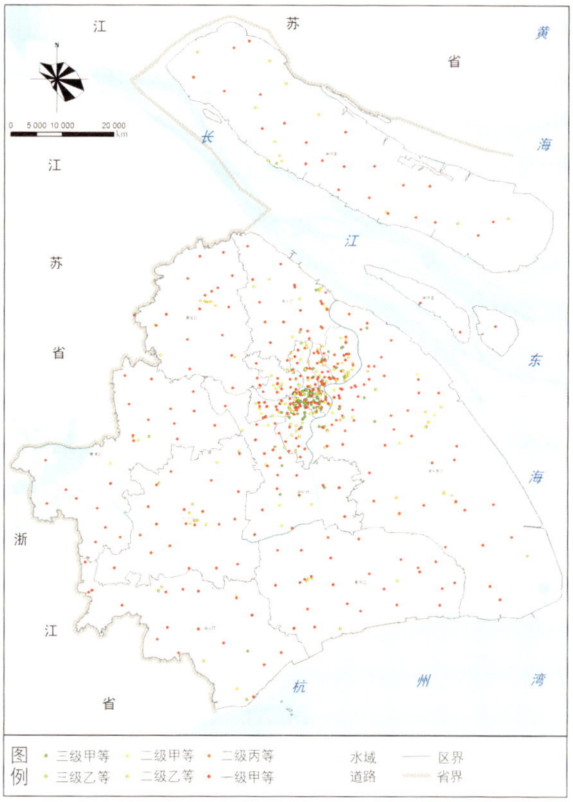

图 8－16　上海市医院分布图

环境条件的优劣将影响人们开展各项经济活动，进而以不同的效应直接影响土地价格。在各用途土地中，住宅用途土地价格受环境条件因素影响最为明显，并且根据调研发现，各项环境条件指标中，区域内是否有公园绿地、江海水景分布，已成为影响地价的重要考量，见图 8－17，图 8－18。从简化指标角度考虑，其他用途土地综合评价未将环境条件列入影响因素中。

产业集聚是反映产业在一定范围的集中程度。若集中程度高，同时集聚的产业类型之间联系紧密，共同利用基础设施、劳动力等资源效率高，则工业用途的价格相应较高，见图 8－19。

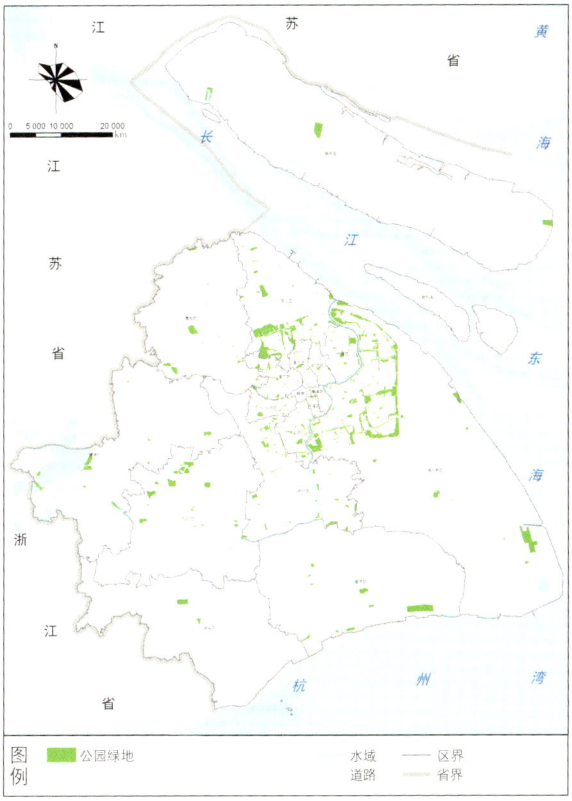

图 8－17　上海市公园绿地分布图

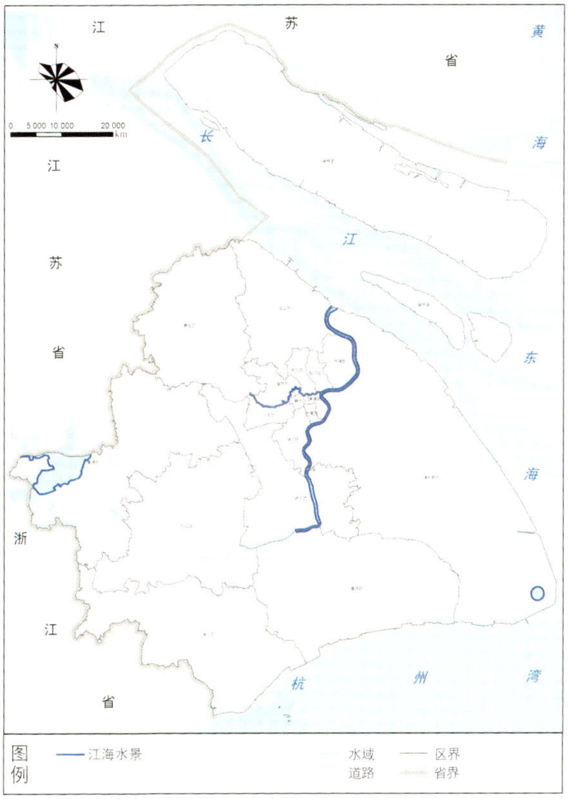

图 8－18　上海市江海水景分布图

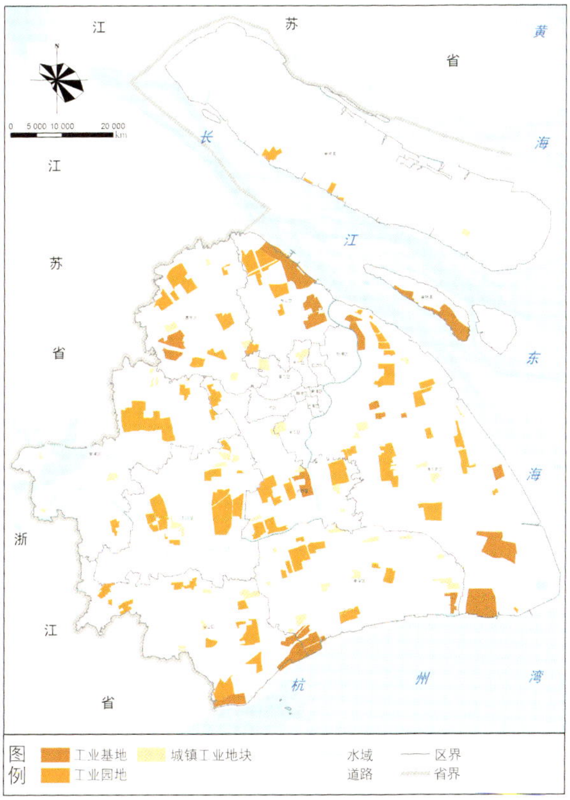

图 8－19　上海市工业园区分布图

(3) 要素分值量化与衰减模型确定

本次上海市区段单元划分评价因素分类如下：

点状要素：商业中心、现代服务业集聚区、旅游景点、学校、医院、公园绿地、轨道交通站点、火车站、码头、机场；

线状要素：江海水景、道路等级；

面状要素：基础设施完善度、工业园区等级。

本次区段单元划分的因素分值体系采取 0～100 分的封闭区间，点、线状因素的功能分、作用分与其设施规模、服务能级成正比，面状因素作用分与该因素的优劣度成正比。各因素分值量化和作用半径确定主要根据专家征询意见确定。

不同类型要素根据《城镇土地分等定级规程》要求选择相应衰减公式。

(4) 各用途区段子单元总分值计算

住宅、商业、办公和工业用途区段子单元综合分值见图 8－20 至图 8－23。

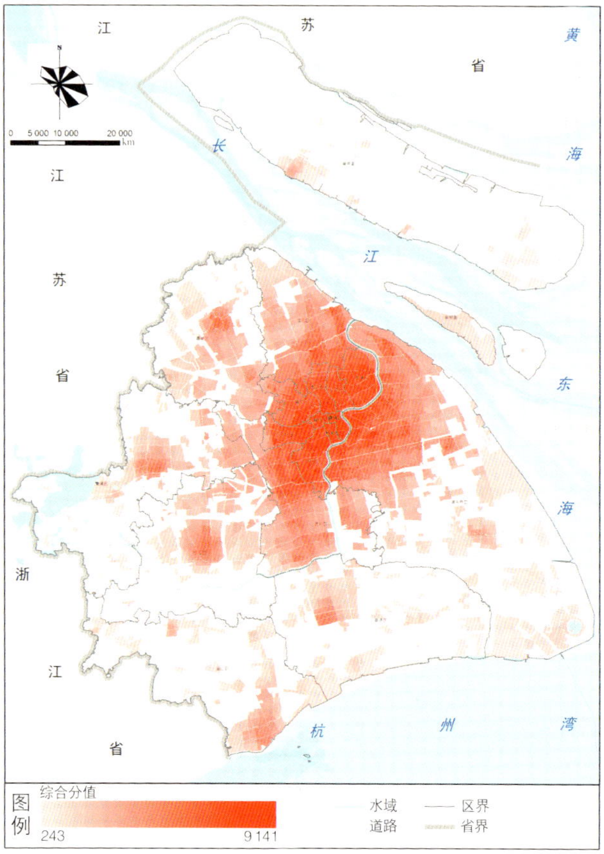

图 8－20　上海市区段子单元综合分值图(住宅用途)

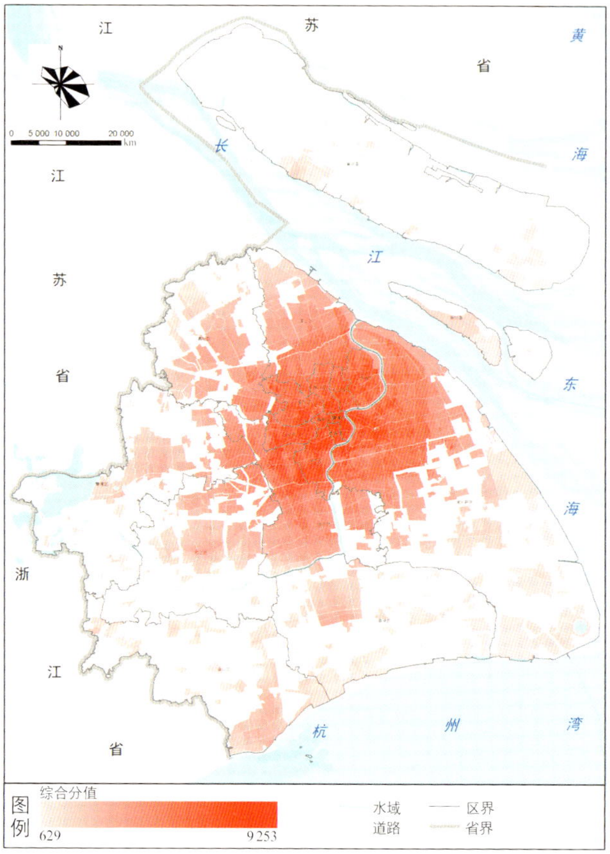

图 8－21　上海市区段子单元综合分值图(商业用途)

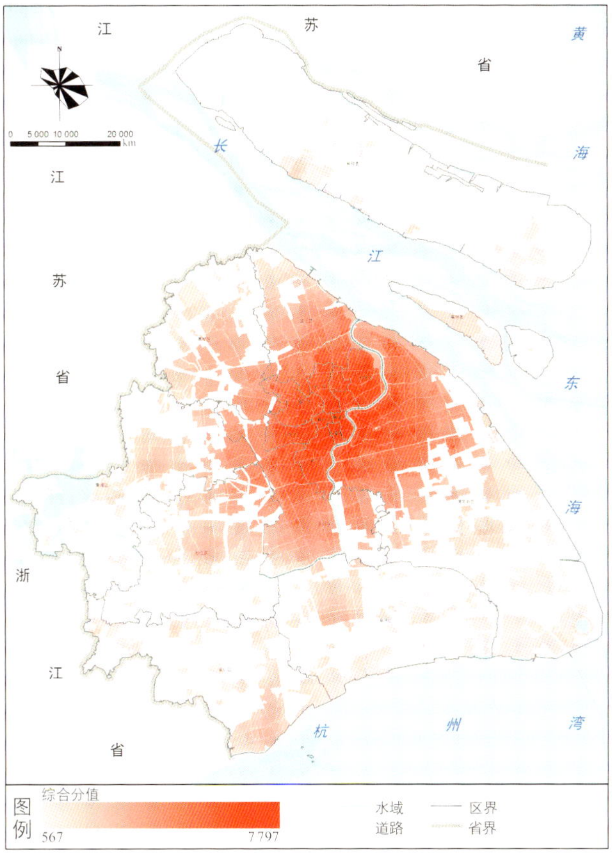

图 8－22　上海市区段子单元综合分值图(办公用途)

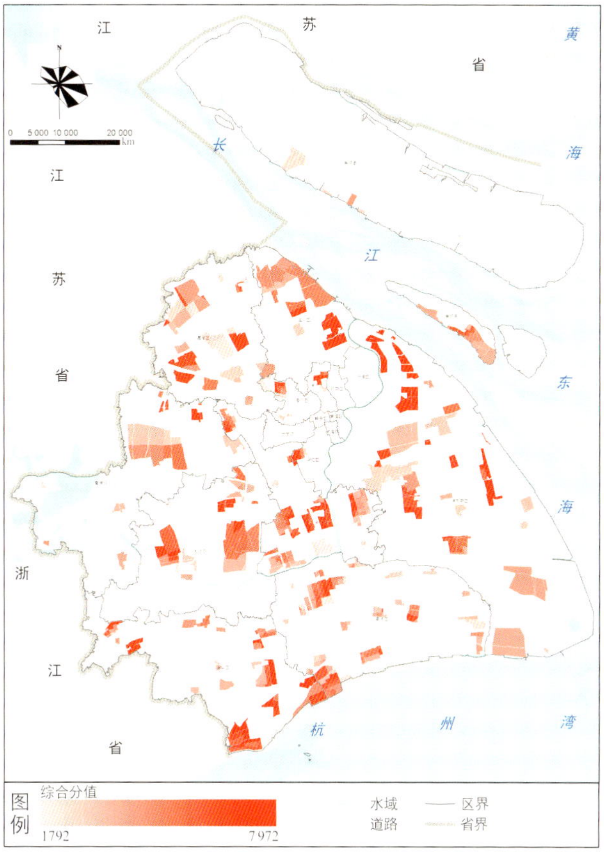

图 8－23　上海市区段子单元综合分值图(工业用途)

(5) 初步划分区段单元范围

从分值频率直方图 8－24 可以看出,住宅、商业、办公可划为 30 个分值区间,工业划分为 20 个分值区间,详见表 8－12。

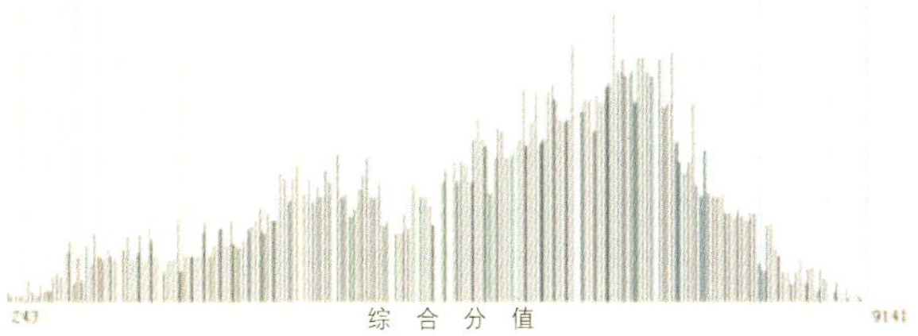

a. 住宅用途区段子单元多因素综合分值等级划分

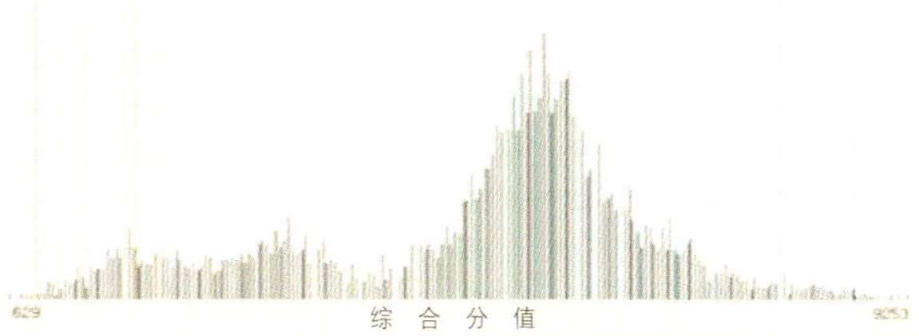

b. 商业用途区段了单元多因素综合分值等级划分

c. 办公用途区段子单元多因素综合分值等级划分

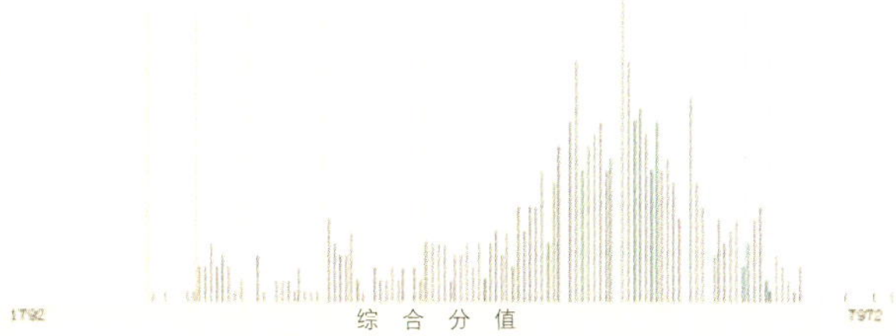

d. 工业用途区段子单元多因素综合分值等级划分

图 8－24　不同用途区段子单元综合分值频率直方图

表 8 - 12　不同用途区段子单元分值区间划分

分值段数排序	区段子单元综合分值区间			
	住宅用途区段子单元	商业用途区段子单元	办公用途区段子单元	工业用途区段子单元
1	243—435	629—916	567—834	1 792—2 786
2	435—671	916—1115	834—990	2 786—3 126
3	671—937	1 115—1 373	990—1 288	3 126—3 468
4	937—1 173	1 373—1 745	1 288—1 532	3 468—3 988
5	1 173—1 364	1 745—1 859	1 532—1 772	3 988—4 236
6	1 364—1 763	1 859—2 059	1 772—2 054	4 236—4 684
7	1 763—1 969	2 059—2 603	2 054—2 282	4 684—5 110
8	1 969—2 250	2 603—2 874	2 282—2 545	5 110—5 305
9	2 250—2 501	2 874—3 118	2 545—2 790	5 305—5 552
10	2 501—2 766	3 118—3 504	2 790—3 052	5 552—5 658
11	2 766—3 120	3 504—3 791	3 052—3 292	5 658—5 787
12	3 120—3 430	3 791—3 947	3 292—3 444	5 787—6 014
13	3 430—3 607	3 947—4 262	3 444—4 024	6 014—6 150
14	3 607—3 991	4 262—4 462	4 024—4 323	6 150—6 277
15	3 991—4 227	4 462—4 676	4 323—4 508	6 277—6 500
16	4 227—4 434	4 676—4 891	4 508—4 752	6 500—6 656
17	4 434—4 552	4 891—5 048	4 752—5 124	6 656—6 916
18	4 552—4 935	5 048—5 306	5 124—5 484	6 916—7 077
19	4 935—5 186	5 306—5 434	5 484—5 676	7 077—7 452
20	5 186—5 452	5 434—5 592	5 676—5 832	7 452—7 972
21	5 452—5 791	5 592—5 749	5 832—6 047	——
22	5 791—6 086	5 749—5 978	6 047—6 190	——
23	6 086—6 337	5 978—6 135	6 190—6 286	——
24	6 337—6 544	6 135—6 378	6 286—6 394	——
25	6 544—6 765	6 378—6 564	6 394—6 502	——
26	6 765—7 001	6 564—6 922	6 502—6 670	——
27	7 001—7 562	6 922—7 251	6 670—7 018	——
28	7 562—8 211	7 251—7 894	7 018—7 390	——
29	8 211—8 595	7 894—8 595	7 390—7 594	——
30	8 595—9 141	8 595—9 253	7 594—7 797	——

最终,形成多因素综合评价法下不同土地用途下区段单元图,见图 8 - 25 至图 8 - 28。

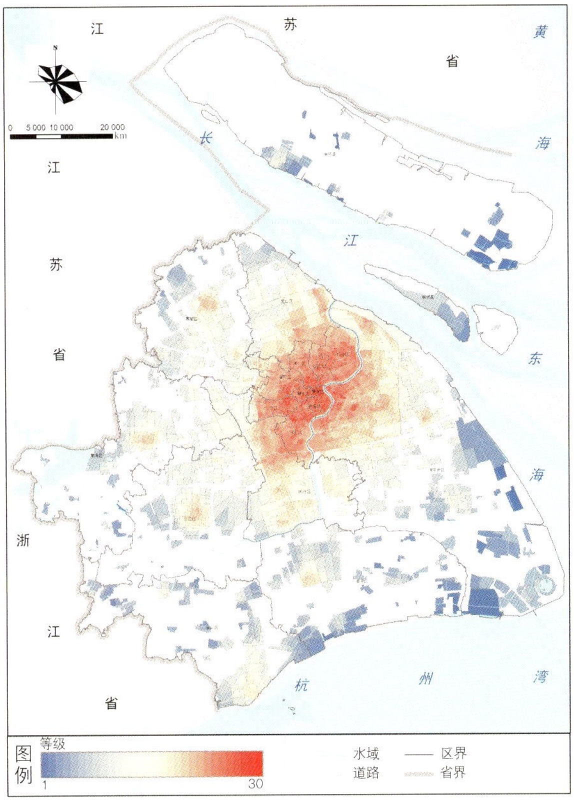

图 8－25　多因素综合评价法划分区段单元图(住宅用途)

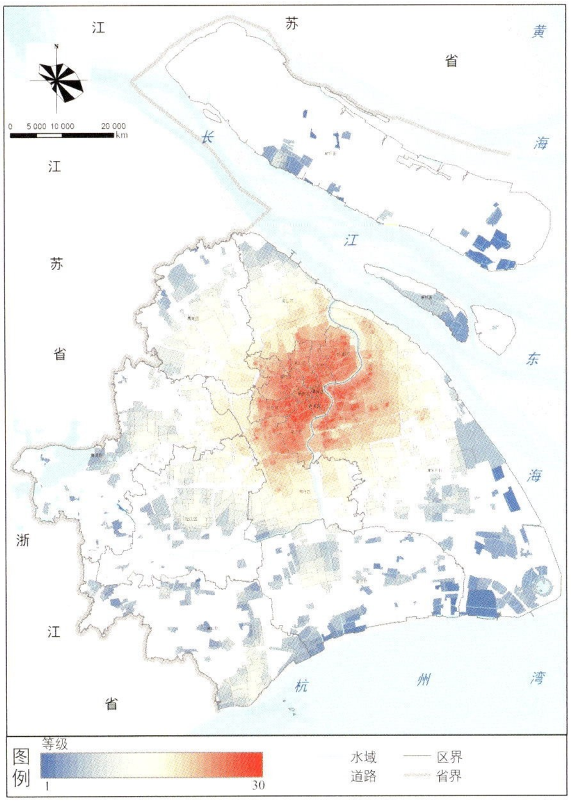

图 8－26　多因素综合评价法划分区段单元范围图(商业用途)

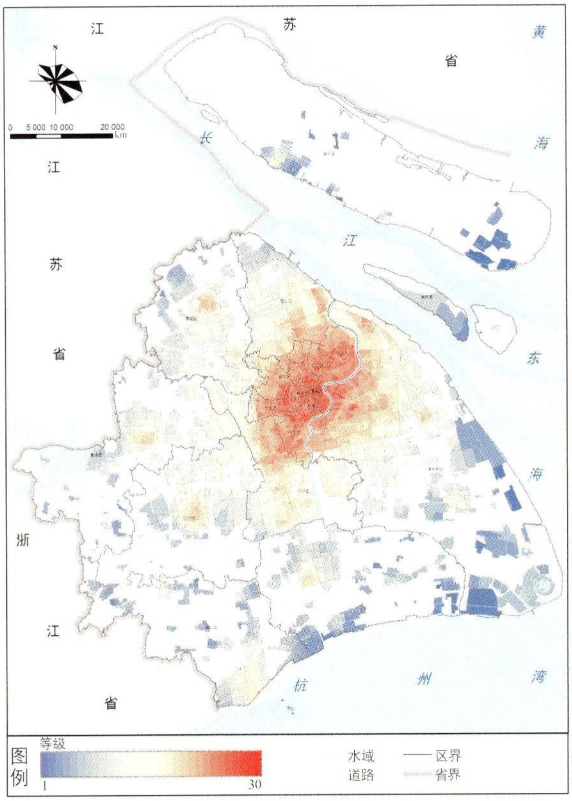

图 8－27　多因素综合评价法划分区段单元范围图(办公用途)

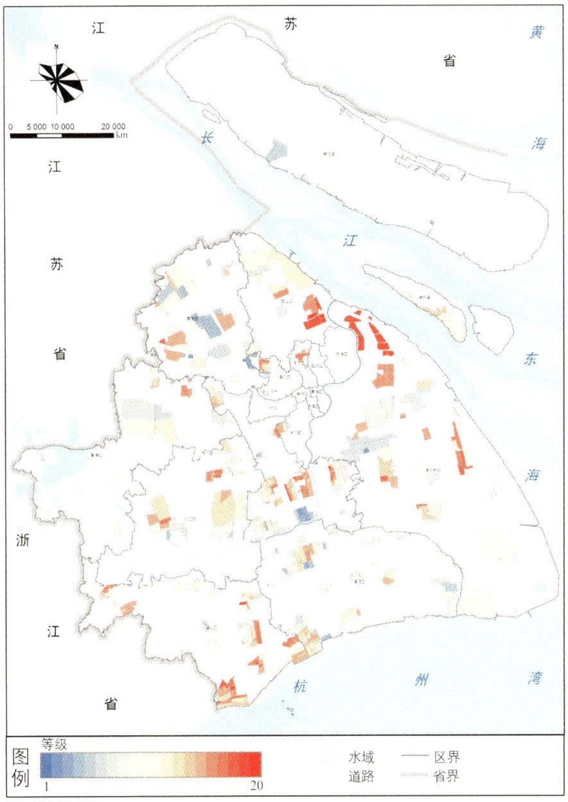

图 8－28　多因素综合评价法划分区段单元范围图(工业用途)

2. 基于子单元归并法划分区段单元

在区段子单元归并法中，根据不同用途区段子单元地价水平的频率直方图分布情况（图 8－29），综合考虑与多因素综合评价法划分区段单元范围成果的可比性，将住宅、商业、办公划分 30 个区间，工业划分 20 个区间，设定了区段单元地价区间范围。从划分结果来看，子单元归并法与多因素综合评价法划分的区段单元范围总体较为相近，仅在外围区域和郊区存在一定偏差。这主要是由于规划效应尚未显现，子单元价格与综合分值在水平和趋势上的表现尚未同步。

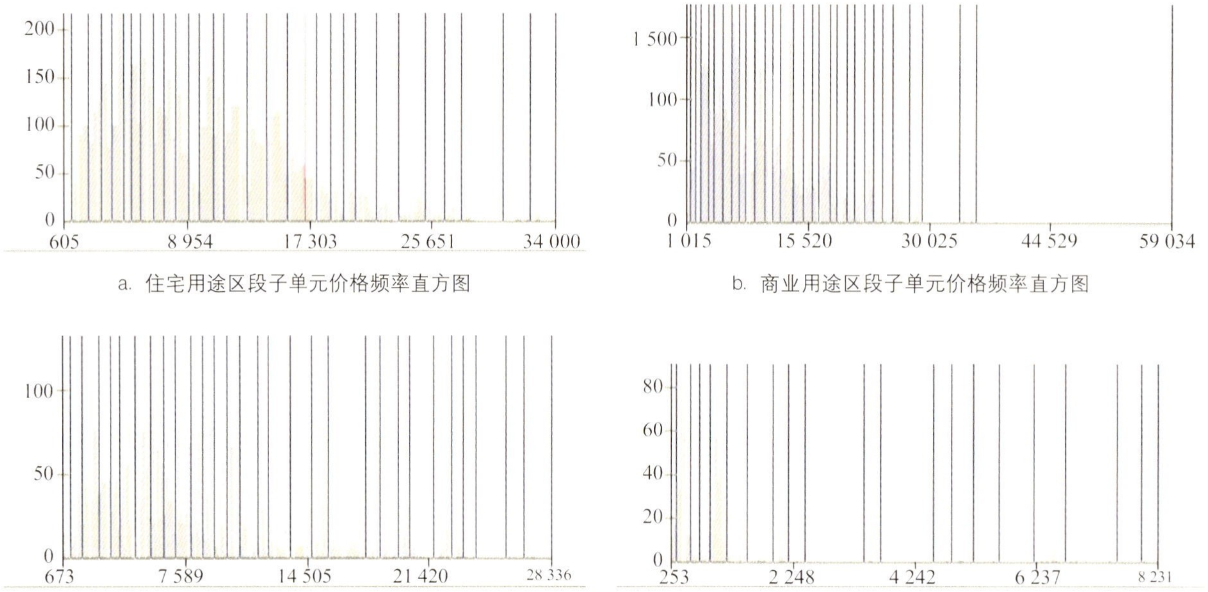

a. 住宅用途区段子单元价格频率直方图　　b. 商业用途区段子单元价格频率直方图

c. 办公用途区段子单元价格频率直方图　　d. 工业用途区段子单元价格频率直方图

图 8－29　上海市各用途子单元价格分布频率直方图

3. 区段单元范围调整划定

以多因素综合评价法初步划分的区段单元成果为基础，结合子单元归并法划分的区段单元进行调整，经专家干预最终确定住宅用途划分 617 个区段单元，商业用途 485 个区段单元，办公用途 459 个区段单元，工业用途 156 个区段单元。各类用途区段单元如图 8－30 至图 8－33 所示。

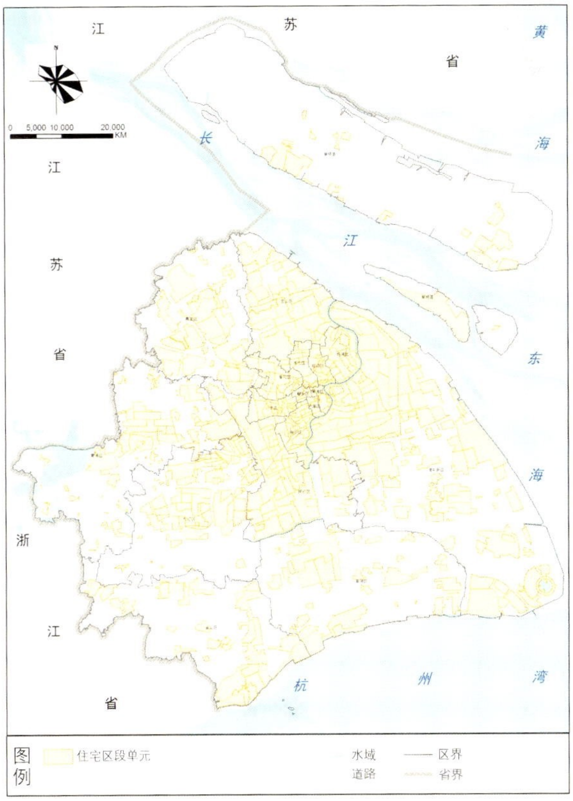

图 8－30　上海市住宅用途区段单元范围图

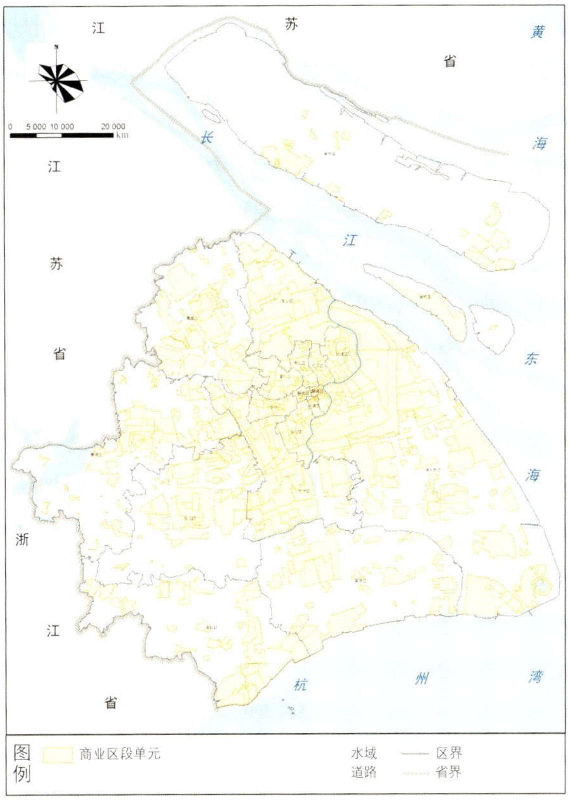

图 8－31　上海市商业用途区段单元范围图

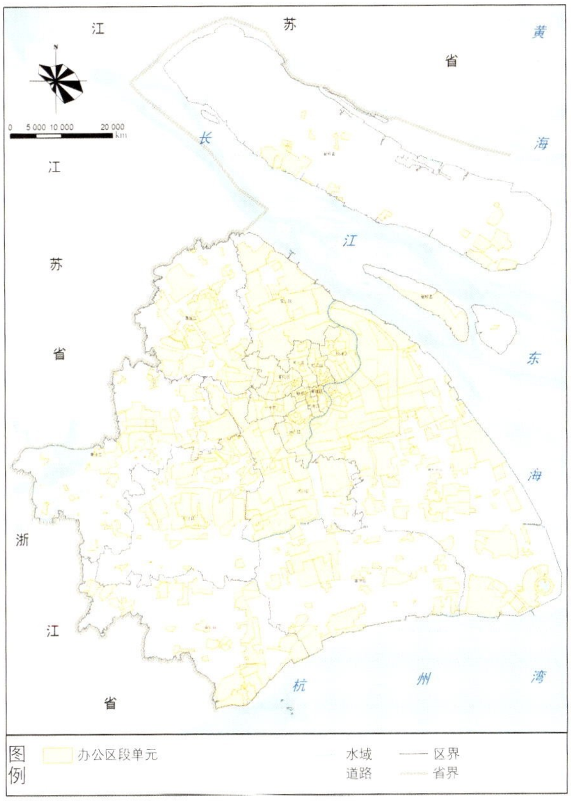

图 8－32　上海市办公用途区段单元范围图

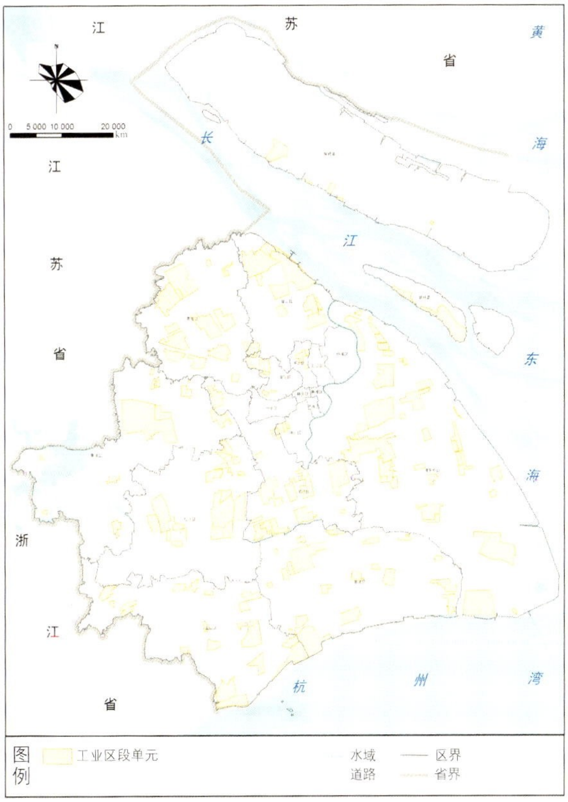

图 8－33　上海市工业用途区段单元范围图

三、上海市商业路线价

商业路线价是为商业区段地价的辅助配合使用，考虑到两套体系的可比性和衔接性的需要，在价格内涵上，与基准地价保持一致。即本次商业路线价的基准日为2011年1月1日、特定路段、设定标准进深，开发程度为“七通一平”、容积率为所在商业基准地价级别的设定容积率情况下的商业楼面地价。

（一）路线价的评估范围

本次上海市商业路线价的评估范围暂定在传统中心城区的38条主要商业路段。确定这38条商业路段的主要原则是：

（1）属于传统中心城区，商业呈线状分布，有一定的商业聚集度和知名度；

（2）路段不跨级别；

（3）路段不跨区县行政界线。

38条商业路段涉及7个中心城区，在这7个区县的分布情况如表8－13所示。

表8－13　商业路段区县分布情况

序号	区县	路段数
1	卢湾	4
2	静安	3
3	徐汇	10
4	黄浦	7
5	长宁	5
6	虹口	3
7	浦东	6
合计		38

（二）路线价评估选用样点整理

本次路线价评估在根据相关原则确定路段后共选用样点366个，其中宗地样点数173个，商铺样点数193个；平均每条路段样点数9.6个。

样点在各路段的分布情况如表8－14所示。

表 8 - 14 商业路线价样点分布

序号	区县	段名	区段范围	宗地样点个数	商铺样点个数	样点总数
1	黄浦区	南京东路	西藏中路—河南中路	10	2	12
2	黄浦区	福佑路	人民路—河南南路	5	13	18
3	黄浦区	福州路	云南中路—河南中路	6	10	16
4	黄浦区	黄河路	新闸路—南京西路	4	1	5
5	黄浦区	金陵东路	四川南路—西藏南路	7	5	12
6	黄浦区	北京东路	西藏中路—中山东一路	5	1	6
7	黄浦区	北京西路	成都北路—西藏中路	1	12	13
8	卢湾区	淮海中路 2	重庆南路—西藏南路	3	6	9
9	卢湾区	雁荡路	淮海中路—南昌路	3	2	5
10	卢湾区	茂名南路	延安中路—复兴中路	6	2	8
11	卢湾区	斜土路	瑞金南路—制造局路	5	7	12
12	静安区	南京西路 1	西藏中路—西康路	5	15	20
13	静安区	南京西路 2	西康路—华山路	4	1	5
14	静安区	威海路	延安西路—成都北路	5	11	16
15	徐汇区	淮海中路 1	重庆南路—襄阳北路	8	6	14
16	徐汇区	淮海中路 3	襄阳北路—华山路	8	2	10
17	徐汇区	天钥桥路	肇嘉浜路—南丹东路	2	3	5
18	徐汇区	长乐路	华山路—陕西南路	6	2	8
19	徐汇区	广元路	华山路—宛平路	4	4	8
20	徐汇区	衡山路	宛平路—天平路	1	3	4
21	徐汇区	襄阳北路	长乐路—淮海中路	4	0	4
22	徐汇区	襄阳南路	淮海中路—建国西路	5	5	10
23	徐汇区	桂林路	漕宝路—钦州南路	4	0	4
24	徐汇区	田林路	桂林路—钦州路	6	3	9
25	虹口区	四川北路	甜爱路—海宁路	8	34	42
26	虹口区	周家嘴路	公平路—大连路	4	15	19
27	虹口区	多伦路	东江湾路—四川北路	5	0	5
28	长宁区	长宁路	定西路—凯旋路	4	1	5
29	长宁区	黄金城道	水城南路—古北路	5	4	9
30	长宁区	水城南路	延安路—古羊路	6	3	9
31	长宁区	天山路	古北路—中山西路	5	5	10
32	长宁区	遵义路	天山路—仙霞路	4	3	7
33	浦东新区	滨江大道	陆家嘴西路—花园石桥路	3	0	3
34	浦东新区	浦东南路 1	商城路—张扬路	5	1	6
35	浦东新区	浦东南路 2	世纪大道—商场路	1	2	3
36	浦东新区	浦东南路 3	张扬路—潍坊路	0	3	3
37	浦东新区	张杨路 1	浦东南路—崂山东路	5	3	8
38	浦东新区	张杨路 2	浦城路—浦东南路	1	3	4
合计				173	193	366

(三) 路线价成果

本次商业路线价成果因政府未公布，本书暂不公开。

在应用路线价评估所在路段商业宗地价格时，应根据宗地实际情况进行楼层、期日、深度、临街状况、临街宽度、宽深比、面积、宗地形状等因素的修正。

其中，楼层、期日的修正可参考基准地价的修正体系确定；深度、临街状况、临街宽度、宽深比、面积、宗地形状等个别因素的修正幅度应以不超过 20% 为宜。

四、上海市区段地价价格确定

(一) 住宅用途区段地价

本次住宅用途区段地价制定共选取住宅样点 4 658 个，划分区段子单元 5 345 个，形成区段单元 617 个。住宅用途区段地价成果图见图 8 - 34。

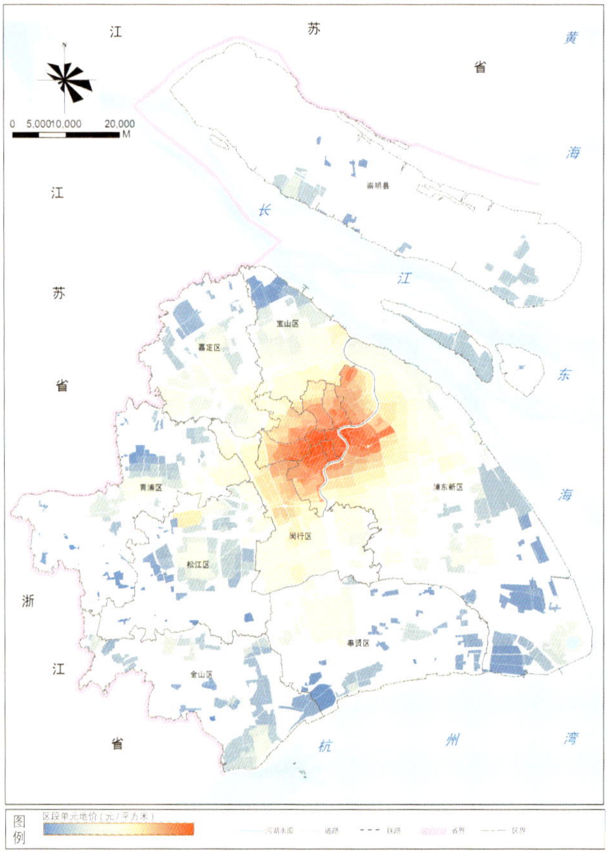

图 8 - 34　上海市区段地价成果图(住宅用途)

上海市住宅用途区段单元价格分布在 1 520～32 954 元/m^2 之间，最高价格区段单元位于卢湾区。全市平均 4.18 km^2/个区段单元，外环线内区域平均 2.90 km^2/个区段单元；全市面积最大的区段单元为 47.66 km^2，面积最小的为 0.05 km^2（4.7 公顷）。从区县来看，中心城区单元分布密度明显大于郊区县。其中，中心九个城区共有住宅区段单元 161 个，平均 1.11 km^2/个；郊区（县）共有住宅区段单元 456 个，平均 5.7 km^2/个。

（二）商业用途区段地价

本次商业用途区段地价制定共选取商业样点 2 331 个，划分区段子单元 4 742 个，形成区段单元 485 个。商业用途区段地价成果图见图 8－35。

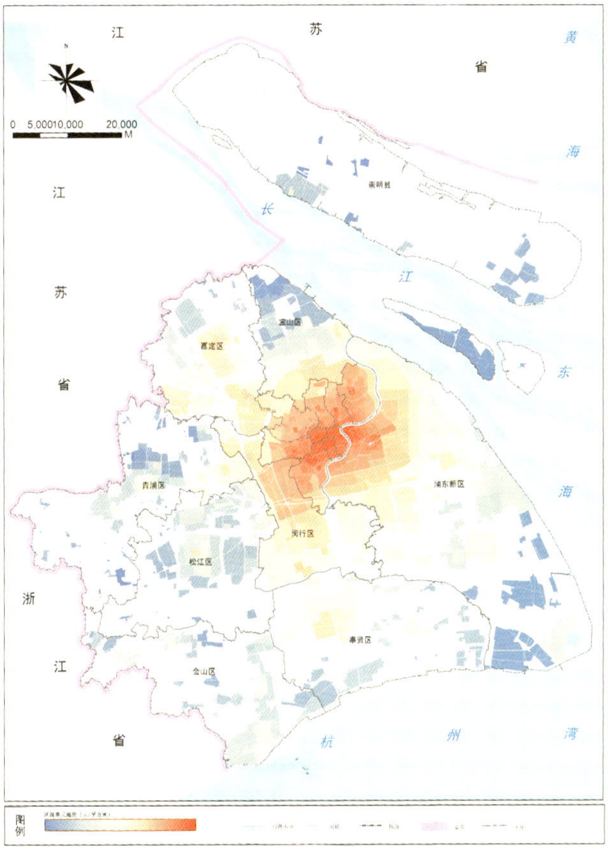

图 8－35　上海市住宅用途区段单元与地价监测区段范围对比图（外环外）

上海市商业用途区段单元价格分布在 1 050～35 050 元/m² 之间，最高价格区段单元位于黄浦区。全市平均 5.31 km²/个区段单元，外环线内区域平均 4.23 km²/个区段单元；全市面积最大的区段单元为 53.57 km²，面积最小的为 0.01 km²(1.5 公顷)。从区县来看，中心九个城区共有商业区段单元 119 个，平均 2.43 km²/个；郊区(县)共有商业区段单元 366 个，平均 5.7 km²/个。

(三) 办公用途区段地价

本次办公用途区段地价制定共选取办公样点 818 个，划分区段子单元 4 642 个，形成区段单元 459 个。办公用途区段地价成果图见图 8－36。

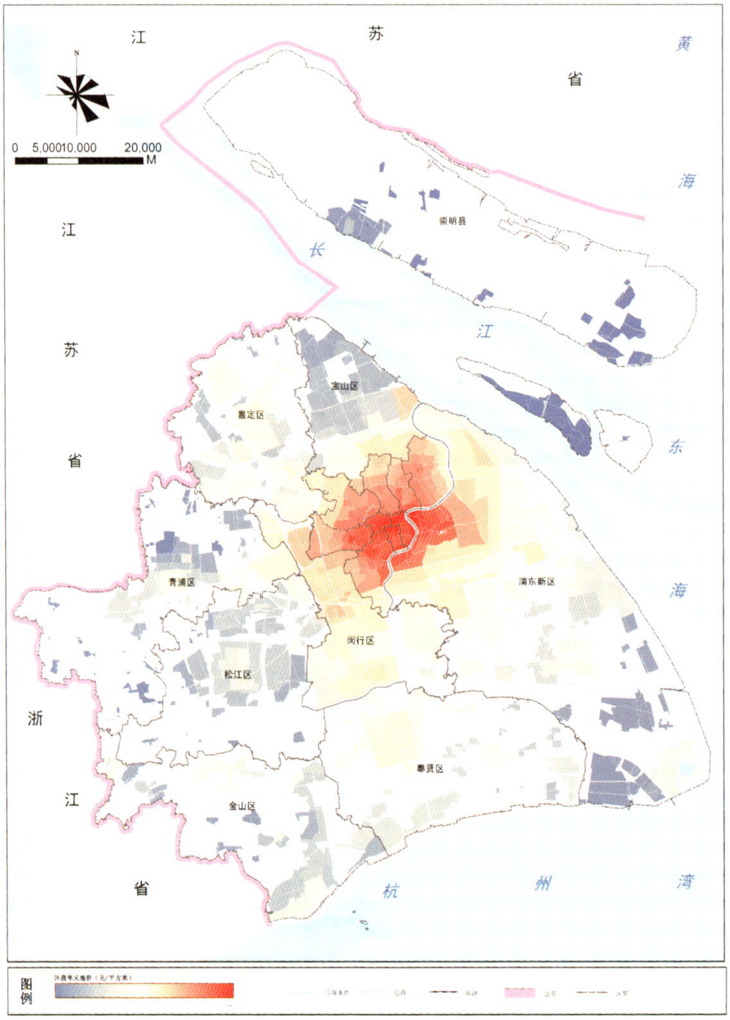

图 8－36　上海市住宅用途区段单元地价变化图

上海市办公用途区段单元价格分布在 1 020～26 880 元/m^2 之间，最高价格区段单元位于浦东新区陆家嘴区域。全市平均 5.61 km^2/个区段单元，外环线内区域平均 4.34 km^2/个区段单元；全市面积最大的区段单元为 107.02 km^2，面积最小的为 0.06 km^2（5.6 公顷）。从区县来看，中心九个城区共有办公区段单元 94 个，平均 3.07 km^2/个；郊区（县）共有商业区段单元 365 个，平均 6.27 km^2/个。

（四）工业用途区段地价

本次工业用途区段地价制定共选取工业样点 603 个，划分区段子单元 643 个，形成区段单元 156 个。工业用途区段地价成果图见图 8－37。

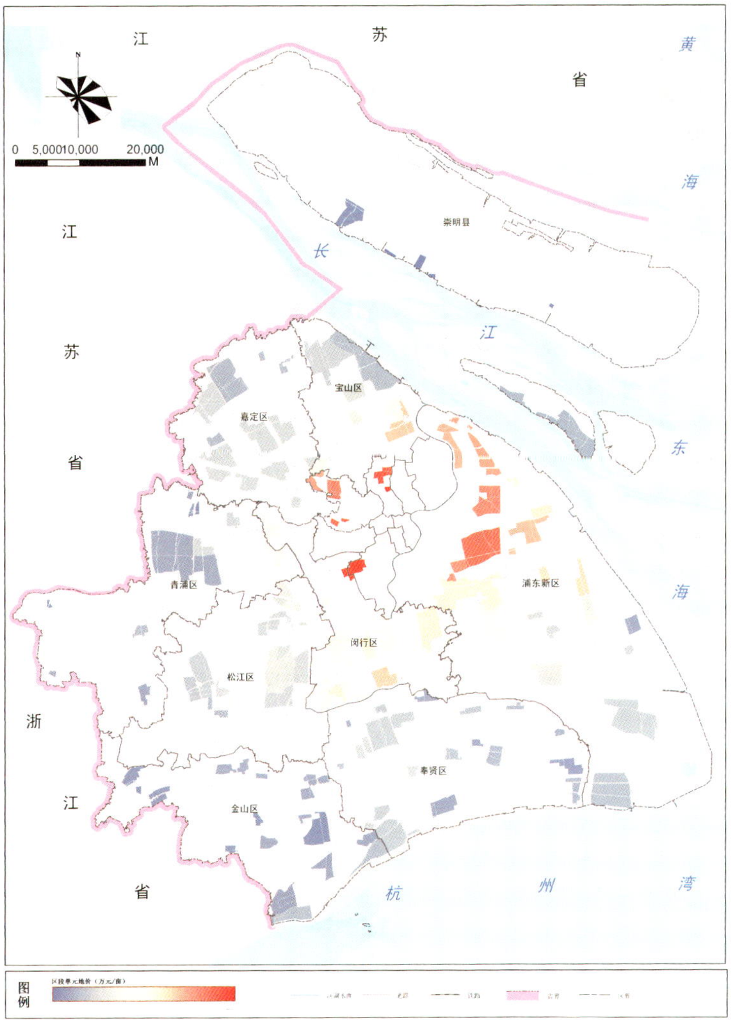

图 8－37　上海市区段地价成果图（工业用途）

上海市工业用途区段单元价格分布在 20～533 万元/亩之间，最高价格区段单元位于闸北区上海高新技术产业开发区。

五、上海市区段地价修正体系

（一）区域因素修正

住宅、商业和办公用途区段地价区域因素修正更多强调周边邻里环境对其的影响，以住宅为例，区域因素说明及系数修正见表 8－15。

表 8－15　区域因素条件说明及修正系数（住宅用途）

因素名称	因子	修正条件说明及修正系数		
		修正条件	修正系数	备注
商服条件	周边商业网点情况	邻商业中心，商业设施齐全	+2.0%	如周边无基本生活配套设施，可在－2%以内修正
公共交通便捷度	距轨交站点距离	内环内：200 m 内 内外环间：500 m 内 外环外：800 m 内	+3.0%	
	距公交站点距离（内环外考虑）	内外环间：300 m 内 外环外：500 m 内	+1.0%	
公益设施状况	教育、医疗设施（内环外考虑）	内外环间：300 m 内 外环外：500 m 内	+1.5%	教育设施主要指小学及幼儿园
	文体设施	内环内：200 m 内 内外环间：500 m 内 外环外：800 m 内	+1.5%	体育中心、剧院、图书馆、演艺中心等
环境条件	公园、绿地	邻大型公园或绿化带	+5.0%	
	江河湖景	紧邻黄浦江等景观带	+3%～+10%	根据区片内是否存在景观差异以及所邻景观情况酌情修正
	空气、噪声等污染	邻空气和噪声等污染源	－5.0%	主要指高架道路、轨道、高压线、垃圾焚烧、化工厂等

（二）个别因素修正

不同用途土地应采用不同的个别因素修正标准。以住宅为例，其个别因素修正见表 8－16 和表 8－17。

表 8－16　　宗地面积修正(住宅用途)

土地面积(m^2) 修正系数	≤3 000	3 000～8 000	8 000～20 000	20 000～50 000	50 000 以上
内环以内	－3.0%	－1.5%	0.0%	1.5%	3.0%
内外环间	－4.0%	－2.0%	－1.0%	0.0%	3.0%
外环以外	－5.0%	－3.0%	－1.5%	0.0%	3.0%

表 8－17　　宗地形状修正(住宅用途)

宗地形状	规则矩形	基本规则	不规则 略影响布局	不规则 明显影响土地利用
修正标准	＋2%	0%	－2%	－5%

六、上海市最新一轮区段地价更新

(一) 上海市区段地价更新思路

上海市 2013 年区段地价更新方式为动态更新，总体思路为：在上一轮区段单元范围和区段单元价格成果的基础上，按照“指数推演”＋“样点检校”的方式，综合确定区段单元价格。“指数推演”采取的是上海市国有土地价格体系中的地价指数成果，作为测算区段单元价格变化趋势和幅度的依据，得到 2013 年区段单元价格水平；“样点检校”是指选取可以代表其所在区段单元平均价格水平的样点，以检测样点价格的算术平均值作为单元价格。通过对比“指数推演”和“样点检校”两种方式分别测算出的区段单元价格，根据一定的差异比例标准，综合确定新一轮区段单元价格。在全市成果拟合的基础上，对各单元价格进行控制和平衡，更新 2013 年区段地价成果。

综上所述，本次更新采用动态更新方式，对区段单元价格水平测算更新，区域区段单元范围不进行调整，更新基准日为 2013 年 1 月 1 日，各用途设定条件不变。

(二) 上海市区段地价更新程序

1. 运用地价指数更新区段单元价格

(1) 采集地价指数

在区段地价更新中，首先需采集分用途地价指数成果，即住宅地价指数、商业地价指数、办公地价指数和工业地价指数，进行区段单元价格更新。

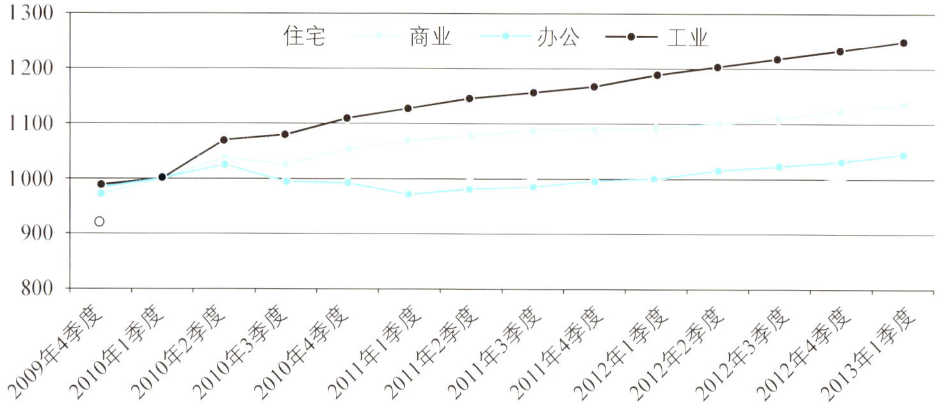

图 8-38　全市各用途土地定比地价指数

(2) 区段单元与地价监测区段的空间关系

最新的地价监测区段范围是以 2011 年区段地价单元范围为参考确定的，因此二者在空间上具有紧密的联系。

目前全市共有住宅、商业、办公、工业用途区段单元 564 个、448 个、410 个、151 个，分别对应各用途地价监测区段 187 个、127 个、101 个、113 个，平均每个地价监测区段覆盖区段单元个数为 3.0 个、3.5 个、4.1 个、1.3 个。特别是外环以内区域，区域样点分布密度较大，地价监测区段划分条件较好，与区段单元的重合度相对较高，住宅、商业、办公用途覆盖密度达到 2.1 个、1.8 个、2.2 个，见图 8-39。外环外区域分布详见图 8-40。同时，从区段单元与地价监测区段的范围情况来看，两类均质区域的边界重合度很高，由此，可以通过所在地价监测区段的地价指数成果确定区段单元价格的变化幅度，从而测算更新区段单元地价。

(3) 区段单元价格更新测算

在地价监测区段与区段单元空间对应关系已明确，且每个地价监测区段根据地价指数测算得到地价增长率的基础上，根据区段单元价格测算公式，测算出上海市每个区段单元价格。各类用途区段单元地价变化见图 8-41 至图 8-44。

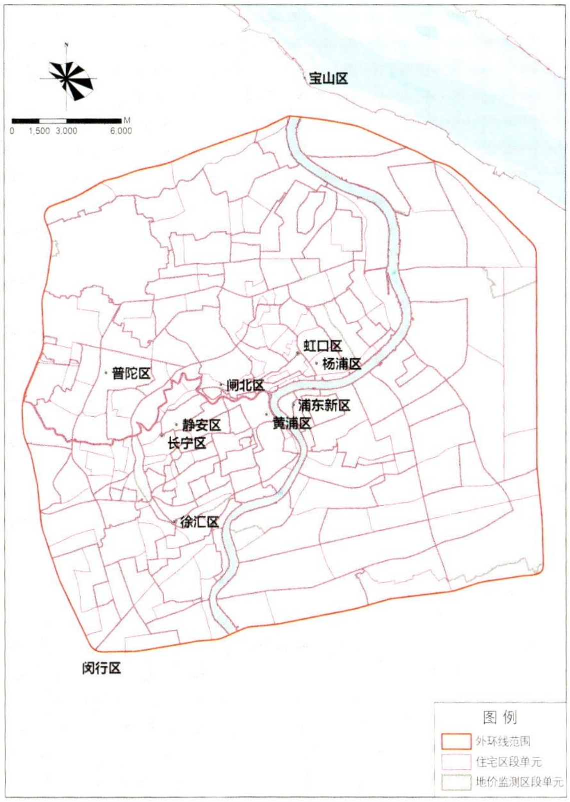

图 8－39　上海市住宅用途区段单元与地价监测区段范围对比图(外环内)

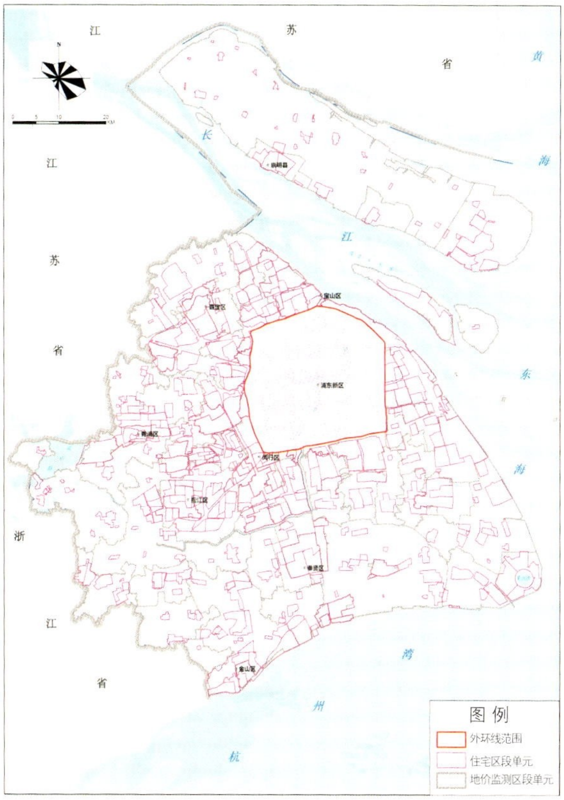

图 8－40　上海市住宅用途区段单元与地价监测区段范围对比图(外环外)

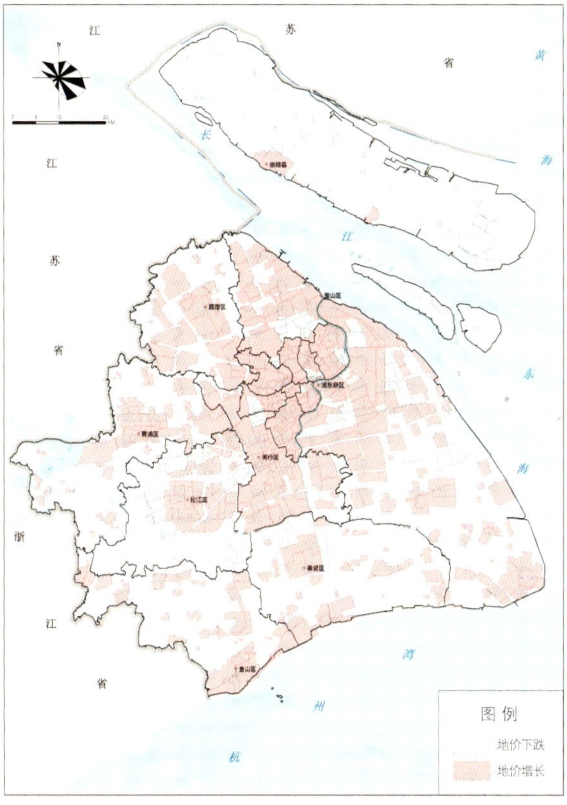

图 8－41　上海市住宅用途区段单元地价变化图

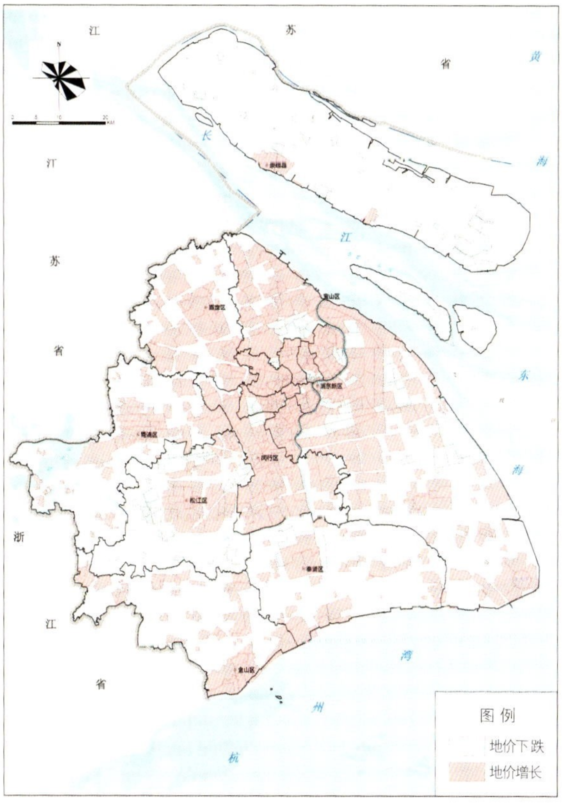

图 8－42　上海市商业用途区段单元地价变化图

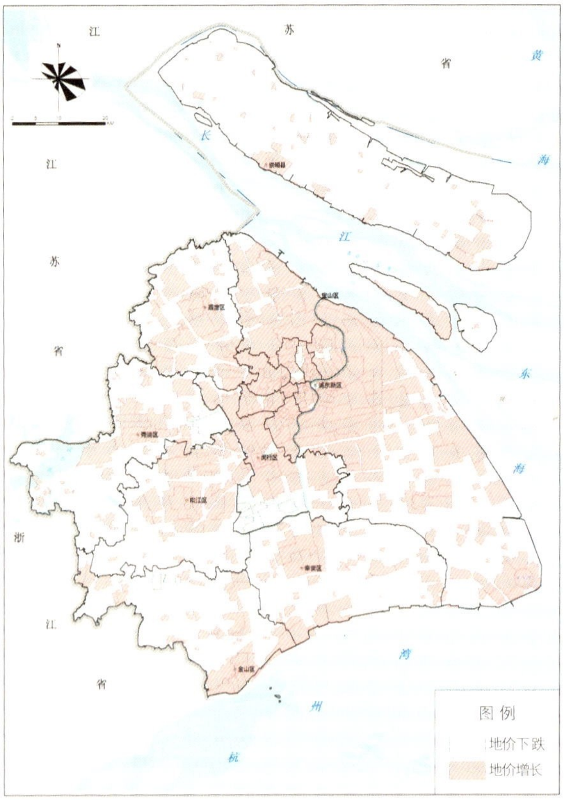

图 8－43　上海市办公用途区段单元地价变化图

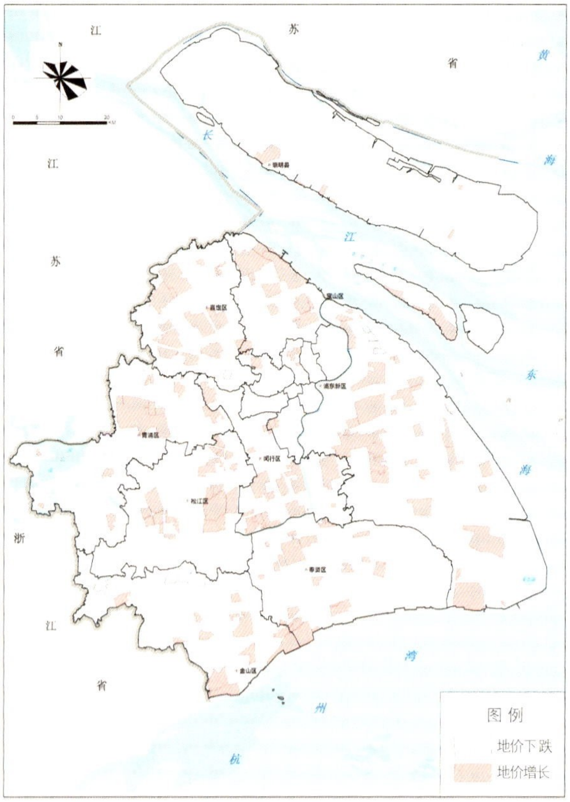

图 8－44　上海市工业用途区段单元地价变化图

2. 检测样点价格评估

(1) 检测样点选取和覆盖情况

首先，地价监测点和标准宗地作为检测样点优先选入，两类样点合计 898 个。同时，在无地价监测点和标准宗地布设的区段单元内选取具有代表性的区段样点，共有住宅用途 393 个、商业用途 349 个、办公用途 169 个、工业用途 28 个。中心城区区段单元内样点数量较为丰富，但在郊区县特别是偏远乡镇尚有一些区段单元没有样点分布。成果制定完成至今，随着一批在建项目的陆续竣工，本次区段地价更新对无样点区段单元，特别是各区县内价格最高和最低区段单元进行梳理，为了更好地把握全市地价的控制点，适当增补样点。

最终，本次共选取检测样点 1 837 个，覆盖了 1 151 个区段单元，其中住宅用途有样点区段单元数量 471 个，占该用途单元总数的 84%(图 8－45)；商业用途 351 个，占比为 78%(图 8－46)；办公用途 239 个，占比为 60%(图 8－47)；工业用途 132 个，占比为 87%(图 8－48)。住宅、商业、办公、工业平均每个区段单元分布检测样点 1.35 个、1.21 个、0.92 个、1 个(表 8－18)，基本达到了成果制定时有样点区段单元的比例水平，实现达到样点选取条件的区段单元全面覆盖的目标。

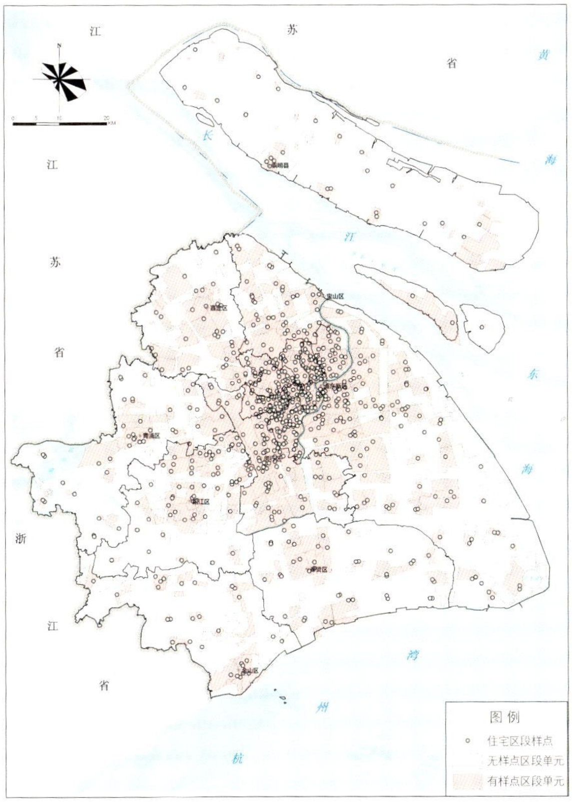

图 8-45　上海市住宅用途区段单元与检测样点分布图

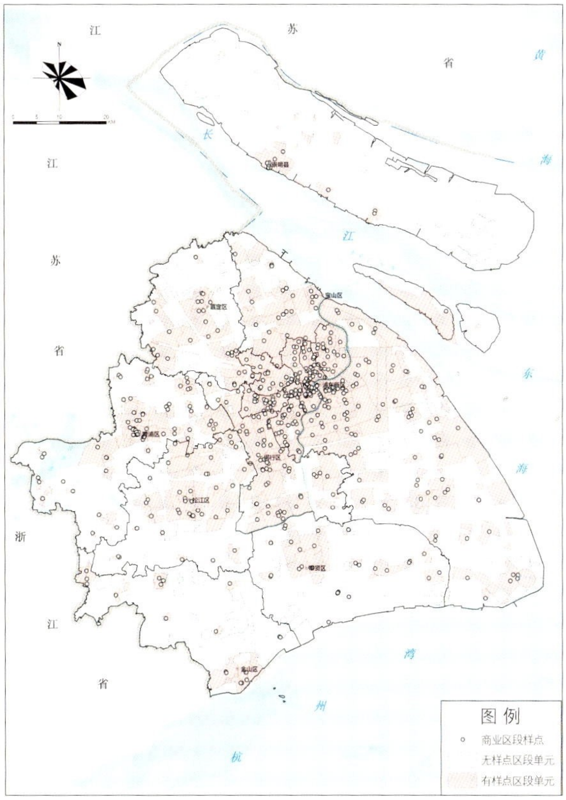

图 8-46　上海市商业用途区段单元与检测样点分布图

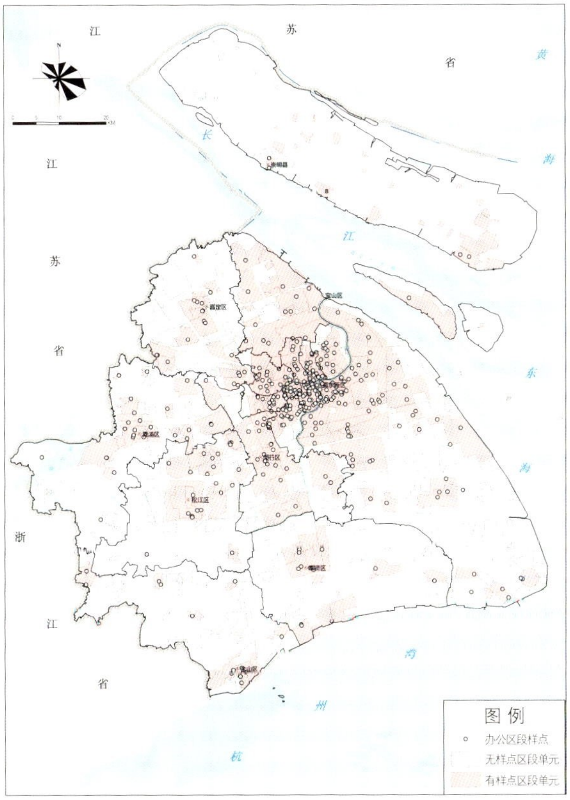

图 8-47　上海市办公用途区段单元与检测样点分布图

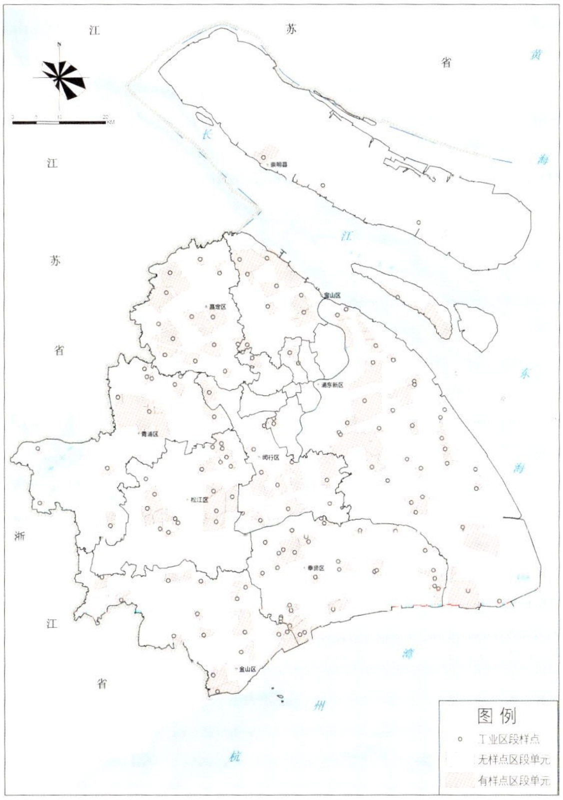

图 8-48　上海市工业用途区段单元与检测样点分布图

表 8-18　各用途检测样点选取情况

用途	区段单元数量	检测样点数量	抽验密度 检测样点/区段单元
住宅	564	763	1.35
商业	448	544	1.21
办公	410	379	0.92
工业	151	151	1.00

从分环线情况来看，外环线内区域由于城市建设更加成熟，经营性用途检测样点选取基础较好，约有 90%的住宅、商业、办公区段单元有检测样点分布，占全市有样点区段单元总量平均达到 50%(表 8-19，表 8-20)。检测样点分布密度明显加大，每个区段单元可达到 1.7 个、1.6 个、1.7 个，充分考虑了各住宅板块、商业中心、商务办公区、工业园区等区域的情况，可以满足抽查验证的工作要求。

表 8-19　各用途检测样点选取情况

	外环内		
	区段单元(个)	其中有样点区段单元(个)	有样点区段单元占比
住宅	230	211	92%
商业	159	148	93%
办公	154	136	88%

表 8-20　各用途检测样点选取情况

用途	有检测样点区段单元		
	全市(个)	其中外环内(个)	外环内占比
住宅	471	211	45%
商业	351	148	42%
办公	245	136	56%

(2) 检测样点价格评估

本次所选检测样点中的地价监测点是每季度由估价师按照设定条件评估提交价格成果，各监测点与所在区段单元在容积率、开发程度、用途、年期等设定条件和价格内涵上具有一致性，因此地价监测点 2013 年 1 月 1 日价格可以直接采用其在 2012 年 12 月 31 日的监测成果。

对于其他检测样点，根据调查收集到的坐落、四至、小区名称、物业类型、周边配套等相关信息，由估价师评估，得到检测样点在 2013 年 1 月 1 日的一定设定条件下的价格。

3. 地价指数更新价格成果检验

(1) 住宅用途

对比住宅用途有检测样点分布的 471 个区段单元两种方法下的价格成果，以地价指数更新价格为 1 计算差异比例，20％以上的区段单元数量为 25 个，占有样点区段单元的 5.3％，小于 10％，见图 8－49—图 8－51。主要分布在两类区域：一是样点数量稀少，特别是区段单元范围大的，样点价格难以反映整个区段单元平均价格水平，如闵行浦江镇、虹桥商务区、金山等远郊乡镇、工业园区等；二是样点数量较多，但价格水平参差不齐，情况较为复杂的区域，如闸北苏州河沿线。

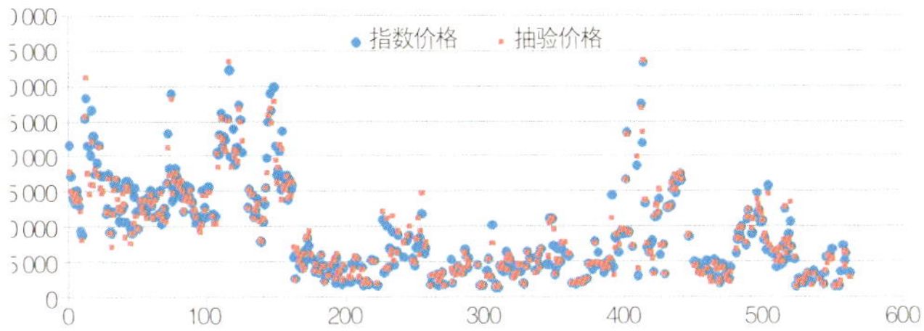

图 8－49　上海市住宅用途检测样点检验数据对比图

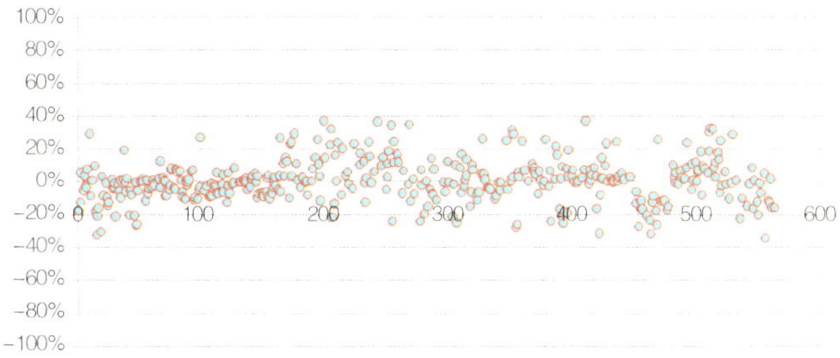

图 8－50　上海市住宅用途“地价指数”与“检测样点”更新成果差异比例图

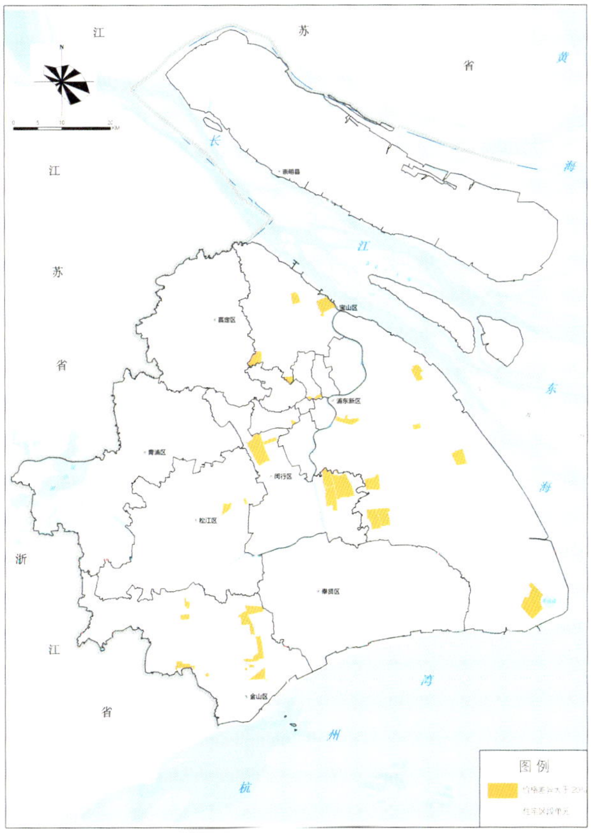

图 8－51　上海市住宅用途价格差异大于 20％区段单元分布图

(2) 商业用途

商业用途有样点区段单元351个,其中两类价格成果差异比例大于20%的有24个,占该用途有样点单元总量的6.8%,小于10%,主要分布在松江区和嘉定区的新城外围区域,发展较快的郊区商业中心,如嘉定江桥、临港新城,以及虹桥机场等样点较少的区域,详见图8-52—图8-54。

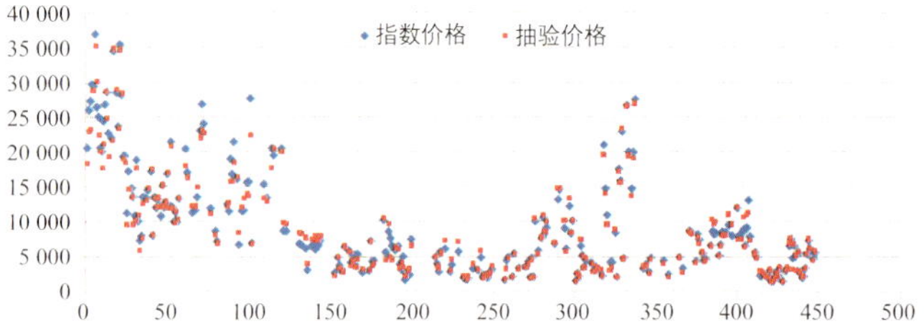

图8-52　上海市商业用途检测样点检验数据对比图

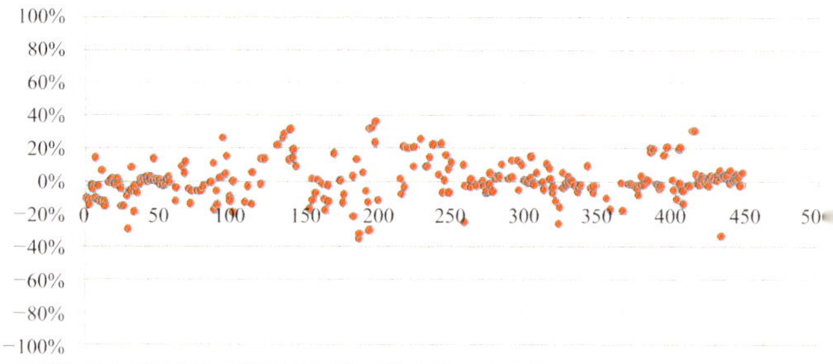

图8-53　上海市商业用途"地价指数"与"检测样点"更新成果差异比例图

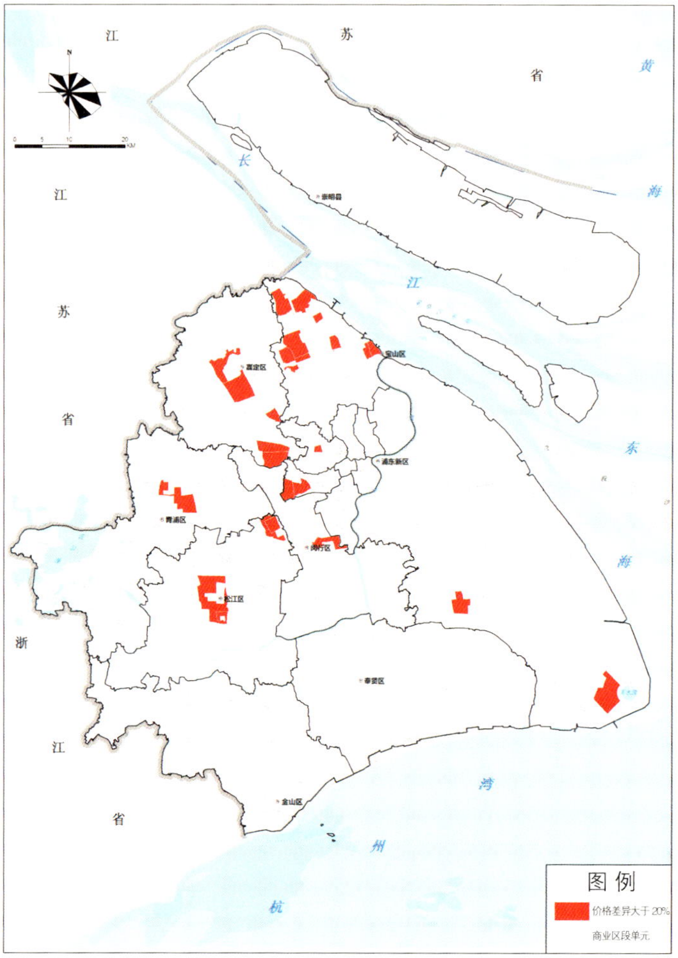

图8-54　上海市商业用途价格差异大于20%区段单元分布图

(3) 办公用途

办公用途有样点区段单元 245 个，其中价格差异大于 20％的有 4 个区段单元，占该用途有样点区段单元总数的 1.6％，小于 10％，详见图 8－55—图 8－57。办公用途区段单元价格的检验结果显示，地价指数更新成果基本能够反映在基准日下各区段单元的价格水平，出现价格异常的区段单元主要分布在工业园区。

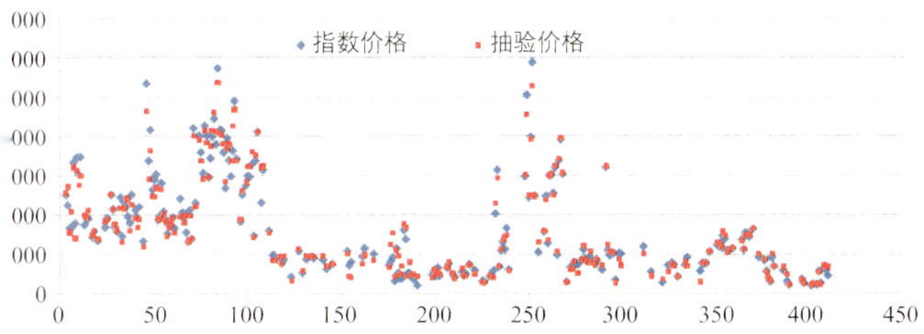

图 8－55　上海市办公用途检测样点检验数据对比图

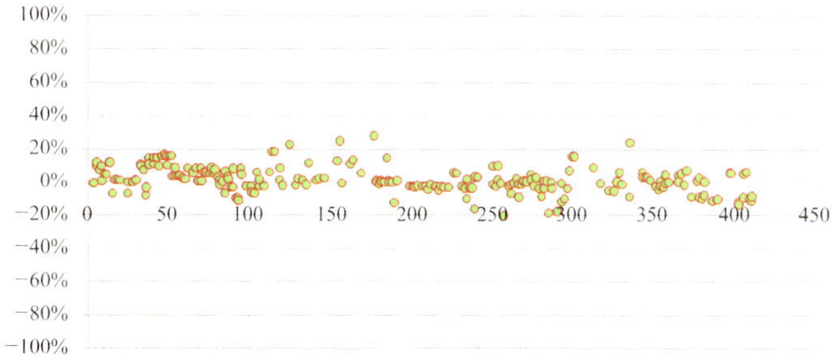

图 8－56　上海市办公用途“地价指数”与“检测样点”更新成果差异比例图

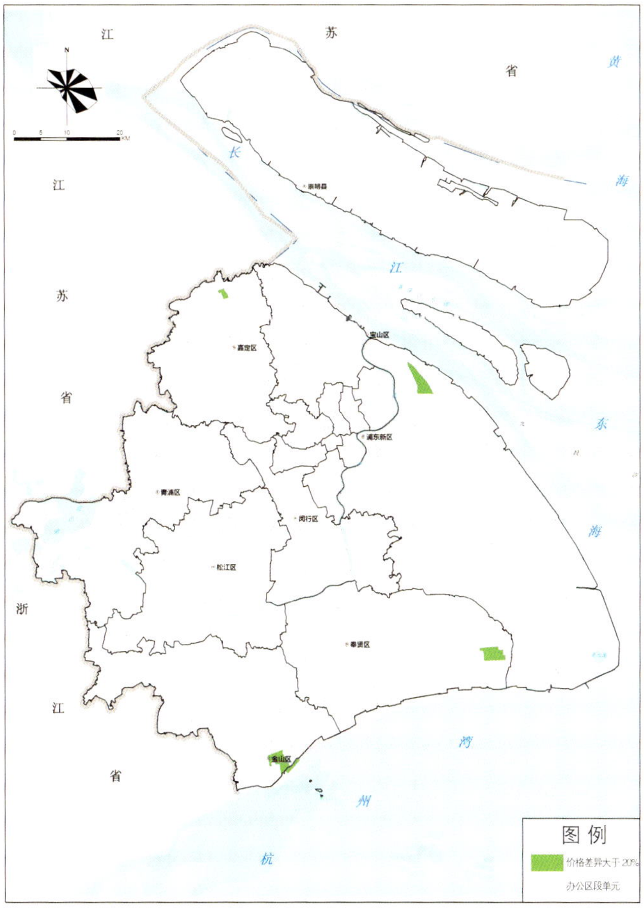

图 8－57　上海市办公用途价格差异大于 20％区段单元分布图

(4) 工业用途

工业用途有样点区段单元132个,其中价格差异大于20%的有9个区段单元,占该用途有样点区段单元总数的6.8%,小于10%,详见图8-58—图8-60。主要分布在松江、金山等远郊区县,从开发区的等级上看,主要位于城镇工业地块中,并且表现为样点价格普遍高于指数价格的特点。这是由于在工业用途检测样点选取中,较多考虑了近期成交的市场案例,而城镇工业地块的开发状况尚不完善,交易案例可能在区位条件等优于整体区域水平,因此检测样点价格与指数更新价格差异在20%以上。

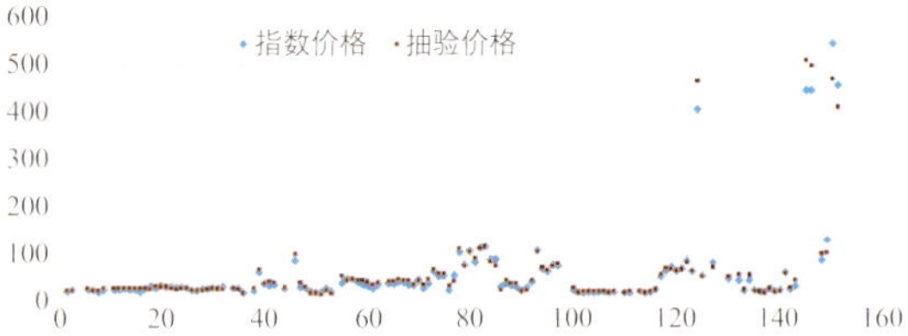

图8-58 上海市工业用途检测样点检验数据对比图

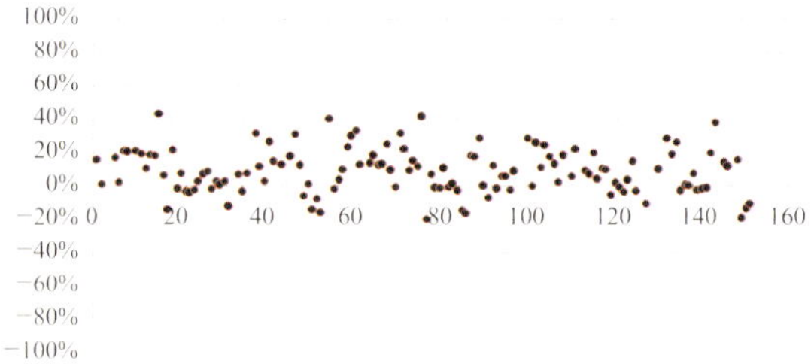

图8-59 上海市工业用途"地价指数"与"检测样点"更新成果差异比例图

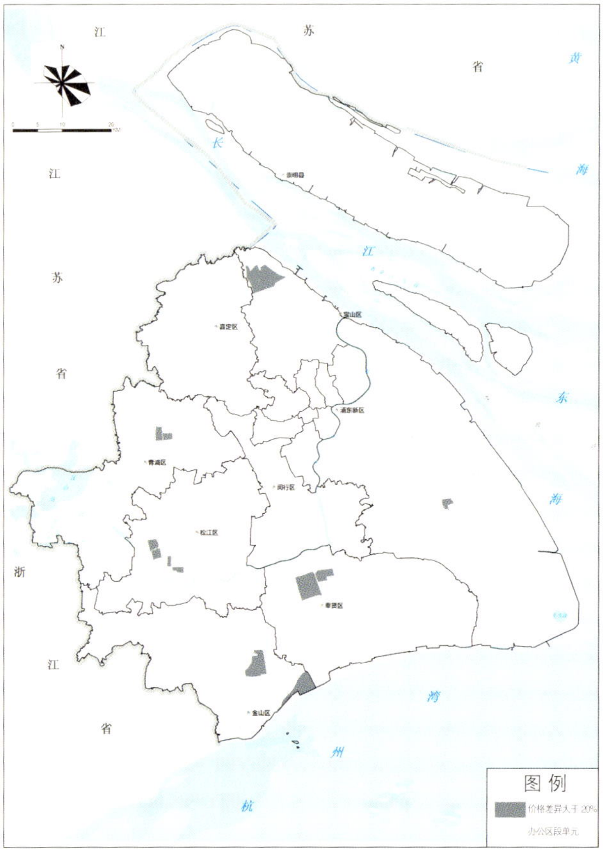

图8-60 上海市工业用途价格差异大于20%区段单元分布图

4. 区段单元更新价格综合确定

根据检测样点价格检验结果测算，各用途抽验 AQL 分别为 5.3%、6.8%、1.6%、6.8%，均小于 10%。可以判断，通过地价指数更新的区段单元价格成果是基本可靠的。因此，对于无样点分布和差异在 20%以下的区段单元，其价格直接采用地价指数更新结果，而差异在 20%以上的区段单元，为了能保持地价指数的整体趋势一致性，且反映检测样点体现的更细化区域价格，地价指数成果权重为 0.8，样点检验结果权重为 0.2。

最终，住宅、商业、办公、工业用途区段地价更新成果图详见图 8－61 至图 8－64。

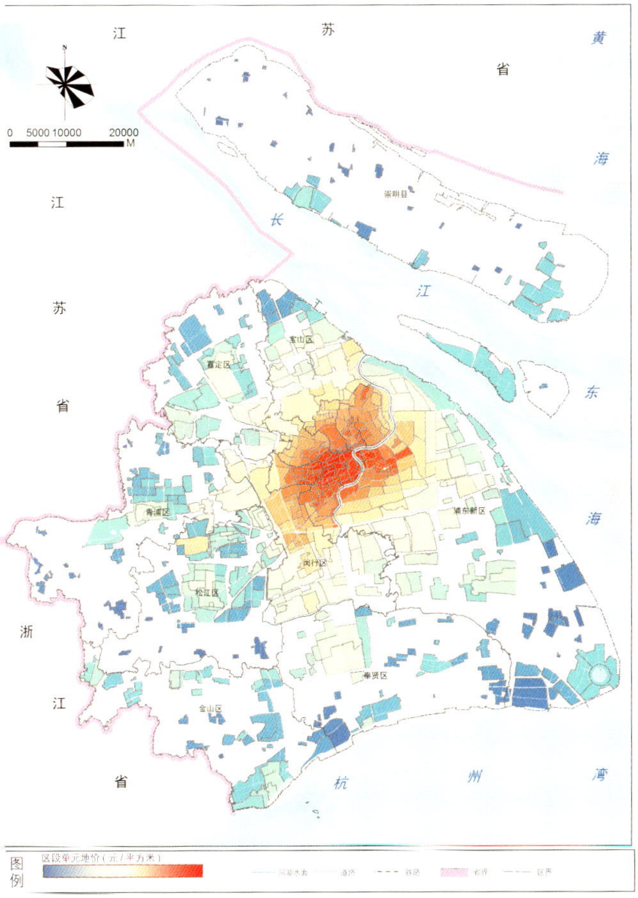

图 8－61　上海市住宅用途区段地价更新成果图

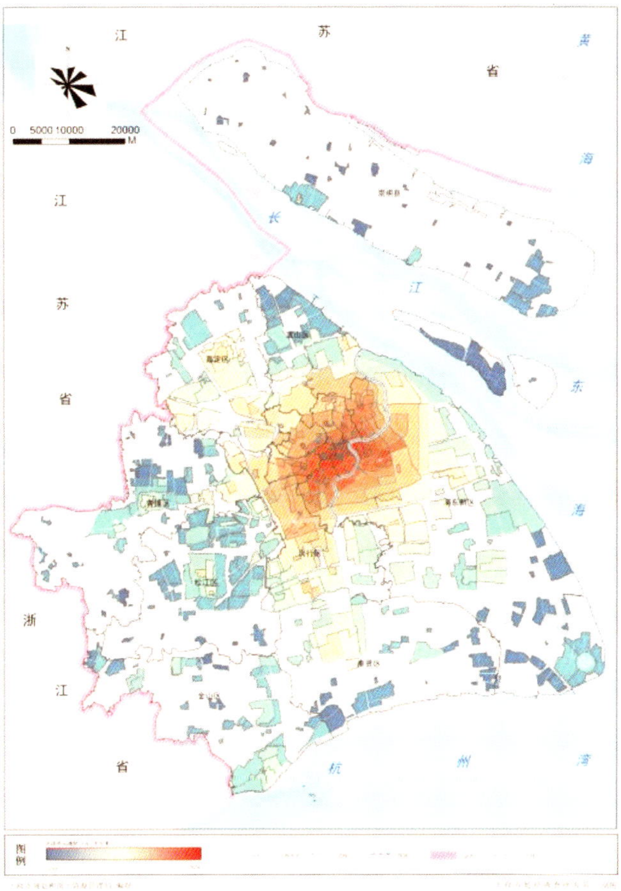

图 8－62　上海市商业用途区段地价更新成果图

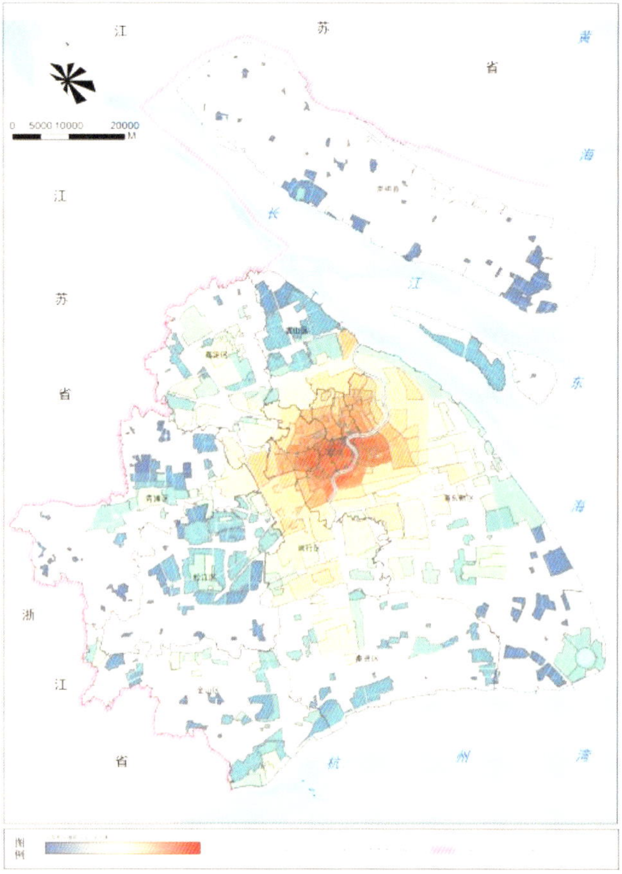

图 8－63　上海市办公用途区段地价更新成果图

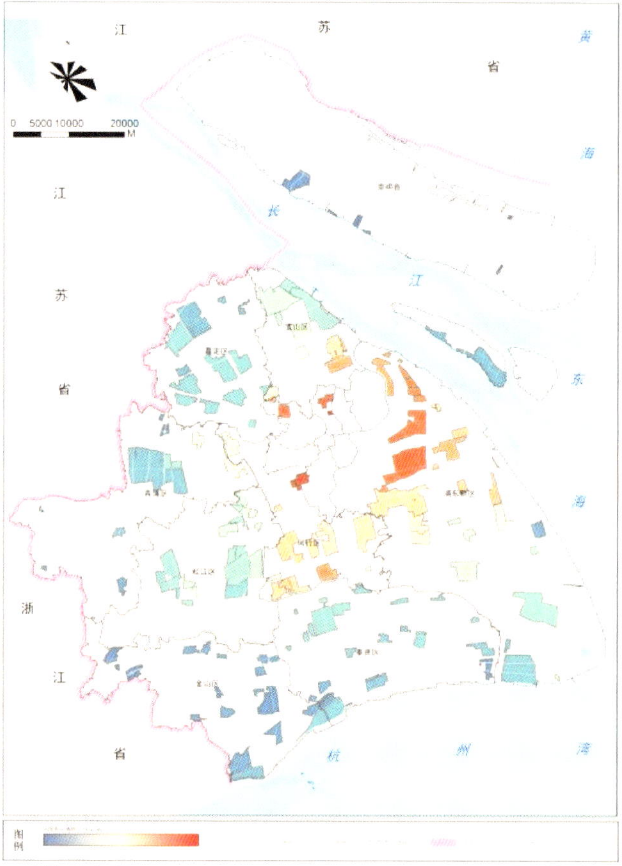

图 8－64　上海市工业用途区段地价更新成果图

第 9 章

上海市标定地价成果编制与应用

一、上海市标定地价内涵

标定地价是政府为管理需要确定的，标准宗地在现状条件下，于某一估价期日法定最高使用年期下的国有土地使用权公开市场价格。上海市标定地价的内涵具体包括：

（1）本次标定地价评估基准日为 2013 年 1 月 1 日；

（2）标准宗地价格为国有土地使用权价格，不考虑他项权利的限制；

（3）评估标准宗地的现状开发利用条件下的土地价格，现状条件包括宗地条件、土地利用状况等，商办综合用途按照现状的各用途建筑面积比例评估综合用地价格；

（4）标准宗地价格评估的土地使用年限为各用途土地的法定最高使用年限，即住宅用途 70 年，商业用途 40 年，商办综合用途 50 年，办公用途 50 年，工业用途 50 年；

（5）各类别标准宗地的地价内涵与基准条件如表 9－1 所示。

本次标定地价体系试点的工作范围是《上海市土地利用总体规划（2006—2020 年）》确定的集中建设用地区范围，核心是上海市建成区（外环线以内区域）和 104 产业区块范围。

表 9-1　　标定地价内涵及评估条件一览表

类型	使用年限(年)	土地用途分类	宗地条件与土地利用状况	产权状况
住宅	70	城镇住宅用地	现状条件	国有土地使用权
商办	商业 40 办公与综合 50	批发零售用地、住宿餐饮用地、商务金融用地、其他商办用地	现状条件	国有土地使用权
工业	50	工业用地、仓储用地	现状条件	国有土地使用权

二、上海市标定地价编制程序

(一) 标准宗地设置

1. 均质区域划分

均质区域的划分在原则上应与对应用途的区段单元相一致。但是,为了与土地利用现状分布相衔接,应当对各用途均质区域的覆盖范围进行细分,为标准宗地的选取奠定基础。具体程序如下:

(1) 确定基本空间单位

基本空间单位内的土地利用条件基本一致,地价水平相当,是划分均质区域的最小单元。本次标定地价均质区域的基本空间单位,采用住宅用途区段子单元成果。

(2) 确定覆盖范围

在基本空间单位的基础上,根据区县、镇乡总规以及商业商务区规划等资料,勾画各用途的规划覆盖范围;根据土地利用现状图,对商办与住宅的混合用途区域以及未建成的商办用途区域进行调整,初步确定各用途均质区域的总体覆盖范围。

1) 住宅用途。本次标定地价工作中,住宅用途均质区域的覆盖范围主要为除商业商务区、产业区块以外的各类住宅用途集中区域。考虑到基础设施对住宅用途价格的重要影响,将公共管理与公共服务用地、水域及水利设施用地、特殊用地等并入邻近的住宅用途均质区域。

2) 商办用途。根据上海市商业网点布局规划纲要和基本商务区规划,上海市将在中心城基本形成"市级、地区级、社区级"三级商业中心体系;在中心城以外地区基本形成"新城、新市镇(社区)、中心村"三级商业网点体系;并在全市形成以"中央、区域级、地区级"商务区为主的基本商务区布局,如表 9-2 所示。

表9-2 上海市商业网点与商务区规划情况汇总

类别	等级			区域名称
商业区	中心城	市级		南京东路商业中心、南京西路商业中心、淮海中路商业中心、四川北路商业中心、徐家汇商业中心、张杨路商业中心、豫园商城商业中心、五角场商业中心、新客站不夜城商业中心、中山公园商业中心、新虹桥商业中心、中环商业中心
		地区级		老西门、打浦桥、长寿、大宁、大华、庙行、淞宝、控江路、南方商城、北外滩、曹家渡、塘桥、张江、三林上南、外高桥、金桥、川沙、北蔡、金杨、上海大学(宝山校区)周边地区、徐汇滨江地区、闵行九星地区
		社区级		102个
	中心城以外	新城	嘉定新城	南部新城商业中心、北部老城商业中心、安亭商业中心、南翔商业中心
			临港新城	主城区商业中心、综合区商业中心
			松江新城	老城区商业中心、新城区商业中心
			闵行新城	莘庄、七宝、颛桥、江川
			宝山新城	老城区、顾村、杨行
			南桥新城	新城区、老城区
			金山新城	新城区、老城区、金山火车站交通枢纽
			青浦新城	桥梓湾、夏阳湖、港隆广场、朱家角
			城桥新城	城桥新城
		新市镇		60个
		中心村		约600个
商务区	中央商务区			陆家嘴及东扩、外滩、北外滩、南外滩
	区域级商务区			大虹桥商务区、大世博地区、环人民广场商务集聚区、张江综合商务区、徐家汇、五角场、真如长风、花木及世纪大道沿线
	地区级商务区			杨浦滨江、大连路、四川北路、不夜城及苏河湾、中山公园、虹桥涉外、南站、闵行新城、紫竹、外高桥、祝桥、临港新城、嘉定新城、松江新城(泗泾)、松江新城、金山新城(枫泾)、金山新城、南桥新城、城桥新城、城桥新城(陈家镇)、青浦新城

为简化商业商务区类别，本次标定地价工作将市级商业区、中央商务区和区域级商务区归纳为“市级”商办区域；将地区级商业区、地区级商务区、新城、大型交通运输用地的配套商业区归纳为“地区级”商办区域；将社区级商业区、新市镇归纳为“社区级”商办区域；商业区与商务区重合的区域，以高等级为准。

商办用途均质区域的覆盖范围为市级、地区级和成熟的社区级商办区域。其中，市级和地区级商办用地的规划范围较为明确，均质区域以规划范围为主要依据，现状范围为参照和补充；社区级商办用地仅明确规划位置，均质区域以现状商办用地为主。对于规划并未建成的商业商务区，如大世博地区、徐汇滨江地区等，暂未划入商办用途均质区域范围。

3）工业用途。根据市级土地利用总体规划，本市共规划产业区块104个，形成以工业园区为主体、工业基地为亮点、城镇工业地块为补充的工业用地结构，详见表9-3。

表9-3　上海市104产业区块规划情况

分类	产业区块名称
工业园区	宝山城市工业园区（北区），宝山城市工业园区（南区），漕河泾开发区浦江园区，崇明工业园区，川沙经济园区，洞泾工业园区，枫泾镇工业园区，奉城镇工业小区，奉贤现代农业园区，富盛经济开发区，顾村工业园区，航天科技产业园，合庆经济发展园区，华新工业园区，黄渡工业园区，机场镇临空产业园区，嘉定工业园区（北区），嘉定试点园区（南区），金桥出口加工区（环内），金桥出口加工区（环外），金山第二工业区，金山张堰工业区，九亭高科技工业园区，康桥工业园区，老港化工工业园区，练塘工业区，临港保税工业园区，罗店工业小区，闵北工业区，闵行经济技术开发区，南汇工业园区，南翔工业园区，青浦工业区，上海金山工业区，上海金山工业区南区，上海闵行出口加工区，上海市工业综合开发区，上海市莘庄工业区，上海市星火开发区，佘北工业区，石湖荡工业区，松江工业区东区，松江工业区西区，外高桥保税区，向阳工业区，兴塔工业区，徐泾工业区，徐行工业园区，月杨工业区，朱泾镇工业园区，祝桥空港工业园区，紫竹经济技术开发区
工业基地	安亭汽车产业基地，宝山钢铁基地，长兴岛船舶制造基地东块（中海、中船），长兴岛船舶制造基地西块（振华），长兴岛船舶制造配套基地，飞机总装基地，金山石化—石化基地，临港物流园区奉贤分区（基地），临港重装备产业基地，临港主产业基地，汽车城配套工业园区（基地），上海化学工业区奉贤分区（基地），上海化学工业区—石化基地，吴泾工业基地，吴淞工业基地，张江高科技园区（微电子基地）
城镇工业地块	白鹤城镇工业地块，北蔡城镇工业地块，曹路城镇工业地块，漕河泾开发区，漕河泾开发区松江园区，干巷城镇工业地块，高桥老工业基地城镇工业地块，海港综合开发区城镇工业地块，华亭城镇工业地块，江桥城镇工业地块，金汇城镇工业地块，金泽城镇工业地块，九亭城镇工业地块，廊下城镇工业地块，临港城镇工业地块，六灶城镇工业地块，马桥城镇工业地块，南翔城镇工业地块，彭浦工业区，浦江镇城镇工业地块，青港城镇工业地块，商榻城镇工业地块，四团城镇工业地块，泗泾城镇工业地块，松隐城镇工业地块，泰顺城镇工业地块，桃浦工业区，亭林城镇工业地块，头桥城镇工业地块，外冈城镇工业地块，邬桥城镇工业地块，向化城镇工业地块，欣梅城镇工业地块，宣桥城镇工业地块，杨王城镇工业地块，永丰城镇工业地块，智慧岛数据产业园，朱家角城镇工业地块，庄行城镇工业地块

本次标定地价工作中，工业用途均质区域的覆盖范围为104产业区块中的工业基地和工业园区，以及外环线以内的城镇工业地块。对于大型居住社区内的黄渡工业园区和南翔工业园区，暂不划入工业用途均质区域。

（3）确定划分成果

将各用途均质区域覆盖范围与区段单元成果相叠加，得出均质区域的初步划分成果。其中，商办用途均质区域应同时结合商业与办公用途区段单元成果综合形成。同时，考虑到标准宗地初选情况、地价管理的实际需求等因素，调整并确定均质区域的划分成果。

本次标定地价工作共划分均质区域510个，平均面积①为5.6 km^2，不同用途均质区域

① 平均面积=均质区域总面积/均质区域个数，下同。

的重叠面积在工作范围内占比为 3%。其中外环线以内共划分均质区域 304 个，平均面积为 2.2 km^2；外环线以外共划分均质区域 206 个，平均面积为 10.6 km^2。各类用途均质区域划分情况及划分图详见表 9 - 4 和图 9 - 1 至图 9 - 3。

表 9 - 4　　均质区域划分情况汇总

类型	个数	外环线以内	平均面积（km^2）	外环线以内
住宅	289	193	6.9	3.0
商办	151	104	1.1	0.4
工业	70	7	10.2	7.1
总计	510	304	5.6	2.2

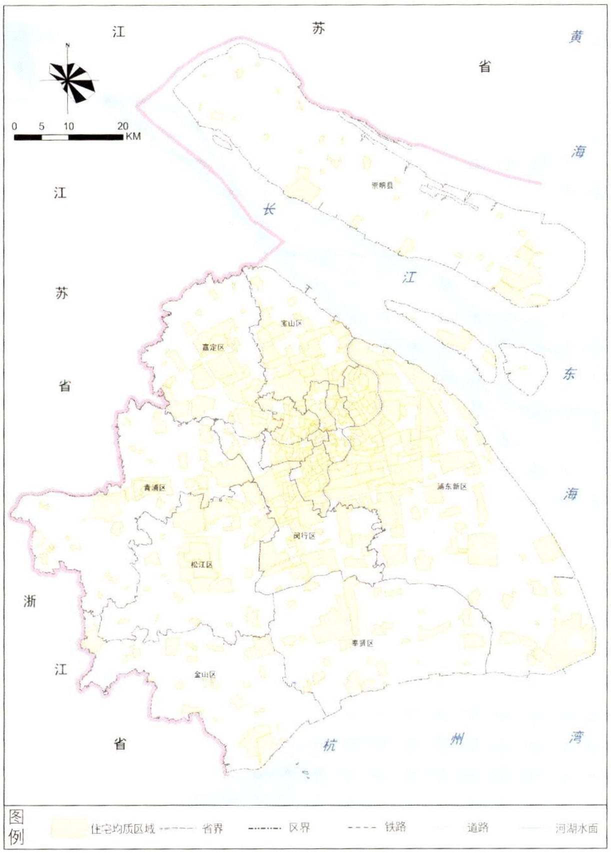

图 9 - 1　上海市标定地价均质区域划分成果图（住宅用途）

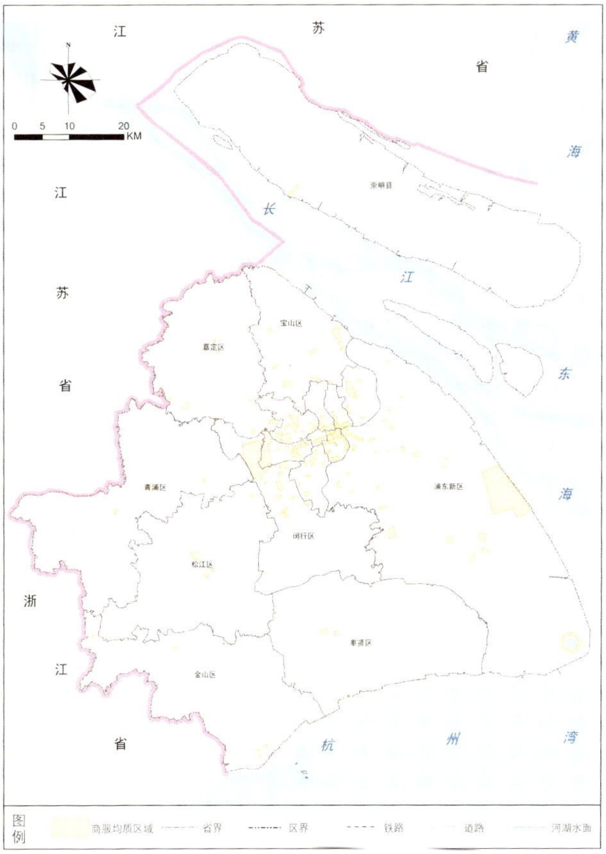

图 9 - 2　上海市标定地价均质区域划分图（商办用途）

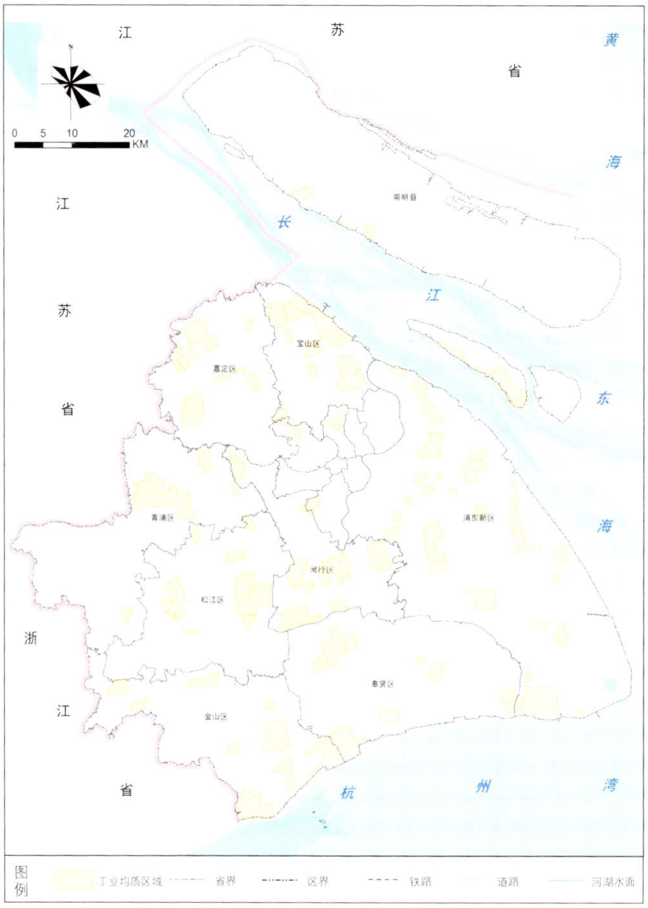

图 9-3 上海市标定地价均质区域划分图(工业用途)

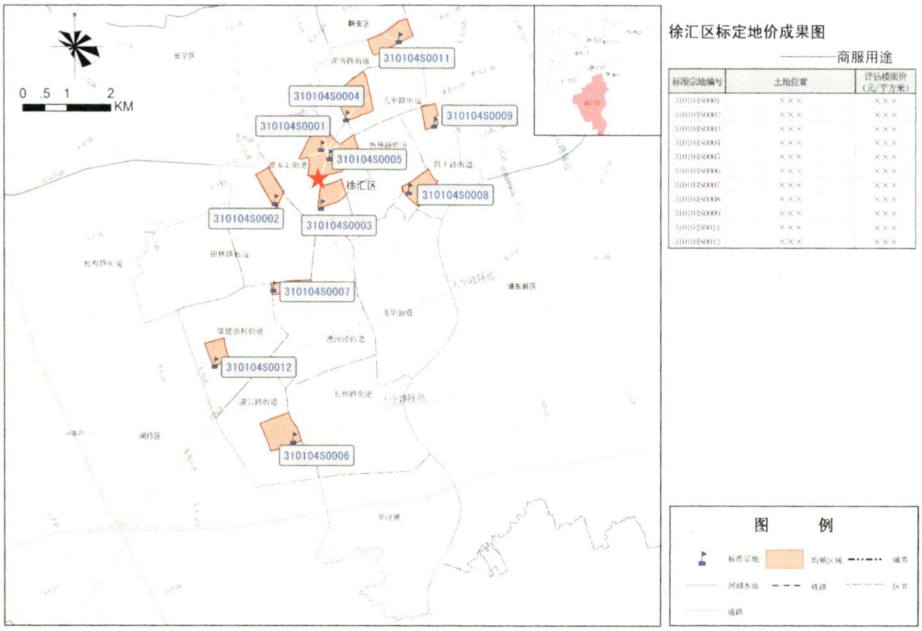

标准宗地编号	土地位置	评估楼面价（元/平方米）
310104S0001	×××	×××
310104S0002	×××	×××
310104S0003	×××	×××
310104S0004	×××	×××
310104S0005	×××	×××
310104S0006	×××	×××
310104S0007	×××	×××
310104S0008	×××	×××
310104S0009	×××	×××
310104S0011	×××	×××
310104S0012	×××	×××

图 9-4 徐汇区商办用途标定地价成果示意图

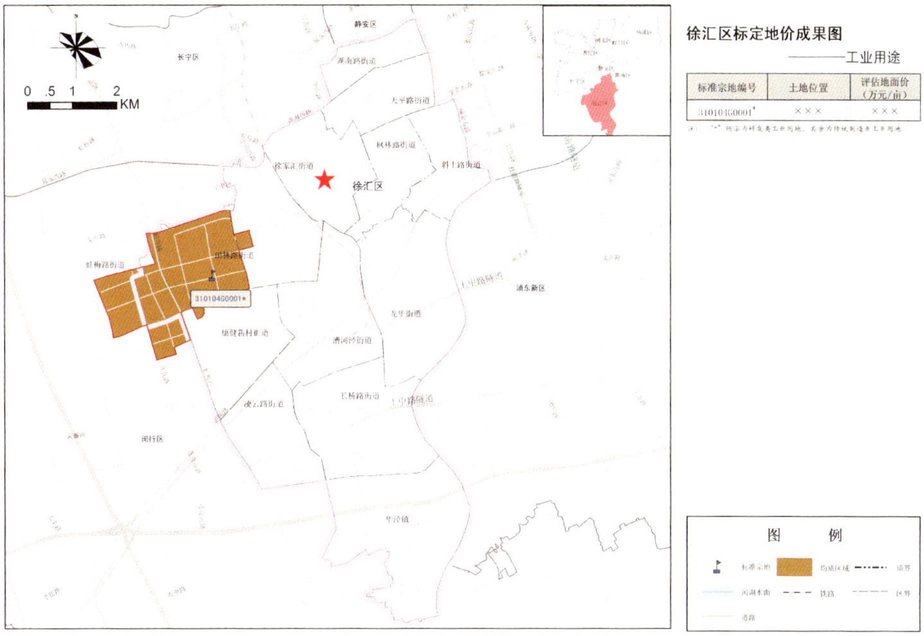

图 9－5　徐汇区工业用途标定地价成果示意图

2. 标准宗地确定

根据标准宗地设置要求，每个均质区域内设置标准宗地 1～2 宗。上海市建成区与产业区块范围内的标准宗地总体数量初步控制在 500 宗左右，住宅、商办与工业用途标准宗地数量比例原则上控制在 6∶3∶1。

最终，在本次标定地价试点工作中，共选取标准宗地 600 宗，平均分布密度[①]为 4.7 km^2/宗。外环内区域标准宗地 377 宗，占全市总量的 63%，平均分布密度为 1.8 km^2/宗；外环外区域标准宗地 223 宗，占全市总量的 37%，平均分布密度为 9.8 km^2/宗(表 9－5)。

表 9－5　标准宗地布设情况汇总

类型	个数	外环线以内	平均分布密度 (km^2/宗)	外环线以内
住宅	360	252	5.5	2.3
商办	170	118	0.8	0.4
工业	70	7	10.2	7.1
总计	600	377	4.7	1.8

① 分布密度＝均质区域面积/标准宗地数量，下同。

在各区县中，住宅用途标准宗地分布密度最高的是虹口区与黄浦区，最低的是崇明县。中心城区标准宗地分布密度显著高于郊区县，这与基础设施分布及地价差异的现状情况相一致。标准宗地基本按照均质区域均匀分布，每个均质区域内布设标准宗地的平均数量为1.3宗，中心城区密度略高，见图9-6～图9-7。

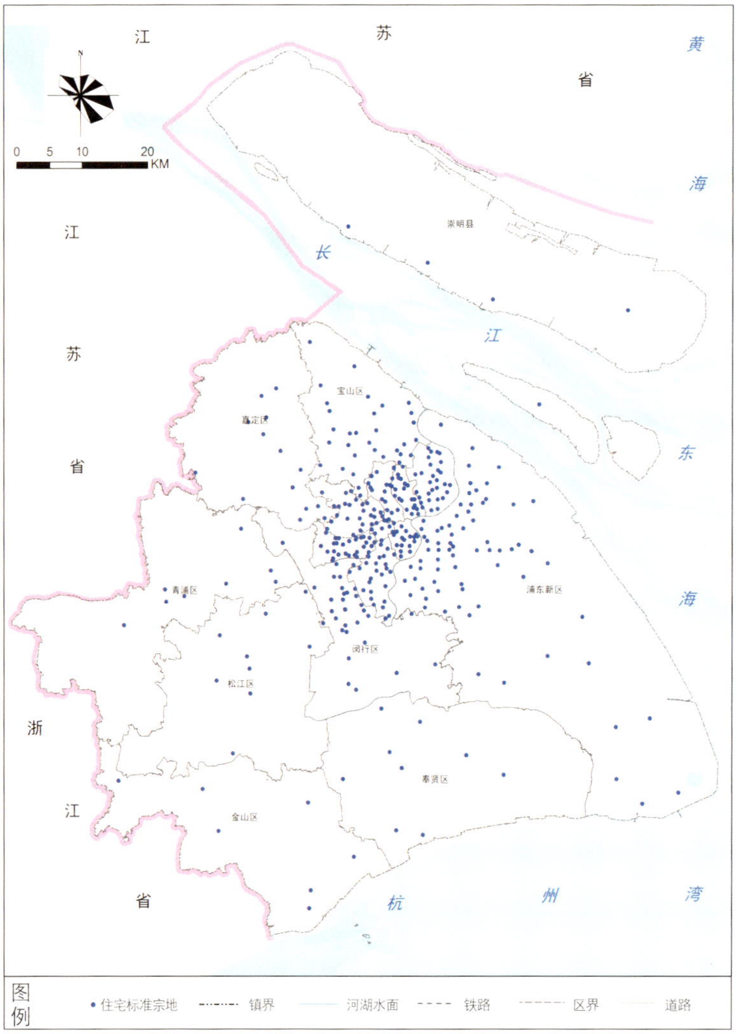

图9-6　标准宗地分布图(住宅用途)

图9-7　标准宗地选取来源分布图(住宅用途)

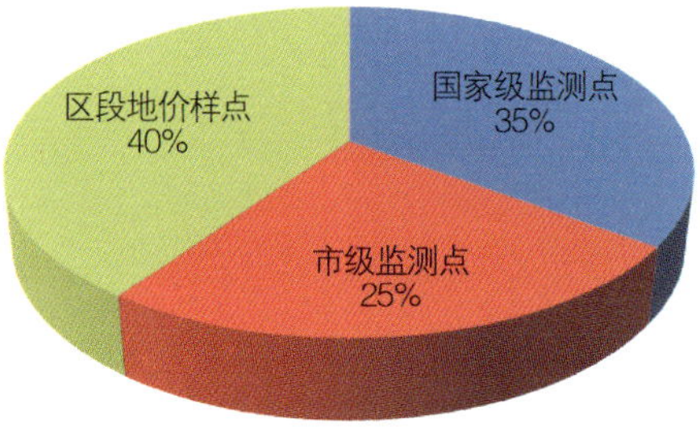

在各区县中，商办用途标准宗地分布密度最高的是金山区，最低的是闵行区。标准宗地基本按照均质区域均匀分布，每个均质区域内布设标准宗地的平均数量为 1.1 宗，见图 9－8—图 9－9。

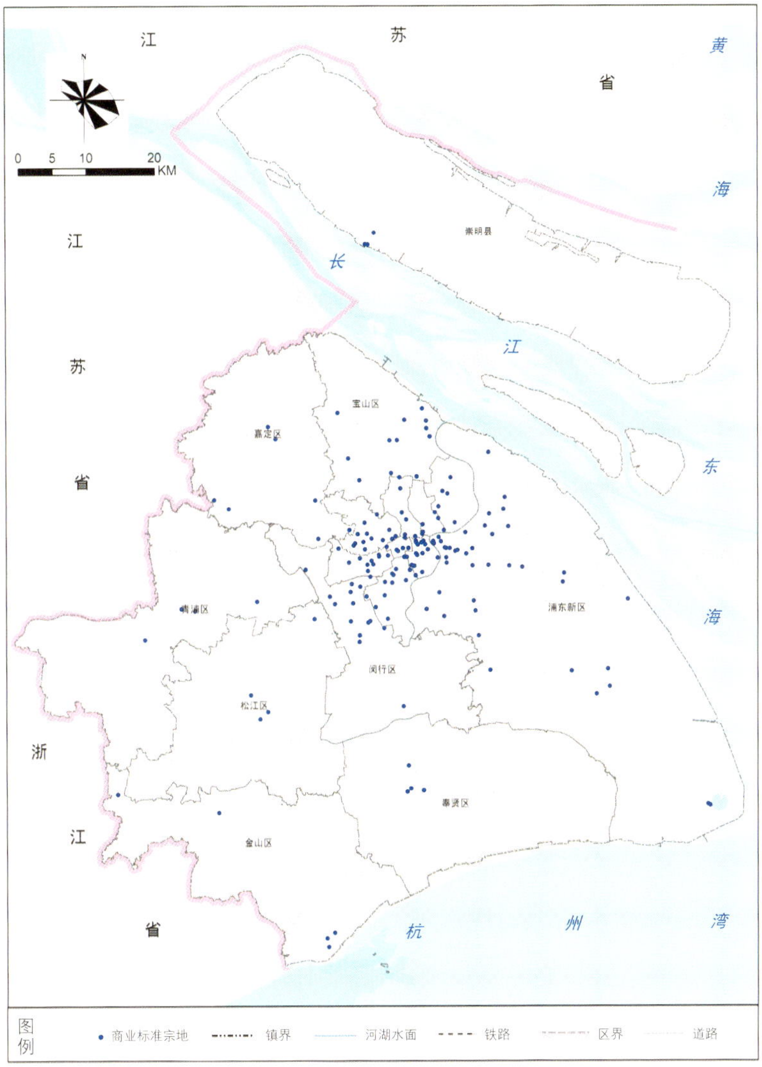

图 9－8　上海市标准宗地分布图(商办用途)

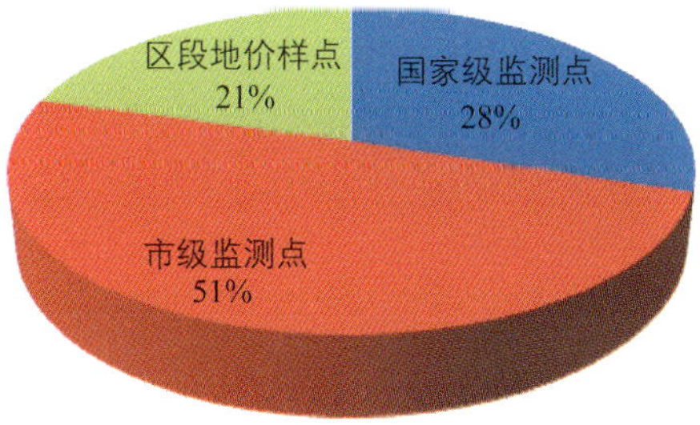

图 9－9　上海市标准宗地选取来源分布图(商办用途)

工业用途标准宗地分布密度最高的是闸北区，最低的是青浦区。标准宗地基本按照均质区域均匀分布，每个均质区域内布设标准宗地的平均数量为1.0宗，见图9-10—图9-11。

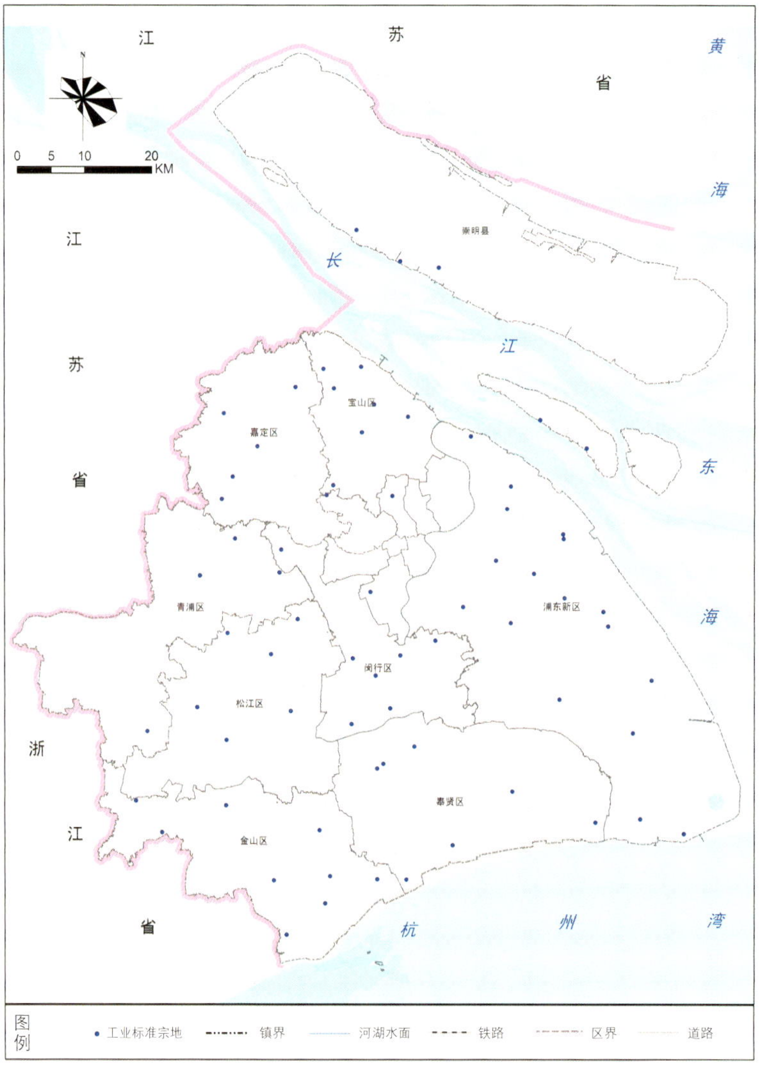

图9-10　上海市标准宗地分布图(工业用途)

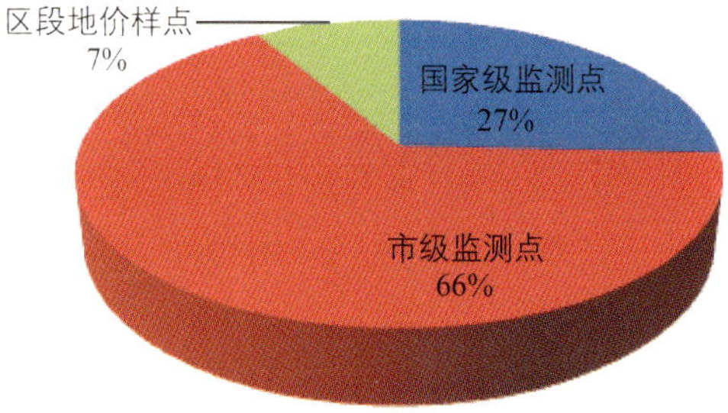

图9-11　上海市标准宗地选取来源分布图(工业用途)

(二) 标准宗地评估

本次标定地价工作中,组织全市 7 家估价机构共 58 名土地估价师参与标准宗地评估工作。首轮评估的标准宗地异常点 201 宗,占标准宗地总量的 34%,其中住宅用途 102 宗,商办用途 84 宗,工业用途 15 宗。通过初步核查、专家评议、估价师研讨等三轮核查与评议,对价格内涵、评估方法、参数选取等相关技术要点进行重点研究讨论,处理标准宗地评估异常点并确保最终价格平衡。

三、上海市标定地价成果

上海市标定地价是分用途分区县表达成果的,全市共分为三个用途、18 个区县的成果报告。以徐汇区为例,图件成果的表现形式如图 9－12—图 9－14 所示。

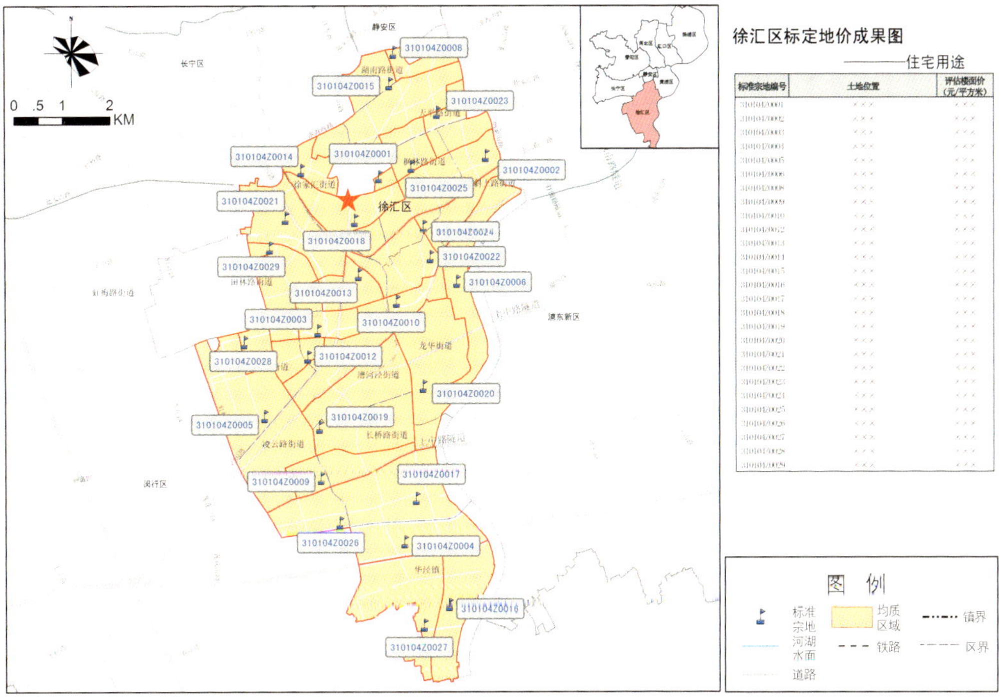

图 9－12　徐汇区标定地价成果图(住宅用途)

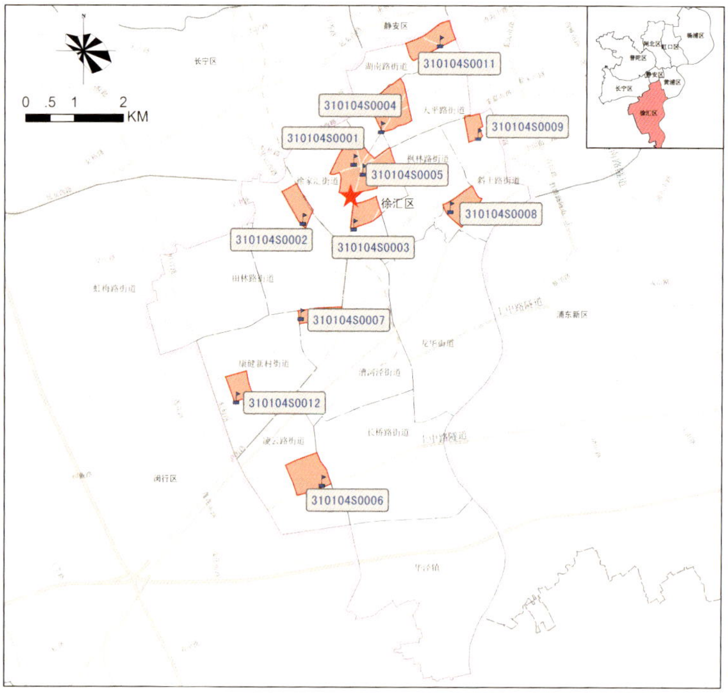

徐汇区标定地价成果图

——商服用途

标准宗地编号	土地位置	评估楼面价（元/m^2）
310104S0001	×××	×××
310104S0002	×××	×××
310104S0003	×××	×××
310104S0004	×××	×××
310104S0005	×××	×××
310104S0006	×××	×××
310104S0007	×××	×××
310104S0008	×××	×××
310104S0009	×××	×××
310104S0011	×××	×××
310104S0012	×××	×××

图 9-13　徐汇区标定地价成果图(商办用途)

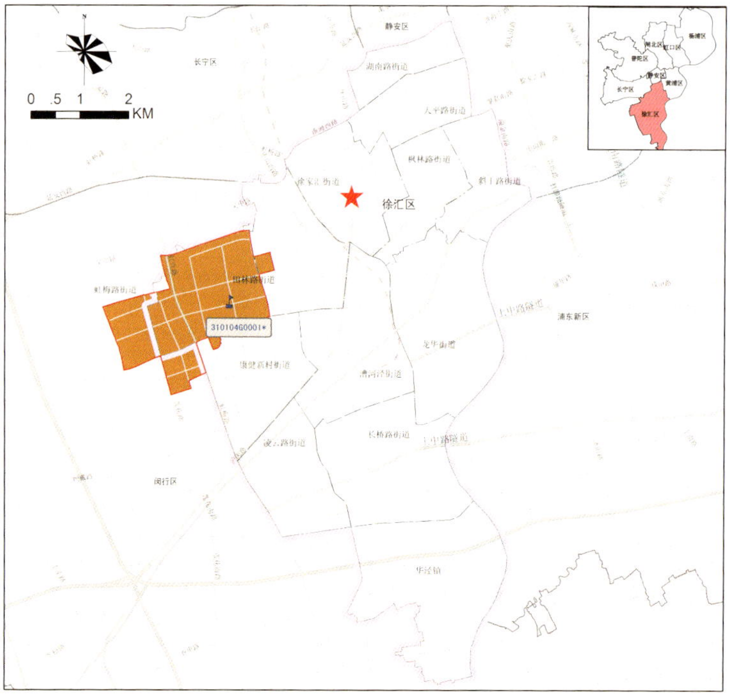

徐汇区标定地价成果图

——工业用途

标准宗地编号	土地位置	评估地面价（万元/亩）
310104G0001*	×××	×××

注：“*”所示为研发类工业用地，其余为传统制造业工业用地。

图 9-14　徐汇区标定地价成果图(工业用途)

第 10 章
上海市地价指数成果编制与应用

一、上海市地价指数内涵

地价指数是在正常市场条件下测算的，一定时期内城市住宅、商业、办公和工业等各类用途土地价格的变动趋势和变动程度的相对数。其中：

（1）土地价格是指在一定设定条件下，于某一估价期日评估的相应用途法定最高年期的土地使用权区域平均价格；

（2）地价指数分为定比地价指数和环比地价指数；

（3）定比地价指数的基期为 2010 年第一季度，基数为 1 000；

（4）地价指数更新频率：季度。

二、上海市地价指数编制及成果

（一）地价监测区段划分

地价监测区段的划分主要采用区段地价的区段子单元成果，在区段子单元的基础上，根据相关规划、子单元的价格和面积，按照价格相近、面积适中的原则，划分地价监测区段。共划分地价监测区段528个(表10－1)，其中外环线以内共划分地价监测区段314个；住宅用途共划分地价监测区段187个，商业用途共划分地价监测区段127个，办公用途共划分地价监测区段101个，工业用途共划分地价监测区段113个(图10－1—图10－4)。

表10－1　　地价监测区段划分情况汇总

分类	地价监测区段数	外环线以内
住宅	187	110
商业	127	86
办公	101	65
工业	113	53
总计	528	314

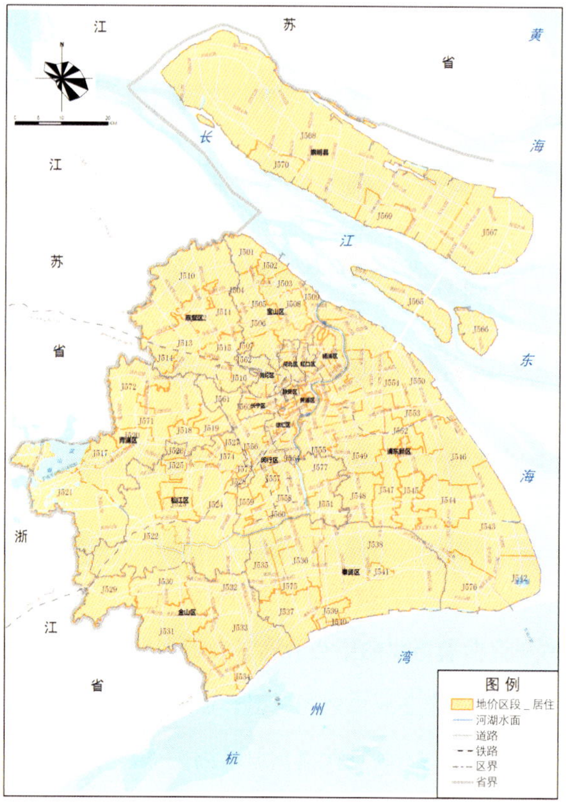

图10－1　上海市住宅用途地价监测区段图

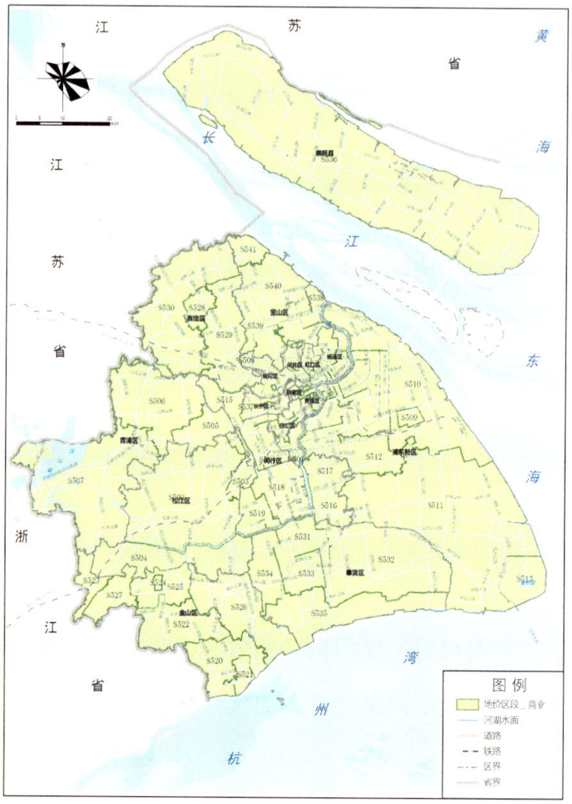

图10－2　上海市商业用途地价监测区段图

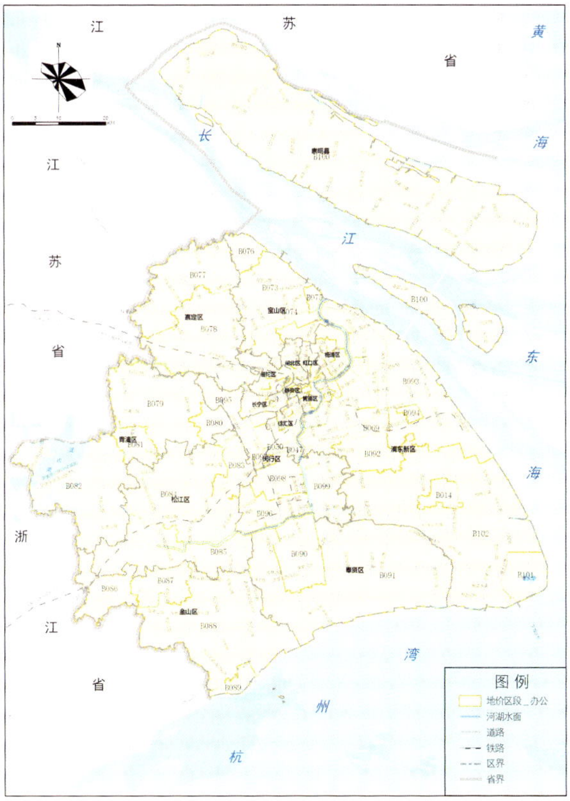

图 10-3　上海市办公用途地价监测区段图

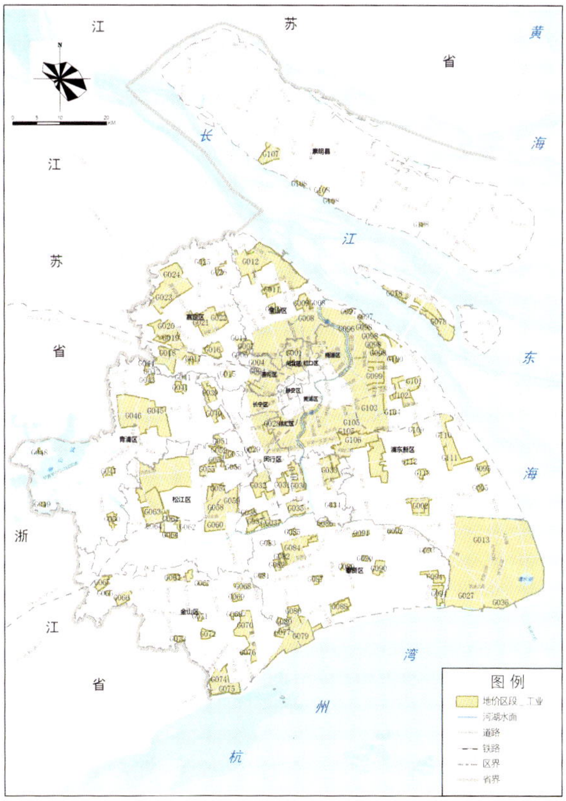

图 10-4　上海市工业用途地价监测区段图

(二) 地价监测点布设

根据地价监测点布设要求，共选取标准宗地 820 宗(表 10-2)。其中，住宅、商业、办公和工业用途地价监测总数分别为 291 个、154 个、174 个和 201 个(图 10-5—图 10-8)。住宅用途的地价监测点布设最密，约为 1.6 个地价监测点/地价监测区段。

表 10　2　　地价监测点布设情况汇总

分类	地价监测点数	外环线以内(个)
住宅	201	129
商业	154	92
办公	174	105
工业	201	62
总计	820	388

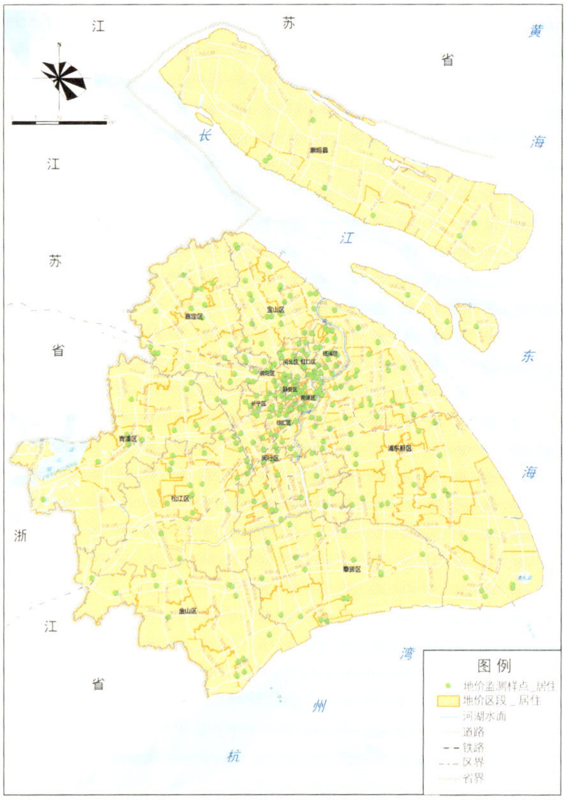

图 10-5　上海市住宅用途地价监测区段和地价监测点布设图

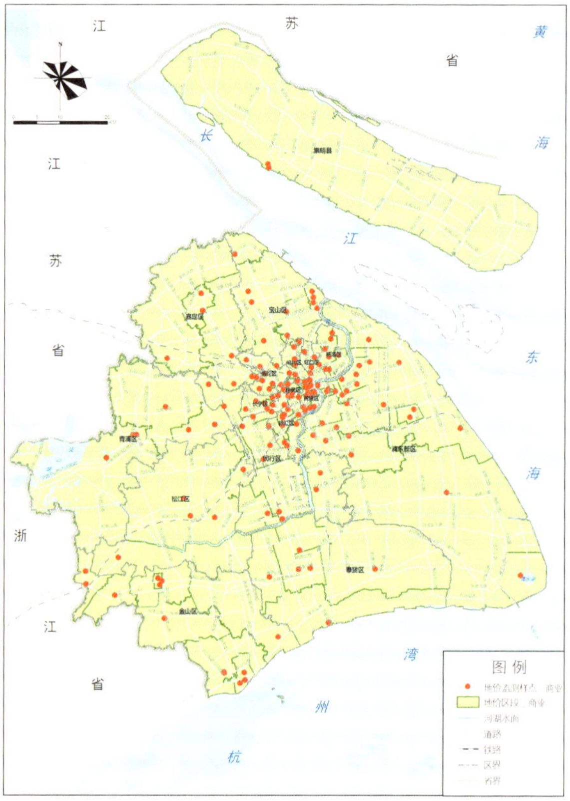

图 10-6　上海市商业用途地价监测区段和地价监测点布设图

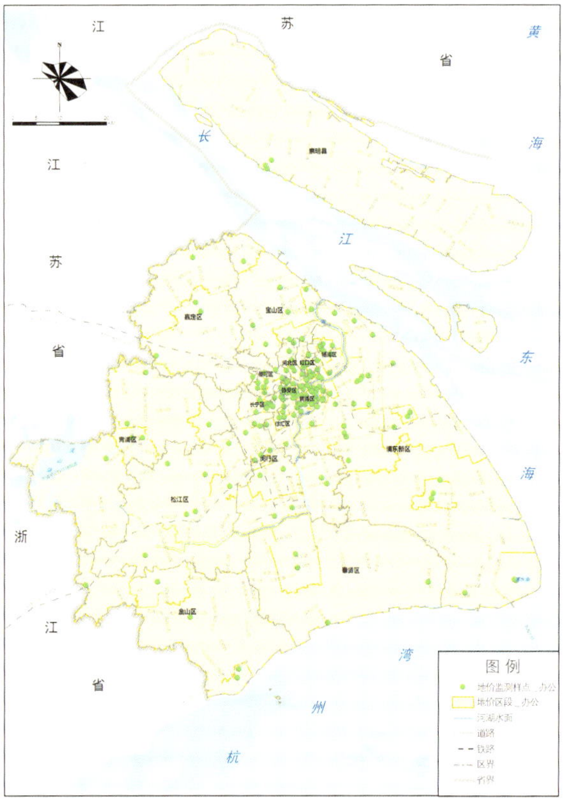

图 10-7　上海市办公用途地价监测区段和地价监测点布设图

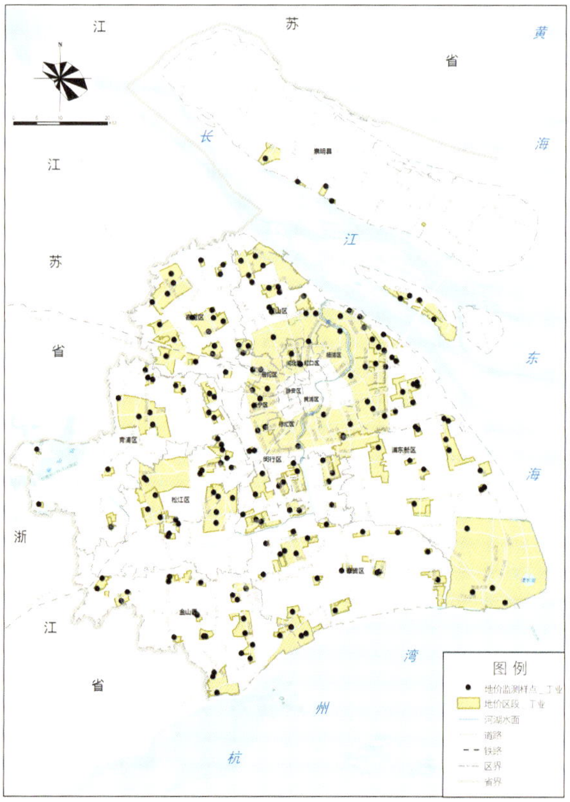

图 10-8　上海市工业用途地价监测区段和地价监测点布设图

（三）地价测算与地价指数编制

每个地价监测点每季度均有两名土地估价师“背靠背”，根据监测点地价评估技术要求，对其进行价格评估，并由第三方资深土地估价师对价格相差 20%的异常点进行再次评估。在地价监测点价格评估的基础上，按照地价监测区段地价、各用途各区域地价及其地价指数编制。

本次上海地价指数成果主要包括以下四部分：

(1) 按照土地用途结构分上海市商业地价指数、办公地价指数、住宅地价指数和工业地价指数（图 10－9）。

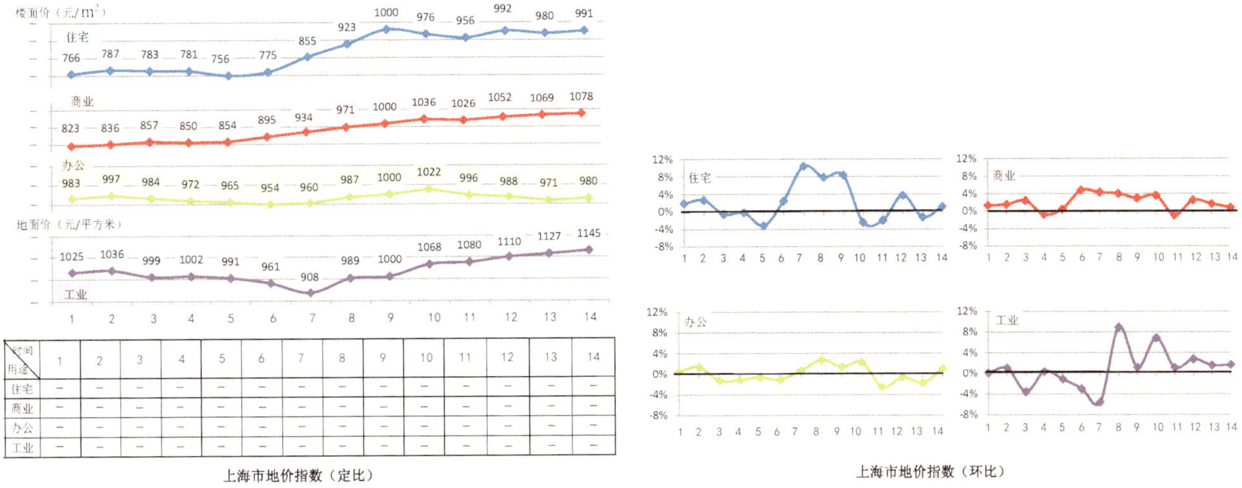

时间/用途	1	2	3	4	5	6	7	8	9	10	11	12	13	14
住宅	—	—	—	—	—	—	—	—	—	—	—	—	—	—
商业	—	—	—	—	—	—	—	—	—	—	—	—	—	—
办公	—	—	—	—	—	—	—	—	—	—	—	—	—	—
工业	—	—	—	—	—	—	—	—	—	—	—	—	—	—

图 10－9　上海市地价指数成果

(2) 按照环线空间区域分中环内区域地价指数、中外环区域地价指数和外环外区域地价指数，见图 10－10—图 10－12。

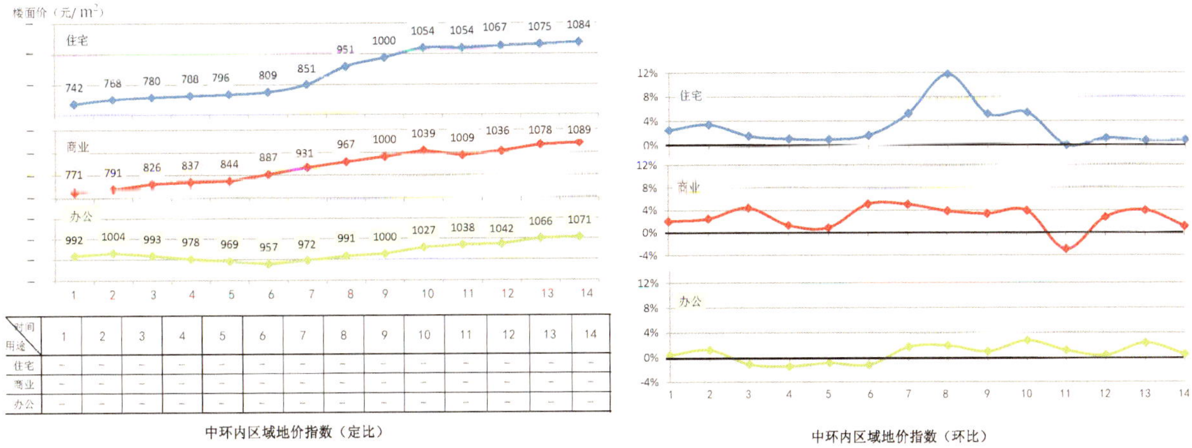

时间/用途	1	2	3	4	5	6	7	8	9	10	11	12	13	14
住宅	—	—	—	—	—	—	—	—	—	—	—	—	—	—
商业	—	—	—	—	—	—	—	—	—	—	—	—	—	—
办公	—	—	—	—	—	—	—	—	—	—	—	—	—	—

图 10－10　上海市中环内区域地价指数成果

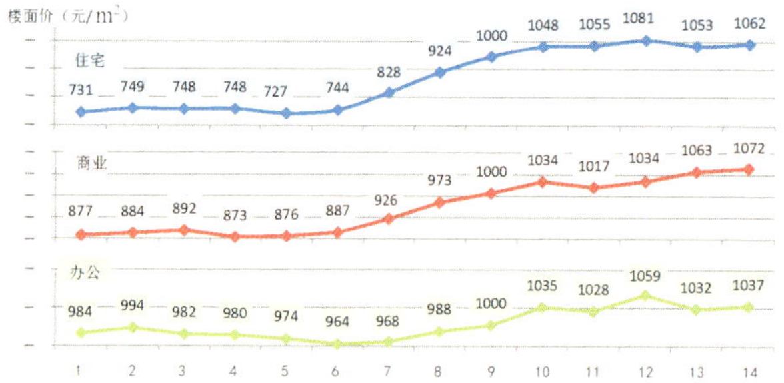

时间/用途	1	2	3	4	5	6	7	8	9	10	11	12	13	14
住宅	—	—	—	—	—	—	—	—	—	—	—	—	—	—
商业	—	—	—	—	—	—	—	—	—	—	—	—	—	—
办公	—	—	—	—	—	—	—	—	—	—	—	—	—	—

中外环区域地价指数（定比）

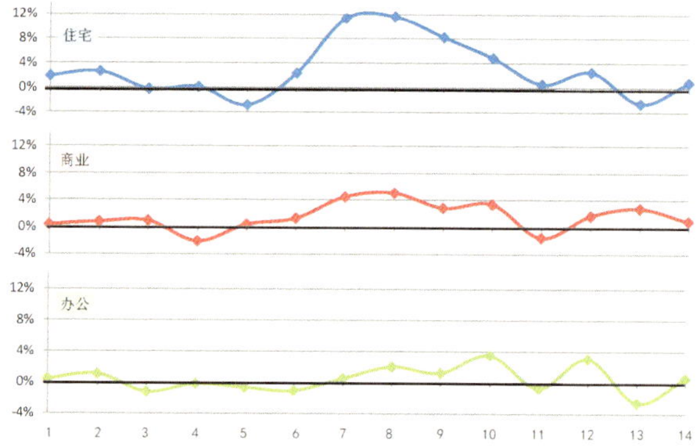

中外环区域地价指数（环比）

图 10－11　上海市中外环区域地价指数成果

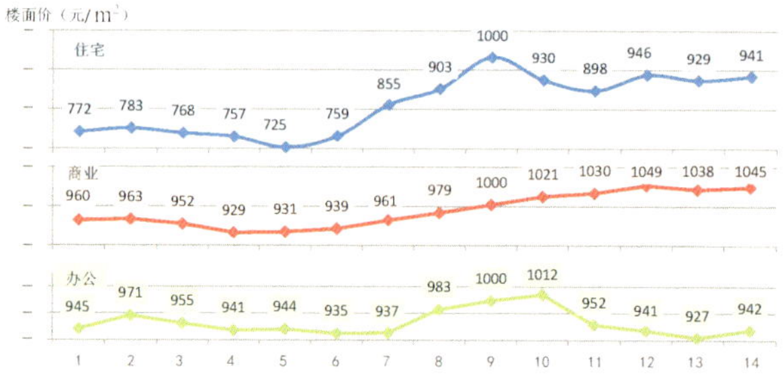

时间/用途	1	2	3	4	5	6	7	8	9	10	11	12	13	14
住宅	—	—	—	—	—	—	—	—	—	—	—	—	—	—
商业	—	—	—	—	—	—	—	—	—	—	—	—	—	—
办公	—	—	—	—	—	—	—	—	—	—	—	—	—	—

外环外区域地价指数（定比）

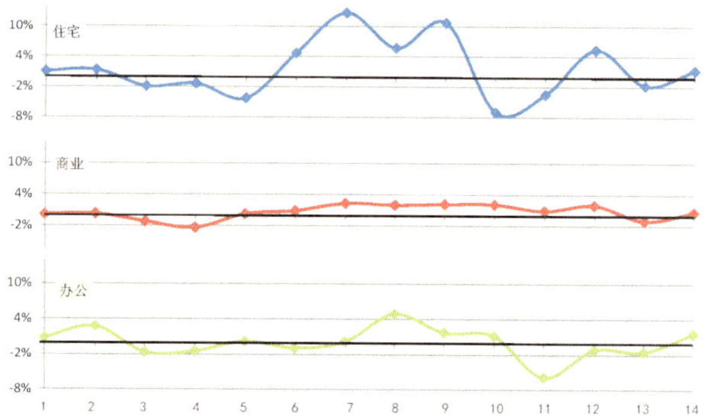

外环外区域地价指数（环比）

图 10－12　上海市外环外区域地价指数成果

(3) 按照区县空间区域分黄浦区地价指数等十八个区县地价指数，其中以黄浦区为例，其地价指数见图 10－13 所示。

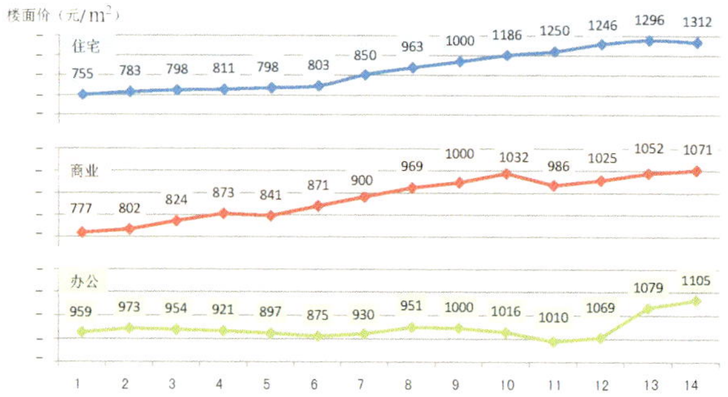

时间/用途	1	2	3	4	5	6	7	8	9	10	11	12	13	14
宅	—	—	—	—	—	—	—	—	—	—	—	—	—	—
商业	—	—	—	—	—	—	—	—	—	—	—	—	—	—
办公	—	—	—	—	—	—	—	—	—	—	—	—	—	—

黄浦区地价指数图（定比）

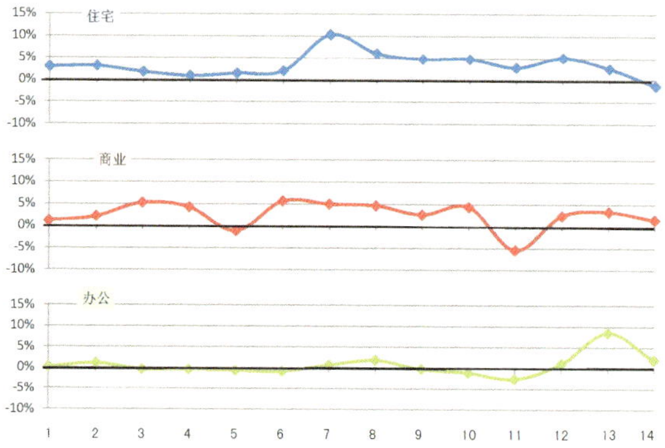

黄浦区地价指数图（环比）

图 10－13　上海市黄浦区地价指数成果

（4）按照重点关注区域分虹桥商务区地价指数、顾村大型居住社区等多个典型区域地价指数。其中上海虹桥商务区和顾村大型居住社区地价指数见图 10－14，图 10－15。

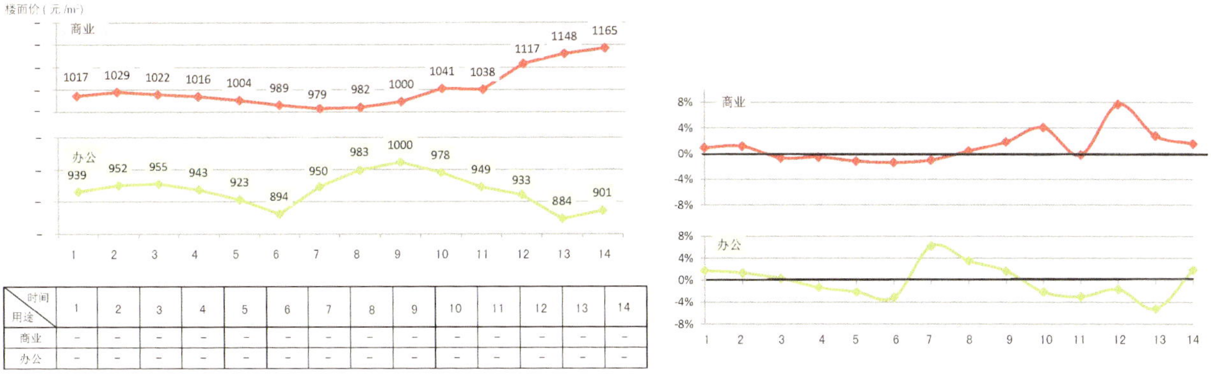

虹桥商务区地价指数图（定比）　　虹桥商务区地价指数图（环比）

图 10－14　上海市虹桥商务区地价指数成果

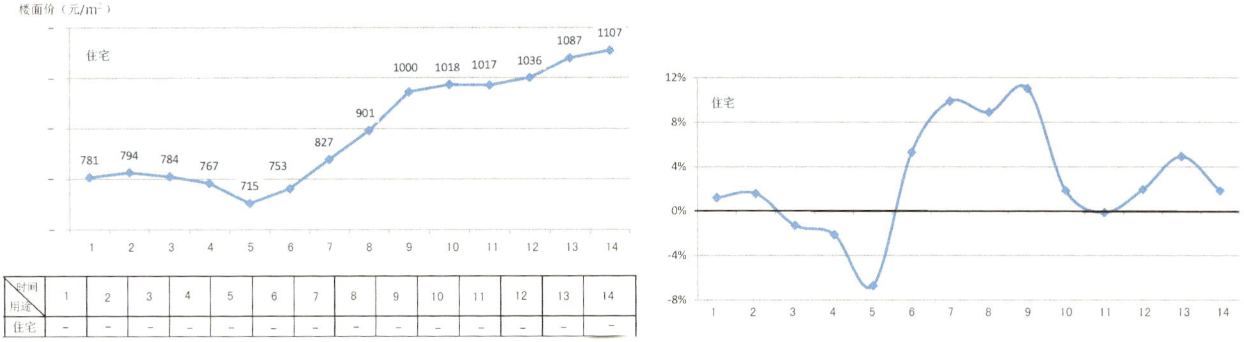

顾村大型居住社区地价指数（定比）　　顾村大型居住社区地价指数（环比）

图 10－15　上海市顾村大型居住社区地价指数成果

（四）地价指数成果及分析

在当前国际经济形势复杂，国内城市化、工业化进程加速，资金流动性充足，通胀预期明显，国家不断出台宏观调控政策的影响下，上海的地价指数成果主要体现出以下几个特点：

（1）总体表现出先跌后涨再趋缓的趋势。2008 年在国际经济衰退的大环境影响下，上海市地价水平下跌，地价指数值较小；随着经济水平的复苏，房地产市场回暖，2009 年二季度开始地价水平快速上涨，地价指数值不断攀高；而后在国家不断出台房地产宏观调控政策的影响下，地价水平与地价指数值趋于稳定。

（2）不同用途地价指数值表现出不同的涨跌幅度。住宅地价指数受通胀预期、流动性充足和国家宏观调控政策等因素影响，波动明显；商业地价指数保持稳步上涨趋势；办公地价指数基本稳定；工业地价指数受国际经济形势的影响，2008 年地价指数值下跌明显，而后一直处于稳步上涨的趋势。

（3）不同区域的地价指数值之间存在差异。从不同环线来看，中环内区域和中外环区域地价指数基本处于上涨的态势，而外环外区域地价指数受国内国外经济形势、政策影响明显，涨落有致。从不同区县来看，黄浦区、卢湾区、徐汇区、长宁区、静安区、普陀区、闸北区、虹口区、杨浦区 9 个中心区的地价指数基本一直处于上涨态势；宝山区和崇明县 2 个区县的地价指数为先跌后涨的趋势；闵行区、嘉定区、浦东新区，奉贤区、松江区和青浦区 6 个区的地价指数呈现先跌后涨再跌的态势，而金山区有别于前 6 区，2011 年两个季度的地价指数再次出现上涨状态。

（4）重点关注区域的地价指数与所处大区域的地价指数走势基本保持一致。虹桥商务区的商业地价指数呈现先跌后涨的态势，办公地价指数呈现先跌后涨再跌的态势，与闵行区、长宁区、嘉定区的地价指数走势稍有差别；顾村大型居住社区住宅地价指数与宝山区住宅地价指数走势完全保持一致，呈现出先跌后涨的态势。

参考文献

[1] 全国人民代表大会常务委员会. 中华人民共和国土地管理法(2004 年修订)[Z]. 2004 - 8 - 28.

[2] 全国人民代表大会常务委员会. 中华人民共和国城市房地产管理法(2007 修正)[Z]. 2007 - 8 - 30.

[3] 国务院. 中国人民共和国土地管理法实施条例(2011 年修正)[Z]. 2011 - 1 - 8.

[4] 全国人民代表大会常务委员会. 中华人民共和国城乡规划法(2007)[Z]. 2007 - 10 - 28.

[5] GB/T 18507 - 2001,城镇土地分等定级规程[S]

[6] GB/T 18508 - 2001,城镇土地估价规程[S]

[7] TD 1001 - 1993,城镇地籍调查规程[S]

[8] TD/T 1009 - 2007,城市地价动态监测技术规范[S]. 2007 - 9 - 1.

[9] 湖北省国土资源厅. 湖北省城镇基准地价更新技术规范[Z]. 2006 - 5.

[10] Atack J, Margo R A. "Location, location, location!" The price gradient for vacant urban land: New York, 1835 to 1900[J]. The Journal of Real Estate Finance and Economics, 1998, 16(2): 151 - 172.

[11] Yamazaki R. Empirical testing of real option pricing models using land price index in Japan[J]. Journal of Property Investment & Finance, 2001, 19(1): 53 - 72.

[12] Nishimura K G, Shimizu C. Distortion in Land Price Information—Mechanism in Sales Comparables and Appraisal Value Relation[R]. CIRJE, Faculty of Economics, University of Tokyo, 2003.

[13] Karafotakis E, Mylonakis J, Kountouris K. Price assessment of Agricultural Land in Greece [J]. International Research Journal of Finance and Economics, Isue, 2006, 6.

[14] Shao J, Ge X, Wei C, et al. Classification and gradation of cultivated land quality in Bishan County of Chongqing, China[J]. Chinese Geographical Science, 2007, 17(1): 82 - 91.

[15] Wang R. The structure of Chinese urban land prices: Estimates from benchmark land price data [J]. The Journal of Real Estate Finance and Economics, 2009, 39(1): 24 - 38.

[16] 胡存智,岳晓武. 台湾地区土地估价与地价管理[J]. 国土资源,2002, 3(26): 1.

[17] 张梅英. 台湾试办基准地地价查估作业相关问题分析[J]. 不动产开发与投资和不动产金

融——2005 年海峡两岸土地学术研讨会论文集,2005.
[18] 邹兆平.日本的地价公示制度[J].现代日本经济,1991, 3: 018.
[19] 江苏省国土资源厅赴日韩考察团.赴日韩土地管理考察报告[J].江苏国土资源,2002(11):34-39.
[20] 李建中,韩艳丽,金琦.日本公示地价制度及启示[J].中国房地产估价与经纪,2008(4):74-78.
[21] 张召,杜乃强,陈绍飞.日本地价公示制度之借鉴[J].房地产评估,2012(6): 24-29.
[22] 何芳.发展完善中国公示地价体系研究——国外经验借鉴及中国基准地价体系反思[J].中国土地科学,2009, 23(9): 30-35.
[23] 王涛.城市土地资源的合理利用与地价管理[D].重庆建筑大学,1997.
[24] 李元.加强地价管理基础工作进一步培育和规范土地市场——在全国城市基准地价更新与[J].中国土地,2000(10): 5-6.
[25] 浙江省国土资源厅城市地价调研课题组.加强基准地价评估更新工作——加强浙江省地价管理问题调研报告[J].浙江国土资源,2002(2): 19-22.
[26] 国土资源部土地利用司调研组.土地市场制度建设调研分报告之二:完善地价市场形成机制,发挥地价调控市场作用——地价管理调研报告[J].国土资源通讯,2002(03): 30-34.
[27] 刘金国,李秀霞.城市地价管理的作用,存在问题及对策研究[J].松辽学刊:自然科学版,2002(4): 42-44.
[28] 吴少芬.宝安区地价管理方法研究[D].武汉大学,2004.
[29] 张绍良,侯湖平,赵玉娟,等.城市地价分类管理研究[J].城市问题,2008(2): 73-77.
[30] 李冬玉.规范土地市场做好地价管理[J].中国地产市场,2003(3).
[31] 郭玉坤.加强地价管理,提高土地收益[J].资源与人居环境,2004(2): 25-26.
[32] 何芳,肖宗仁.发展完善我国公告地价体系研究——国外经验及启示[J].城市发展研究,2008(5): 116-120.
[33] 刘金平,郝敬良.城镇地价内涵及"1+1"模式[J].中国矿业大学学报,2001, 30(2): 174-177.
[34] 顺清,和平.2000 年重庆市国有土地使用权基准地价和公示地价特点分析[J].重庆国土资源,2005(6): 11-12.
[35] 徐彬.论基准地价的作用[J].湖北工学院学报,1995, 10(2): 1-6.
[36] 李铃.论我国的基准地价[J].中国土地,1997, 9.
[37] 李何超.城镇基准地价涵义特征确定方法及应用[J].国土经济,1999, 6(27.28).
[38] 欧阳安蛟,葛昂扬.城镇基准地价内涵及"基准条件"界定研究[J].浙江大学学报:理学版,2002, 29(5): 585-588.
[39] 马凤飞.浅谈基准地价在地产市场建设中的作用[J].中国地产市场,2006(5): 77-80.
[40] 李信儒,马超群.我国城镇基准地价评估中存在的主要问题分析[J].湖南大学学报:社会科学版,2006, 20(3): 69-73.
[41] 邹如,伍育鹏,章文波.浅析中国基准地价体系的现状与发展[J]. China Land, 2012, 26(3).
[42] 刘圣清.对基准地价内涵的探讨[J].福建财会,2004(7): 29-29.
[43] 齐鹏,张林楠.廊坊市基准地价的内涵界定[J].房地产评估,2006(12): 32-33.
[44] 张林楠,齐鹏.廊坊市基准地价更新的基本思路[J].房地产评估,2006(10): 29-30.
[45] 李翔业.浅谈城镇基准地价内涵的界定和参数确定若干问题[J].青海国土经略,2007(3):32-33.
[46] 刘艳中,尹霞,张祚.预期基准地价内涵界定及评估思路初探[J].安徽农业科学,2007, 35(12):3620-3622.
[47] 曹玲燕.大都市基准地价土地用途细化分类研究——以上海市为例[J].上海国土资源,2013,34(2): 37-40.

[48] 俞明轩. 基准地价测算,变更及应用[J]. 中国资产评估,2002(3): 33 - 36.
[49] 刘利,周学武,唐旭. 城市基准地价评估中统计样本的比较分析[J]. 现代农业科技,2006(09S): 185 - 187.
[50] 强真,朱道林,毕继业. 城市基准地价合理性判别方法研究[J]. 中国土地科学,2005,19(1): 56 - 61.
[51] 张雅杰,唐旭,祝国瑞. 城市基准地价评估回归模型分析与改进[J]. 武汉大学学报:信息科学版,2004, 29(6): 551 - 554.
[52] 黄志勤. 城镇土地基准地价评估研究[D]. 四川师范大学,2002.
[53] 沈晶,吴群. 我国基准地价评估方法研究[J]. 资源与产业,2007, 9(1): 74 - 76.
[54] 郑云有,周国华. 关于城镇工业用地基准地价评估的研究—以株洲市为例[J]. 经济地理,2001, 21(1): 4 - 6.
[55] 江立武. 土地级差收益模型在城镇基准地价评估中的研究与应用[J]. 中国房地产估价师,2006(2): 70 - 73.
[56] 王晓霞,蒋一军. 完善基准地价中的综合用地评估问题研究[J]. 价格理论与实践,2007(7): 44 - 45.
[57] 杨小雄,朱其伟. 不同尺度的区域城镇土地基准地价平衡研究[J]. 资源开发与市场,2007, 23(9): 799 - 801.
[58] 张步,刘建朝,张近凤. 城镇基准地价平衡研究[J]. 中国土地,2006(7): 19 - 22.
[59] 汪春燕. 基准地价在评估应用中应注意的几个问题[J]. 中国土地,1996, 162: 37 - 38.
[60] 郑斌,唐旭,刘耀林,等. 基于开源 GIS 的城市基准地价信息发布平台的设计与实现[J]. 国土资源科技管理,2006, 23(5): 69 - 74.
[61] 陈廉生. 基准地价成果应用探讨[J]. 福建教育学院学报,2003(1): 70 - 72.
[62] 颜妤洁,冯友健. 基准地价分类修正综合法在综合用地地价评估中的应用[J]. 浙江大学学报:理学版,2005, 32(5): 579 - 583.
[63] 马凤飞. 某市基准地价特点及应用分析[J]. 房地产评估,2006(6): 37 - 40.
[64] 张瑜. 基准地价必须更新[J]. 中国土地,2002, 1: 010.
[65] 刘卫东. 新时期城市基准地价更新与应用问题研究[J]. 经济地理,2003, 23(2): 255 - 258.
[66] 费庆啸. 浅析调整上海基准地价的必要性及相应措施[J]. 上海土地,2004(5): 21 - 23.
[67] 孙广云,李凌. 城镇土地基准地价更新的必要性[J]. 山东省农业管理干部学院学报,2005, 21(4): 23 - 24.
[68] 陈阳. 城市土地定级和基准地价更新的意义及成果应用[J]. 国土资源,2005(6): 38 - 39.
[69] 胡伟艳,张安录,高巍,等. 新一轮基准地价更新应注意的几个问题[J]. 地域研究与开发,2007, 26(3): 75 - 79.
[70] 俞明轩. 对基准地价更新的原则与基本思路的探讨[J]. 重庆建筑大学学报,2009(z1): 73 - 78.
[71] 宋鸿良. 基准地价更新评估方法的研究[J]. 中国土地科学,1998,12(6): 38.
[72] 张蓬涛,赵士强. 城镇基准地价修订及预测方法比较研究[J]. 河北农业大学学报,2001, 24(4): 86 - 89.
[73] 肖锋. 浅谈孝感市城区基准地价的更新[J]. 房地产评估,2001(12): 27 - 30.
[74] 卫欣. 基准地价更新研究——以重庆市主城区为例[D]. 西南师范大学,2003.
[75] 赵晓铃,耿红,唐旭. 城镇基准地价更新方法探讨[J]. 国土资源科技管理,2005, 22(4): 91 - 95.
[76] 周力丰,项国民,楼立明,等. 宁波市城市土地基准地价更新研究[J]. 浙江国土资源,2005(10): 37 - 40.
[77] 朱道林,曲长令,邰志勇,等. 沈阳市基准地价更新成果分析[J]. 国土资源,2005(7): 60 - 62.
[78] 杨小雄,何志明,黄小兰. 基于城市地块变化的基准地价更新研究[J]. 热带地理,2007, 27(5): 446 - 450.

[79] 孙广云,李凌. 城镇土地基准地价更新中的若干问题探析[J]. 山东省农业管理干部学院学报,2006, 22(4): 68-69.
[80] 王冬青,曹健. 我国城镇基准地价更新问题研究[J]. 山东理工大学学报:社会科学版,2007, 23(5): 27-29.
[81] 陈武斌. 城市基准地价更新与应用问题研究——以宁波市为例[D]. 上海:同济大学经济与管理学院,2006.
[82] 韦燕飞,卢远. 基于格网的城镇基准地价实时快速更新方法的研究[J]. 广西师范学院学报:自然科学版,2008, 24(1): 59-63.
[83] 胡伟艳,夏晓玲. 基准地价更新的宏观与微观问题研究[J]. 商业时代,2007(7): 57-58.
[84] 胡伟艳,张安录. 基准地价更新的质量控制[J]. 统计与决策,2007(13): 67-68.
[85] 贾士军. 房地产市场呼唤加强标定地价工作[A]. 第二届广东青年科学家论坛论文集[C];2000.
[86] 张基凯,吴群. 基于数字地价模型的地价区段划分及空间分析方法研究[J]. 强化土地执法监管提高制度运行绩效,2009: 8.
[87] 李文璐,吕萍,胡科明. 基于空间分析的城市区段地价指数实时测算体系研究——以北京市住宅用地为例[J]. 中国房地产:学术版,2013(6): 20-27.
[88] 盛艳蕊. 基于GIS的城镇土地定级和标定地价的研究[D]. 合肥工业大学,2007.
[89] 王建龙. 标定地价修正体系:编制中存在的问题与发展趋势研究[J]. 浙江国土资源,2005(4): 32-34.
[90] 李静,李淑华,杨凌志. 标定地价公示制度研究[J]. 现代商业,2011(30): 78-78.
[91] 褚英敏. 城市标定地价评估探讨[D]. 河北师范大学,2003.
[92] 丰雷. 我国城市地价指数编制研究[J]. 中国土地科学,1999,13(6): 21-25.
[93] 张显胜. 建立我国地价指数体系技术设想[J]. 中国土地科学,1998,12(5): 14-17.
[94] 刘安妮,张世英. 用标定地价编制地价指数的方法探讨[J]. 房地产评估,2001(4): 18-22.
[95] 范洁,袁晓芳. 地价指数及其编制中的有关问题[J]. 国土资源科技管理,2004, 21(5): 42-46.
[96] 葛昂扬. 基于标准宗地的城市地价指数编制方法[J]. 浙江统计,2004(6): 18-19.
[97] 薛俊菲. 城市地价动态监测体系建设研究[D]. 重庆:西南师范大学,2003.
[98] 孙燕. 城市地价动态监测信息系统研究与实践[D]. 南京大学,2004.
[99] 郑光辉. 基于Kriging技术的城市地价动态监测实现方法研究[D]. 南京:南京师范大学,2005.
[100] 段红梅. 城市基准地价及其地价动态监测分析[J]. 资源与产业,2007, 9(2): 43-46.
[101] 张永全. 城市地价动态监测体系建设研究[D]. 东北师范大学,2007.
[102] 刘卫东,赵世强,马立超,等. 关于城市地价动态监测的几点思考[J]. 河北农业大学学报:农林教育版,2007, 8(4): 109-112.
[103] 彭立勋,杨岳,刘馨. 上海地价动态更新体系建立研究[J]. 上海国土资源,2011, 32(1): 45-49.